MINISTÈRE DE LA GUERRE.

ÉCOLES RÉGIMENTAIRES.

COURS PRÉPARATOIRE.

HISTOIRE MILITAIRE.

PARIS.

IMPRIMERIE NATIONALE.

M DCCC LXXXV

ÉCOLES RÉGIMENTAIRES.

COURS PRÉPARATOIRE.

HISTOIRE MILITAIRE.

MINISTÈRE DE LA GUERRE.

ÉCOLES RÉGIMENTAIRES.

COURS PRÉPARATOIRE.

HISTOIRE MILITAIRE.

PARIS.

IMPRIMERIE NATIONALE.

M DCCC LXXXV.

ÉCOLES RÉGIMENTAIRES.

COURS PRÉPARATOIRE.

HISTOIRE MILITAIRE.

INTRODUCTION.

La Gaule. — *Les Mérovingiens.* Dans l'antiquité, la France portait le nom de *Gaule*. Plus étendue que la France actuelle, la Gaule atteignait partout ses limites naturelles : le Rhin, les Alpes, la Méditerranée, les Pyrénées, l'océan Atlantique. Elle fut conquise par Jules César (58-50 avant J.-C.), malgré la vigoureuse défense de Vercingétorix, et, pendant une domination de cinq siècles, elle subit si bien l'influence du peuple vainqueur qu'aujourd'hui encore nos mœurs, nos institutions et nos lois portent l'empreinte de la civilisation romaine. Quand l'empire romain succomba, à l'époque de la grande invasion des barbares, la Gaule fut occupée par des peuples venus de la Germanie : les Wisigoths, les Bourguignons, les Francs. Elle resta à ces derniers, grâce aux victoires de Clovis, qui fut le véritable fondateur de la monarchie franque et le plus grand des rois de la dynastie mérovingienne. Ses successeurs devinrent vite des rois fainéants; les maires du palais eurent tout le pouvoir, et l'un d'eux, Pépin le Bref, en y joignant la couronne, fonda la dynastie carlovingienne (752).

Les Carlovingiens. — Sous Charlemagne (768-814), l'empire des Francs s'accrut assez pour devenir l'empire d'Occident; une administration régulière poursuivit partout le désordre et l'anarchie; enfin la barbarie fut attaquée dans ce qui fait surtout sa force, l'ignorance, par une première tentative de renaissance littéraire. Mais après lui cet empire tomba. Il fut démembré au traité de Verdun (843), et la France, rejetée au delà de la Meuse, de la Saône et du Rhône, perdit une partie de son territoire et ses frontières naturelles : convention désastreuse, qui, en faisant naître les prétentions de l'empire germanique sur l'est de la région gauloise, a provoqué tant de luttes entre l'Allemagne et la France.

Il en fut des successeurs de Charlemagne comme des successeurs de Clovis. Les derniers Carlovingiens furent impuissants à repousser les invasions des Normands et à combattre la féodalité, qui partagea le pays en fiefs indépendants. Une famille nouvelle, celle des Capétiens, parvint à les déposséder du trône (987).

Les Capétiens. — L'œuvre de la dynastie capétienne fut de substituer à l'indépendance des seigneurs féodaux l'autorité suprême de la royauté, d'absorber dans le domaine royal les unes après les autres et d'assimiler les provinces démembrées par le régime feodal; de constituer ainsi l'unité territoriale et politique du royaume, c'est-à-dire de créer la nationalité française. Cette révolution, dont le plein accomplissement demandait des siècles, se fit par l'union de la royauté et du peuple contre la féodalité.

Elle commença dès le XIe siècle, pendant qu'une partie de la nation, poussée par le goût des aventures ou le sentiment religieux, s'en allait loin de ses frontières pour conquérir l'Angleterre et l'Italie méridionale, pour fonder le royaume de Portugal et faire les Croisades. Elle fut poursuivie, avec des caractères divers, surtout pendant les règnes de Louis VI, de Philippe-Auguste, de saint Louis et de Philippe le Bel.

Branche des Valois. — La branche directe des Capétiens s'étant éteinte avec Charles IV le Bel en 1328, une autre branche de la dynastie capétienne monta sur le trône dans la personne de Philippe VI, celle des Valois. Mais les rois d'Angleterre disputèrent aux Valois la couronne de France; ce fut l'origine de la guerre de Cent ans, qui faillit livrer notre pays à une domination étrangère. Quand la France fut délivrée des Anglais, sous Charles VII; délivrée aussi, sous Louis XI, d'une féodalité nouvelle, la féodalité apanagée, qui avait grandi à la faveur de la guerre de Cent ans, nos rois songèrent à des conquêtes lointaines; c'est alors que commencèrent les guerres d'Italie, puis la rivalité des maisons de France et d'Autriche, sous François Ier et Charles-Quint. Ce fut aussi l'époque de la renaissance artistique et littéraire; l'époque de la révolution religieuse connue sous le nom de *Réforme*, qui produisit les guerres de religion, drame sanglant où périt la famille des Valois.

Branche des Bourbons. — Henri IV (1589-1610) fut le premier des Bourbons. Il dut conquérir par la force des armes un royaume qui lui appartenait par droit de naissance. Quand il eut terminé les guerres de religion par l'édit de Nantes (1598), il s'attacha, avec l'aide de Sully, à relever la France de ses ruines et à rendre à l'autorité royale la puissance qu'elle avait perdue dans les troubles civils. Sa mort, en 1610, laissa de nouveau le champ libre aux factions pendant la minorité de son fils Louis XIII; mais un grand ministre, Richelieu, brisa au dedans toutes les résistances, et, pour relever au dehors le nom de la France, combattit la maison d'Autriche alors prépondérante en Europe.

État de l'Europe en 1643. — A la mort de Louis XIII,

en 1643, l'Europe comptait, outre la France, onze États ou groupes d'États principaux. 1° La Grande-Bretagne (Angleterre, Écosse, et Irlande) avait pour roi Charles Ier. Elle était déchirée par une guerre civile qui devait enlever à Charles Ier le trône et la vie, et élever le protectorat de Cromwell. — 2° La Suède, soumise à une jeune reine, Christine, fille de Gustave-Adolphe, joignait à la possession d'une partie de la péninsule scandinave plusieurs provinces de la côte orientale de la Baltique. C'était la puissance prépondérante du Nord. Elle était l'alliée de la France dans la guerre de Trente ans. — 3° Le Danemark possédait la Norwège et la partie méridionale de la Suède; il essayait de refaire dans la neutralité ses forces épuisées par ses défaites durant la période danoise de la guerre de Trente ans. — 4° La Pologne formait un vaste État, sans frontières naturelles, sans armée régulière, puissant encore, mais menacé d'une décadence prochaine. — 5° La Russie, éloignée de la mer Baltique et de la mer Noire, ne s'étendait librement que vers les régions désertes de l'océan Glacial et de la Sibérie. C'était moins une puissance européenne qu'une puissance asiatique. — 6° La Turquie possédait toute la région orientale de l'Europe, du Pruth à la Méditerranée, de la mer Noire à la mer Adriatique; elle étendait sa domination ou sa suzeraineté sur la côte septentrionale de la mer Noire, sur l'Asie occidentale et le nord de l'Afrique. Souvent en guerre contre l'Europe chrétienne, qu'elle menaçait des derniers efforts de sa puissance, elle était unie à la France par des traités de commerce qui remontaient à François Ier. — 7° L'empire d'Allemagne était divisé en une foule d'États qui ne reconnaissaient que nominalement l'autorité de l'empereur. L'Autriche, dont le souverain était toujours, depuis un siècle, élevé à l'empire par le choix des sept électeurs, était le plus puissant de ces États; elle avait entrepris la guerre de Trente ans pour combattre la Réforme et faire l'unité allemande à son profit. La maison de Hohenzollern, qui possédait le Brandebourg et la

Prusse propre, préludait déjà à sa grandeur future. — 8° Les Provinces-Unies de Hollande venaient de conquérir leur indépendance contre l'Espagne; malgré la guerre de Trente ans, elles développaient leur commerce et leur puissance coloniale. — 9° La Suisse formait une confédération de treize cantons, qui se tenait en dehors des luttes de l'Europe ou n'y participait que par ses mercenaires. — 10° L'Italie était divisée, comme l'Allemagne en États indépendants, dont les principaux étaient les républiques de Venise et de Gênes, le duché de Savoie avec le Piémont, et les États de l'Église. — 11° L'Espagne et le Portugal. L'Espagne était gouvernée par la branche aînée de la maison d'Autriche. Elle venait de perdre le Portugal, qui, soumis à sa domination pendant soixante ans, avait reconquis son indépendance; mais, en dehors de la péninsule, elle possédait, en Italie, le royaume de Naples et le duché de Milan; dans la région gauloise, le Roussillon, la Franche-Comté, l'Artois, la Flandre et la Belgique. Ses colonies étaient immenses, mais sa puissance ne répondait pas à l'étendue de ses possessions; c'était déjà un corps sans âme. Elle soutenait l'Autriche dans la guerre de Trente ans.

PREMIÈRE SÉANCE.

Règne de Louis XIV. — Minorité de Louis XIV; régence d'Anne d'Autriche et ministère de Mazarin. — Fin de la guerre de Trente ans. Le grand Condé et Turenne; Rocroy, Nordlingen, Fribourg, Lens. Traité de Wesphalie. — La Fronde. — Continuation de la guerre avec l'Espagne. — Bataille des Dunes. — Traité des Pyrénées. — Gouvernement personnel de Louis XIV. — Colbert. Louvois. Vauban. — Guerre de dévolution. — Traité d'Aix la-Chapelle. — Guerre de Hollande. — Traité de Nimègue. — Ligue d'Augsbourg. Luxembourg. Catinat. — Traité de Ryswick. — Guerre de la succession d'Espagne, Vendôme, Villars. — Bataille de Denain. — Traités d'Utrecht et de Rastadt.

REGNE DE LOUIS XIV (1643-1715).

MINORITÉ DE LOUIS XIV. — RÉGENCE D'ANNE D'AUTRICHE. — MINISTÈRE DE MAZARIN (1643-1661).

Régence d'Anne d'Autriche. — Louis XIV n'avait que quatre ans et demi à la mort de son père Louis XIII. Sa mère, Anne d'Autriche, fit casser par le Parlement le testament du feu roi, qui limitait son autorité, et obtint la régence absolue. Un moment dominée par la cabale des *Importants*, elle ne tarda pas à confier le pouvoir au cardinal Mazarin, un Italien qui avait été formé à la vie politique par Richelieu. Mazarin poursuivit avec habileté l'œuvre extérieure du ministre de Louis XIII dans la guerre de Trente ans.

Fin de la guerre de Trente ans. Le grand Condé. Turenne. — La guerre de Trente ans, commencée en 1618 par les protestants d'Allemagne pour défendre la liberté de leur culte contre la maison d'Autriche, avait transporté en Allemagne toute la politique européenne. L'Autriche, victorieuse au début, dans la période *palatine*, la période *danoise* et même dans la période *suédoise*, après la mort de Gustave-Adolphe, avait voulu faire l'unité allemande à son profit. Pour arrêter la formation au cœur de l'Europe d'un État dont la puissance eût été une menace pour les pays voisins, Richelieu avait engagé la France dans la lutte et commencé la période *française*. A sa mort, l'Autriche, soutenue par l'Espagne, donna une plus vigoureuse impulsion à la guerre. Une armée espagnole, commandée par don Francisco de Mellos, avait envahi la Champagne, dans les derniers jours de Louis XIII, et assiégeait Rocroy. Le jeune duc d'Enghien, qui fut plus tard le grand Condé, se porta au secours de la ville assiégée. Malgré l'avis des vieux officiers qu'on lui avait donnés pour conseil, il engagea l'action et remporta une mémorable victoire. La redoutable infanterie de l'armée d'Espagne, qu'on n'avait pu vaincre jusqu'alors, perdit son renom d'invincible. Dans les années qui suivirent, le duc d'Enghien battit encore les Impériaux à Fribourg après une lutte terrible et sanglante, où, pour entraîner ses soldats, il jeta, dit-on, son bâton de commandement dans les lignes ennemies (1644), et à Nordlingen, où le général bavarois Mercy fut tué (1645). Enlevé du théâtre de ses exploits, le duc d'Enghien, devenu prince de Condé par la mort de son père, échoua au combat de Lérida, en Catalogne (1647); mais ensuite il vainquit les Espagnols à la glorieuse journée de Lens (1648). D'un autre côté, son émule de gloire, Turenne, d'abord vaincu à Marienthal (1645), tendait la main aux Suédois, nos alliés, à travers l'Allemagne et battait les Impériaux près de Sommershausen (1648). Ces victoires amenèrent le traité de Westphalie (1648).

Traité de Westphalie (1648). — Cette paix, l'une des plus glorieuses que la France ait signées, assurait la prééminence de la France sur l'Autriche et le triomphe de ses idées. Au point de vue religieux, elle établissait en partie le principe de la tolérance, en reconnaissant à chaque État le droit de régler sa religion; au point de vue politique, elle arrêtait l'ambition de l'Autriche, en l'empêchant d'imposer sa domination à l'Allemagne, et fondait véritablement l'équilibre européen. Comme acquisitions territoriales, la France obtint pour elle la cession définitive des trois évêchés (Metz, Toul et Verdun), Pignerol, l'Alsace moins Strasbourg [1], Vieux-Brisach et le droit de tenir garnison dans Philipsbourg. Elle fit donner de puissants accroissements à la Suède et à ses alliés d'Allemagne.

L'Espagne avait refusé de signer le traité de Westphalie, parce qu'elle espérait profiter des troubles de la Fronde pour reprendre l'avantage.

Guerre de la Fronde (1648-1653). — La Fronde est une guerre civile qui, à deux reprises différentes, désola la France sous le ministère de Mazarin. Cette guerre fut ainsi

(1) Mulhouse formait une petite république indépendante qui, en 1798, demanda à être réunie à la France.

nommée d'un jeu d'enfants; mais elle eut des causes plus sérieuses que son nom. Elle fut amenée par l'esprit d'indépendance des nobles, qui ne pouvaient se résigner à vivre en sujets, par les prétentions du Parlement, qui voulait représenter la nation en l'absence des États généraux, et par la misère du peuple, qui souffrait du poids des impôts, de la ruine de l'agriculture et de l'industrie.

La vieille Fronde. — C'est pour une question d'impôts que la lutte commença. Les finances publiques étaient obérées par les dépenses nécessaires de la guerre de Trente ans et par des dilapidations de toute sorte. Pour se créer des ressources, Mazarin voulut établir des taxes nouvelles (édits du Toisé et du Tarif), et, le Parlement ayant refusé de les enregistrer, il fit arrêter trois conseillers connus pour leur opposition. Aussitôt le peuple de Paris s'ameuta et la cour s'enfuit à Saint-Germain. Le Parlement, sommé de se transférer à Montargis, répondit par un arrêt d'exil contre Mazarin, puis il prit en main le gouvernement de Paris et se prépara à soutenir la lutte. Il eut le secours d'une partie de la noblesse. Les principaux frondeurs furent Paul de Gondi, depuis cardinal de Retz, qui avait l'ambition de supplanter Mazarin, le prince de Conti, frère de Condé, le duc de Beaufort, l'idole du peuple et le roi des halles; le duc de La Rochefoucauld, l'auteur des *Maximes,* le duc de Longueville, qui se laissait entraîner par sa femme, sœur de Condé. Mais le Parlement s'effraya bien vite d'avoir de pareils auxiliaires. Lorsqu'il apprit que les princes joignaient à leur trahison contre le roi une trahison contre la France, il ouvrit avec la cour des négociations qui aboutirent à la paix de Rueil (1649). La vieille Fronde avait été surtout une guerre de plaisanteries, de pamphlets et d'épigrammes; il n'y avait eu d'autre fait militaire important que la prise de Charenton par les troupes du roi, que commandait Condé.

La jeune Fronde. — Le calme ne fut pas de longue durée. Condé, qui avait ramené la cour à Paris, voulut être le maître de la France. Il s'entoura d'une foule de jeunes seigneurs présomptueux et incapables, qu'on appela les *petits maîtres,* et il fut le premier à tourner en ridicule Mazarin, à braver la reine, à insulter le gouvernement qu'il dédaignait. Anne d'Autriche, poussée à bout par ses insultes et ses exigences, le fit enfermer à Vincennes avec Conti et Longueville. Cette arrestation donna le signal d'une Fronde nouvelle: la *jeune Fronde* ou *Fronde des princes.* Faite en dehors du Parlement, sans but politique et sans projets de réforme, cette Fronde fut la dernière tentative de l'aristocratie contre l'autorité royale. La lutte eut ses vicissitudes. Mazarin, d'abord vainqueur de Turenne à Rethel, dut s'exiler deux fois, mais, de loin comme de près, il continua de gouverner la France. Condé, rendu à la liberté, parut un moment maître de la situation; mais son influence fut toujours combattue à la cour, et il vit le Parlement et le peuple de Paris se tourner contre lui. Il partit alors pour la Guyenne, où il mendia le secours de l'Espagne contre la France. Vainqueur à Bléneau d'une partie de l'armée royale, il fut arrêté à Gien par Turenne, qui avait fait sa paix avec la cour (1652). Les deux grands généraux se livrèrent un dernier combat sous les murs de Paris, dans le faubourg Saint-Antoine. Condé avait le dessous, lorsque Mlle de Montpensier, cousine de Louis XIV, fit ouvrir les portes aux vaincus et tirer sur les vainqueurs le canon de la Bastille. L'armée royale se retira ; mais la bourgeoisie de Paris était lasse d'une guerre qui la ruinait. Condé fut obligé de s'éloigner. Il se rendit en Flandre, où il se mit au service de l'Espagne. Quelque temps après, la cour rentra à Paris. La Fronde était finie (1653). On peut en résumer les résultats en les rapprochant des causes qui l'avaient provoquée. La noblesse était vaincue dans sa dernière prise d'armes contre la royauté ; le Parlement, qui avait voulu constituer une monarchie tempérée par la magistrature, fut privé de ses attributions politiques et renfermé dans ses attributions judiciaires ; enfin la misère publique, déjà si grande au début de la lutte, s'était accrue dans des proportions effrayantes.

Guerre contre l'Espagne. Traité des Pyrénées (1659). — La Fronde avait rendu l'avantage aux Espagnols. Ils nous avaient repris Dunkerque, Casal en Italie, Barcelone en Catalogne ; ils s'étaient établis au nord de la Champagne et de la Picardie, et ils avaient acquis le concours du vainqueur de Rocroy. Mais, en trahissant son pays, Condé sembla perdre son génie militaire : il ne sut pas résister à la prudente tactique de Turenne. Les Espagnols furent chassés de la Champagne et de la Picardie et battus sous les murs d'Arras (1654). Enfin Turenne, avec un secours de 6,000 Anglais envoyés par Cromwell, remporta la victoire des Dunes et prit Dunkerque (1658) ; malheureusement, on paya le secours de l'Angleterre du don de cette ville. Mais l'Espagne était épuisée; elle demanda la paix. Le traité des Pyrénées, négocié par Hugues de Lionne, fut signé sur la Bidassoa par les deux ministres de France et d'Espagne, Mazarin et Louis de Haro (1659). L'Espagne cédait le Roussillon, ce qui complétait notre frontière du Sud, l'Artois et quelques villes de la Flandre, du Hainaut, du Luxembourg, ce qui améliorait notre frontière du Nord. Condé fut rétabli dans ses biens et ses honneurs. Une dernière clause stipulait le mariage de Marie-Thérèse, fille de Philippe IV, avec Louis XIV. L'infante renonçait à la succession espagnole, moyennant le payement d'une dot de 500,000 écus d'or. Le traité des Pyrénées était le couronnement du traité de Westphalie et de l'œuvre de Richelieu; il abaissait la branche espagnole de la maison d'Autriche et achevait d'établir la suprématie de la France en Europe; enfin il préparait, malgré la renonciation de Marie-Thérèse, les prétentions de la France à la succession d'Espagne. Mazarin mourut deux ans après ce traité. Il avait habilement dirigé la guerre et la diplomatie, mais il avait négligé l'administration intérieure (1661).

GOUVERNEMENT PERSONNEL DE LOUIS XIV. — COLBERT. — LOUVOIS. — VAUBAN.

A la mort de Mazarin, Louis XIV, alors âgé de vingt-deux ans, prit en main la direction des affaires, et il se mit à l'œuvre avec une ardeur que rien n'affaiblit. Son règne marque l'apogée de la monarchie absolue; car ses volontés ne rencontrèrent de résistance ni dans la noblesse annulée depuis la Fronde, ni dans la bourgeoisie, qui avait renoué sa vieille alliance avec la royauté, ni dans le clergé, qui voyait en sa personne un pouvoir venu de Dieu.

Les ministres que Mazarin avait légués à Louis XIV étaient le chancelier Pierre Séguier, Michel Le Tellier, secrétaire d'État de la guerre, Hugues de Lionne, un habile diplomate, et enfin le surintendant Fouquet, marquis de Belle-Isle, qui mérita par ses dilapidations une disgrâce éclatante. Mais les deux personnages à qui revint, sous le gouvernement personnel de Louis XIV, la plus grande part dans l'administration, furent Colbert et Louvois.

Colbert. — Colbert était né à Reims en 1619. Ce fils d'un marchand de draps représenta la bourgeoisie dans les conseils de Louis XIV. C'était un homme de mœurs austères, dur aux solliciteurs, impitoyable aux fripons. Aux fonctions de contrôleur général, qu'il obtint après la chute de Fouquet, il joignit ensuite celles de surintendant des bâtiments et de secrétaire d'État ayant dans son département le commerce, l'industrie, la marine, les colonies, l'administration intérieure, les travaux publics et les fortifications. Il suffit à cette tâche immense par un travail opiniâtre que fécondaient les qualités sérieuses d'un esprit droit et loyal, un grand amour de l'ordre et de l'économie, un zèle ardent pour le bien de l'État. Il voulait, comme le ministre de Louis XIII, que la France fût à la fois puissance agricole, industrielle, commerciale, qu'elle fût grande par ses armées, sa marine ses colonies, et qu'elle exerçât en Europe la suprématie de l'intelligence. Il fit tout, pendant une longue administration de vingt-deux ans, pour réaliser ces hautes visées. Son œuvre fut immense. Voici quels en furent les principaux résultats. Il réforma les finances, et, par une sage gestion, il assura la marche régulière des services publics, l'entretien de l'armée et un surcroît de recettes qui permit des constructions monumentales. Il développa l'industrie, en réorganisant les corporations et en frappant de droits élevés les produits similaires de l'étranger. Il développa le commerce intérieur, en supprimant tout ce qu'il put des douanes locales, en améliorant les voies de communication et en soutenant de son patronage Riquet, qui creusa le canal du Languedoc. Il encouragea le commerce maritime par des primes de toute sorte, par la création de compagnies maritimes et par l'extension de nos colonies. Il créa véritablement notre marine militaire, en faisant creuser des ports, construire des chantiers et des arsenaux, en fondant des écoles de garde-marine, d'artillerie, d'hydrographie, pour former des officiers, et en établissant l'inscription maritime pour le recrutement des matelots. Enfin il présida à la revision de notre législation et à la fondation d'académies qui contribuèrent à établir la prééminence intellectuelle de la France en Europe.

Louvois. — Colbert avait été le ministre de la paix; Louvois fut le ministre et l'organisateur de la guerre. C'est lui qui a fondé l'état militaire de la France, tel qu'il a subsisté jusqu'en 1792. François-Michel Le Tellier (1641-1691), plus tard marquis de Louvois, était fils de Michel

Le Tellier, secrétaire d'État de la guerre. Destiné, à l'âge de quinze ans, à la survivance de la charge paternelle, il s'initia de bonne heure à la science de l'administration militaire, et, dès qu'il fut devenu véritablement ministre, il commença son travail de réorganisation. La France n'avait, à cette époque, que quelques régiments de troupes permanentes. Au début de chaque guerre, il fallait créer des corps nouveaux, qui, donnés à l'entreprise comme des espèces de concessions, appartenaient moins au roi qu'au chef qui les avait formés, et dont ils portaient les couleurs. Les entrepreneurs, devenus colonels ou généraux, traitaient les soldats à leur gré; ils n'étaient soumis à aucune mesure régulière qui assurât les subsistances, l'habillement et même l'armement. Les attributions des officiers, leurs subordonnés, étaient mal définies; la hiérarchie entre les commandants des différents corps, à peine ébauchée. De là une discipline relâchée, des désordres et des excès qui rappelaient les grandes compagnies. Louvois fit passer l'armée des mains des particuliers dans celles du roi et créa l'administration militaire à peu près tout entière. Ce fut là son œuvre et sa gloire. Il est juste cependant de ne pas exagérer son esprit inventif, et de reconnaître que beaucoup des créations qu'on lui attribue avaient été tentées avant lui par Henri IV, Richelieu et son père Michel Le Tellier. Souvent il ne fit que revenir à des institutions tombées en désuétude; mais il leur donna un caractère de permanence qu'elles n'avaient pas eu jusqu'alors, les améliora encore et mérita ainsi d'y attacher son nom.

Le soin de lever des troupes et de convoquer les milices

fut confié à des *lieutenants du roi*. Les emplois militaires furent à la nomination du roi. Si l'on maintint la vénalité de certains grades, ce fut en exigeant des conditions d'admission, en multipliant les obligations de ceux qui les achetaient, et en laissant l'accès des grades supérieurs aux officiers de fortune. Pour les officiers généraux, l'avancement fut réglé selon l'*ordre du tableau*. La discipline s'exerça d'ailleurs à tous les degrés de la hiérarchie; les grands seigneurs et les courtisans durent, comme le soldat, se plier aux exigences du Code militaire. Tous furent soumis à la surveillance des inspecteurs généraux, qui eurent mission d'imprimer partout la volonté du pouvoir central, de maintenir l'uniformité dans le service et dans l'instruction, de préparer les notes et dossiers qui devaient servir à l'avancement.

L'administration fut enlevée aux chefs de corps et remise à des commissaires ordonnateurs des guerres, qui assurèrent les différents services et veillèrent au bien-être du soldat. Avec leur concours, Louvois institua des magasins de vivres, des hôpitaux, des ambulances, des casernes, des trains d'équipage, des arsenaux, des fonderies, etc.

Louvois fit, en outre, une foule de règlements particuliers, pour imposer aux régiments des noms de provinces au lieu du nom des colonels, pour donner l'uniforme aux soldats, introduire la marche au pas, rendre plus général l'emploi de la baïonnette [1], etc. Il créa des corps spéciaux

[1] La baïonnette à douille fut inventée par Vauban en 1687; ce n'est qu'en 1703 que cette arme fut adaptée aux fusils de toute notre infanterie.

pour le génie et l'artillerie (corps d'ingénieurs, compagnies de mineurs, régiments de fusiliers, compagnies de bombardiers et de canonniers), des compagnies d'élite ou de grenadiers dans l'infanterie, des régiments de dragons ou de mousquetaires à cheval pour la cavalerie légère; il transforma la maison du roi en un corps d'élite qui devint, avec les compagnies de cadets, une pépinière d'officiers. Enfin il songea, comme l'avaient fait avant lui Henri IV et Richelieu, à assurer les derniers jours des soldats mutilés; il créa l'Hôtel des Invalides. L'ordre de Saint-Louis, établi après la mort de Louvois, récompensa les actions d'éclat (1693).

Grâce à ces diverses réformes, l'armée fut dans la main du roi. Bien disciplinée, bien équipée, largement pourvue de tout ce qui assure la régularité du service, accrue au point que l'on vit, sous ce règne, 450,000 hommes sous les armes, elle fit de la France la première puissance militaire de l'Europe.

Vauban. — Aux noms des ministres de Louis XIV, l'histoire associe volontiers celui de Vauban, qui fut chargé de la fortification du royaume. Vauban naquit à Saint-Léger, près d'Avallon, où l'on montre aujourd'hui une grange qui fut sa maison paternelle. Engagé d'abord dans l'armée de Condé pendant la Fronde, puis « converti à la cause royale, » Vauban fut bientôt renommé pour son talent à fortifier les places et à diriger les sièges. En 1677, il fut nommé commissaire général des fortifications du royaume, et, en 1703, maréchal de France. Comme une partie importante de la guerre, à cette époque, consistait dans la prise ou la défense des villes fortes, l'importance du rôle de Vauban fut considérable. « Il fit réparer 300 places fortes anciennes, en fit construire 33 neuves; il conduisit 53 sièges, et se trouva en personne à 143 engagements de vigueur. » Vauban sut le premier, parmi les ingénieurs militaires, tirer parti des accidents naturels, de l'assiette des lieux, de la disposition des cours d'eau. Il inaugura le système des fortifications rasantes, près du niveau du sol, qui laissent moins de prise à l'artillerie que les hauts remparts du moyen âge, et, par la perfection de son art, il donna à la France, au nord-est, une frontiere artificielle, qui remplaça la frontière naturelle que les événements politiques lui avaient enlevée; ce fut la *frontière de fer,* qui était à peu près inexpugnable avec les moyens d'attaque alors connus, et qui devait servir à repousser plus d'une invasion. Aussi habile à prendre les places qu'à les fortifier, il donna lieu au dicton suivant : « Ville assiégée par Vauban, ville prise; ville fortifiée par Vauban, ville imprenable. »

LOUIS XIV. — GUERRE DE DÉVOLUTION. GUERRE DE HOLLANDE.

Guerre de dévolution (1667-1668). — Avec les ressources que Colbert et Louvois mirent à sa disposition, Louis XIV avait racheté Dunkerque aux Anglais et accru par d'habiles interventions au dehors l'importance politique de la France, lorsque le roi d'Espagne, Philippe IV, mourut, laissant le trône à un enfant chétif, Charles II, qu'il avait eu d'un second mariage. Louis XIV, qui n'admettait pas la validité de la renonciation de sa femme Marie-Thérèse, demanda qu'une partie de la succession espagnole, les Pays-Bas, lui fût dévolue, et il soutint ses prétentions par la force des armes. La campagne que le roi et Turenne firent en Flandre fut moins une expédition militaire que le voyage d'une cour. Les villes de la Flandre espagnole, qui étaient presque sans fortifications et sans garnison, se rendirent à l'approche de l'armée française (1667). L'année suivante, au cœur de l'hiver, la Franche-Comté fut conquise en moins de trois semaines. Ces succès éveillèrent les inquiétudes de la Hollande. Elle décida l'Angleterre et la Suède à signer avec elle la triple alliance de la Haye, pour arrêter la fortune de Louis XIV et lui imposer le traité d'Aix-la-Chapelle, qui lui laissait la Flandre, en lui reprenant la Franche-Comté (1668).

Guerre de Hollande (1672-1678). — L'intervention de la Hollande dans la guerre de dévolution devait attirer sur elle l'orage dont elle avait préservé l'Espagne. Les motifs de dissentiment entre cette puissance et la France étaient nombreux et tenaient surtout à la nature des deux peuples et des deux pays. La France était monarchique et catholique, la Hollande républicaine et protestante. Louis XIV avait l'ambition de porter sa frontière jusqu'au Rhin par la conquête des Pays-Bas espagnols; la Hollande voyait une garantie de sa sûreté dans le maintien d'une barrière entre elle et la France. Enfin les tarifs de Colbert avaient porté atteinte aux intérêts commerciaux des Provinces-Unies, et elles y avaient répondu en frappant d'une surtaxe considérable la plupart de nos produits. Ces dissentiments, accrus encore par l'orgueil des Hollandais, qui avaient fait frapper des médailles pour célébrer leur triomphe dans la triple alliance, rendirent la guerre inévitable. Dès qu'elle fut résolue, les efforts de la diplomatie française tendirent à isoler la Hollande. Non seulement la triple alliance fut rompue, mais les deux alliées de la Hollande, l'Angleterre et la Suède, se tournèrent contre elle.

Au printemps de 1672, une armée de plus de cent mille hommes, commandée par le roi en personne avec Condé, Turenne, Luxembourg et Vauban, s'avança le long de la Meuse, puis sur la rive droite du Rhin jusqu'à la frontière hollandaise. Il fallut traverser un des bras du fleuve, en présence d'un détachement de troupes ennemies. Ce passage du Rhin, que l'on célébra comme un prodige, ouvrait la Hollande aux Français; mais le patriotisme inspira un courage de désespoir aux vaincus. Résolus de périr plutôt que de se soumettre, ils percèrent les digues qui défendent les terres basses de la Hollande contre l'inondation de l'Océan et des fleuves, et le pays fut changé en une vaste mer qui arrêta l'armée d'invasion. En même temps, Guillaume d'Orange, que le peuple avait élevé au stathoudérat, formait contre la France une coalition de l'Espagne, de l'électeur de Brandebourg et de l'empereur. La guerre de Hollande devint une guerre européenne. Sur le conseil de Turenne, Louis XIV évacua la Hollande et chercha à se dédommager aux dépens de l'Espagne. La guerre fut poursuivie avec vigueur et soutenue avec gloire. Louis XIV fit en personne avec Vauban la conquête de la Franche-Comté; Condé livra au prince d'Orange, dans les Pays-

Bas, la sanglante bataille de Senef (1674), et Turenne déploya tout l'art de la guerre dans sa mémorable campagne d'Alsace. Dans l'automne de 1674, les Impériaux, bien supérieurs en nombre, avaient occupé l'Alsace, et ils comptaient envahir la Lorraine au printemps suivant. Turenne, qui avait obtenu du roi, malgré Louvois, la pleine liberté de ses mouvements, s'était retiré derrière les Vosges. Tout à coup, au cœur de l'hiver, pendant que les ennemis se reposaient tranquillement dans des quartiers dispersés, il leva son camp. Au milieu de fatigues inouïes, que ses soldats supportèrent volontiers, parce qu'ils avaient confiance en leur chef, il longea le revers occidental des Vosges, les tourna à la trouée de Belfort et tomba à l'improviste sur les Impériaux, qu'il battit à Mulhouse, à Colmar, à Turckheim, et qu'il repoussa de l'autre côté du Rhin, après leur avoir pris ou tué 40,000 hommes (janvier 1675). Au printemps suivant, la cour de Vienne mit à la tête de son armée le plus grand de ses capitaines, Montécuculli. Les deux généraux passèrent quatre mois à se suivre, à s'observer dans une série de marches et de campements qui ajoutèrent encore à la gloire de l'un et de l'autre. Enfin Turenne croyait tenir son ennemi à Salzbach, et il allait livrer bataille, lorsqu'en faisant une reconnaissance il fut tué d'un coup de canon. La France pleura Turenne comme l'un de ses plus illustres défenseurs, et Louis XIV lui accorda des funérailles royales et une place dans les caveaux de Saint-Denis.

L'armée de Turenne, découragée par la mort de son chef, dut reculer devant les Impériaux, qui envahirent de nouveau l'Alsace. Condé, chargé par le roi de défendre cette frontière, repoussa Montécuculli au delà du Rhin. Après cette campagne, il cessa de paraître à l'armée et se retira à Chantilly; tourmenté de la goutte, caduc avant le temps, il passa le reste de ses jours dans la société des gens de lettres. Il mourut en 1686.

Malgré la mort de Turenne et la retraite de Condé, la guerre continua avec avantage. Créquy, d'abord battu à Consarbruck (1675), renouvela sur les bords du Rhin la savante stratégie de Turenne. En Flandre, Louis XIV, secondé par Vauban, prit des places fortes; Luxembourg avec Monsieur, frère du roi, battit le prince d'Orange à Cassel, près de Saint-Omer (1677). Il lui infligea encore une défaite à Mons (1678), au moment où la paix allait être signée.

Sur mer, nos flottes, d'abord repoussées des côtes de la Hollande par Ruyter, furent plus heureuses sur les côtes de Sicile. Envoyées dans ces parages sous le commandement de Duquesne, pour défendre l'île, qui s'était révoltée contre les Espagnols, elles battirent, dans trois rencontres, près des îles Lipari, à Agosta et à Palerme, les flottes combinées de la Hollande et de l'Espagne. Ruyter fut tué dans une de ces batailles.

La guerre durait depuis six ans. Les forces des deux partis étaient épuisées, et Louis XIV craignait que l'Angleterre, d'abord notre alliée, puis neutre, ne devînt notre ennemie. On signa la paix de Nimègue (1678). L'Espagne paya les frais de la guerre; elle dut céder à la France la Franche-Comté et quelques villes des Pays-Bas. Louis XIV exigea que la Suède, notre alliée, rentrât en possession des territoires que lui avaient enlevés l'électeur de Brandebourg et le roi de Danemark; mais il consentit à diminuer les tarifs qui protégeaient notre commerce contre la concurrence hollandaise.

GUERRE CONTRE LA LIGUE D'AUGSBOURG (1688-1697).

Le traité de Nimègue marque le point culminant de la grandeur de Louis XIV. « Seul contre tous, » comme le portait sa devise, il avait vaincu. Mais le triomphe lui inspira une idée exagérée de sa puissance, et ses prétentions à la domination universelle, en retournant contre la France les principes du système d'équilibre européen, qu'elle avait jadis défendu contre l'Autriche, suscitèrent les coalitions qui devaient être l'écueil de sa fortune. Au dedans, il étouffa l'esprit d'opposition, en persécutant les jansénistes et les quiétistes, et en enlevant aux protestants la liberté de conscience par les dragonnades et la révocation de l'édit de Nantes (1685). Au dehors, il rangea le pape du côté des ennemis de la France, en l'attaquant dans son autorité spirituelle par la déclaration des *quatre articles,* et en l'humiliant dans son autorité temporelle par le maintien du droit d'asile et de franchise que les ambassadeurs à Rome étendaient non seulement à leur hôtel, mais à tout le quartier qu'ils habitaient. Il fit, il est vrai, un usage utile de sa puissance en bombardant Alger, Tunis et Tripoli, repaires des pirates barbaresques, mais il traita une ville chrétienne, Gênes, comme ces villes infidèles. Ce qui inquiéta surtout l'Europe, c'est qu'après le traité de Nimègue Louis XIV se servit de ses armées pour faire de la paix un temps de conquêtes, et que, par des chambres dites *de réunion,* il se fit adjuger, comme dépendances des territoires cédés antérieurement, un grand nombre de petits fiefs ou de villes, entre autres, Strasbourg, dont Vauban fit la barrière la plus forte de la France (1681). Après une première protestation que la trêve de Ratisbonne annula (1684), la ligue d'Augsbourg arma contre Louis XIV la Hollande, l'empereur, la plupart des princes d'Allemagne, l'Espagne, la Suède, puis la Savoie. Le roi d'Angleterre, Jacques II, restait notre seul allié. Mais la révolution de 1688 le renversa, mit à sa place Guillaume d'Orange sous le nom de Guillaume III, et fit de l'Angleterre la plus redoutable ennemie de la France. Louis XIV voulut rétablir Jacques II, et nos flottes furent d'abord victorieuses des flottes anglaises à Bantry et à Béveziers ; mais Jacques fut vaincu par Guillaume à la bataille de Droghéda sur la Boyne (1690), et le désastre de notre flotte à la Hougue (1692) ruina ses dernières espérances.

Sur le continent, la coalition attaqua toutes nos frontières, « comme on attaque une grande place investie par des forces supérieures. » La France résista à ce vaste assaut. Luxembourg, dont le coup d'œil juste et l'exécution prompte rappelaient le génie de Condé, commandait dans les Pays-Bas. Il remporta les victoires de Fleurus (1690), de Steinkerque (1692), de Nerwinde (1693)[1], où la valeur française se signala par des actions d'éclat; et il dut aux nombreux drapeaux qu'il prit à l'ennemi le surnom

[1] La victoire de Nerwinde fut due surtout à une charge à la baïonnette. La baïonnette était alors enfoncée dans le canon du fusil qu'elle bouchait.

de *tapissier de Notre-Dame*. Sur le Rhin, la guerre fut marquée par la dévastation méthodique du Palatinat, dont Louvois voulut faire un désert entre la France et ses ennemis. Aux Alpes, Catinat, que ses soldats appelaient le *Père la Pensée*, fut vainqueur du duc de Savoie à Staffarde (1690) et à la Marsaille (1693); aux Pyrénées, Vendôme envahit la Catalogne. Malgré ces succès, la France était lasse de la guerre et épuisée. Il fallut se résigner à la paix. Louis XIV, qui s'était d'abord réconcilié avec le pape (1693), signa un premier traité avec la Savoie (1696), et enfin conclut une paix générale à Ryswick (1697). Il dut céder quelques-uns des territoires acquis par les chambres de réunion, accorder à la Hollande un traité de commerce avantageux et le droit de tenir garnison dans quelques villes des Pays-Bas, qui devinrent pour elle une barrière, et enfin reconnaître Guillaume III comme roi d'Angleterre.

GUERRE DE LA SUCCESSION D'ESPAGNE (1701-1714).

Le roi d'Espagne, Charles II, moribond depuis sa naissance, succomba le 1er novembre 1700, après avoir désigné pour son successeur le duc d'Anjou, le second des petits-fils de Louis XIV. Accepter cet héritage, c'était changer en alliance la vieille inimitié de l'Espagne et supprimer les Pyrénées, mais c'était aussi s'exposer aux dangers d'une guerre nouvelle. Louis XIV accepta, et il envoya en Espagne le duc d'Anjou devenu Philippe V. Aussitôt l'empereur Léopold, qui revendiquait la succession espagnole pour son fils l'archiduc Charles, la Hollande et l'Angleterre, jalouses de l'accroissement de la maison de Bourbon, signèrent la grande alliance de La Haye, à laquelle se joignirent la plupart des princes allemands. L'empereur acheta l'adhésion de l'électeur de Brandebourg, en consentant à l'érection de son duché de Prusse en royaume (1781). La coalition confia le commandement de ses troupes à deux habiles capitaines : le duc de Marlborough, qui avait étudié la guerre sous Turenne, et le prince Eugène de Savoie, à qui Louis XIV avait jadis refusé un régiment.

La guerre, commencée en 1701, ne finit qu'en 1714. Elle fut marquée, au début, par un mélange de succès et de revers, ensuite par une série de désastres, enfin par un retour de fortune qui permit d'échapper à une paix humiliante. Elle se fit en Italie, sur le Rhin, dans les Pays-Bas et en Espagne.

Première période de la guerre. — En Italie, nos armées furent vaincues à Carpi (1701), sous Catinat, qui se montra inférieur à sa vieille réputation ; et à Chiari (1701), sous Villeroi, qui se laissa même enlever par l'ennemi dans Crémone (1702). Mais ensuite Vendôme tint tête au prince Eugène et battit des détachements de son armée à Vittoria et à Luzzara (1702). Il menaçait le Tyrol, lorsqu'il fut rappelé dans le Piémont par la défection du duc de Savoie.

Sur le Rhin, Villars battit les Impériaux à Friedlingen (1702). Ses soldats le proclamèrent maréchal de France sur le champ de bataille, et le roi confirma ce que la voix des soldats lui avait donné. L'année suivante, il rejoignit l'électeur de Bavière, notre allié, et forma le plan de marcher sur Vienne, en tendant la main, par-dessus les Alpes, à l'armée de Vendôme. Il dut renoncer à son projet; mais du moins il battit les Impériaux à Hochstedt (1703); la même année, Tallard aussi vainquit les Impériaux à Spire. En somme, ces divers succès firent plus que réparer nos premiers revers; mais la défection de la Savoie et du Portugal, qui, à cette époque, s'unirent à nos ennemis, et la révolte des *camisards* des Cévennes, changèrent la situation. La période des désastres allait commencer.

Seconde période de la guerre. — Villars, qui ne pouvait s'entendre avec l'électeur de Bavière, fut rappelé et reçut mission de soumettre *les camisards;* il y parvint, à force de modération et d'habileté. Mais sa présence fit cruellement défaut en Allemagne. Tallard et Marsin, qui voulurent y poursuivre l'exécution de ses plans, sans avoir son génie, eurent à lutter contre Marlborough et Eugène, qui avaient réuni leurs forces sur le Danube pour sauver l'Autriche menacée; ils éprouvèrent une sanglante défaite à Hochstedt ou Blenheim (1704), durent évacuer l'Allemagne et repasser le Rhin. Villars, ramené sur le théâtre de ses premiers exploits, parvint à défendre l'Alsace et la Lorraine. Mais Marlborough se reporta sur les Pays-Bas et triompha facilement à Ramillies de l'incapable Villeroi, qu'on lui avait opposé (1706).

En Allemagne, aux Pays-Bas, la France était vaincue; elle le fut aussi en Italie. Vendôme, qui continuait à balancer la fortune au delà des Alpes, fut rappelé en Flandre pour arrêter Marlborough. Son départ fut suivi d'un désastre. La Feuillade, Marsin et le duc d'Orléans furent battus devant Turin par le prince Eugène (1706). Tout ce que la France occupait en Italie fut perdu, et la Provence fut envahie; du moins la résistance héroïque de Toulon fit essuyer aux vainqueurs des pertes considérables, qui les obligèrent à la retraite.

La coalition porta alors toutes ses forces dans les Pays-Bas. Marlborough et le prince Eugène étaient de nouveau réunis. Ils battirent le duc de Bourgogne, petit-fils de Louis XIV, et Vendôme à Oudenarde (1708), s'emparèrent de Lille, malgré la vigoureuse défense de Boufflers, et des détachements de leurs troupes parvinrent jusqu'aux portes de Paris. La France semblait toucher à sa perte: aux défaites de nos armées se joignait la ruine de nos finances. Les ressources étaient épuisées; les peuples ne pouvaient suffire au fardeau des impôts. Le cruel hiver de 1709, qui gela jusqu'aux arbres fruitiers et aux graines confiées à la terre, porta la misère publique à son comble. Louis XIV s'humilia devant tant d'infortune : il demanda la paix. Mais, comme les ennemis voulaient lui imposer des conditions contraires à l'honneur du nom français, il rompit les négociations commencées, et, sûr d'avoir en cela répondu au sentiment public, il écrivit aux gouverneurs des provinces et aux villes une noble lettre, où, rappelant les propositions qu'il avait faites aux alliés, les réponses qu'il en avait reçues, il faisait la nation juge entre lui et ses ennemis et lui demandait de nouveaux sacrifices. Cet appel du roi à son peuple fut entendu; les paysans s'enrôlèrent en foule, prêts à souffrir comme à combattre, dignes de comprendre ces instructions de Villars leur chef: « Quand des brigades marchent, il faut que les brigades qui ne marchent pas jeûnent. On s'accoutume à tout. » Cette armée fut attaquée à Malplaquet, au moment où l'on faisait une distribution de vivres longuement attendue. Les soldats jetèrent leur pain pour courir au combat. Malgré leur courage ils furent vaincus, parce que Villars, blessé, ne put diriger l'action: mais leur défaite était glorieuse à l'égal d'une victoire; ils perdirent 8,000 hommes, tandis qu'ils en tuèrent ou blessèrent 21,000 à l'ennemi, et ils ne laissèrent aux vainqueurs que le champ de bataille (1709).

La guerre se poursuivit au milieu de négociations inutiles; mais les désastres cessèrent. Les fortifications de Vauban arrêtèrent l'ennemi, et la fortune revint à la France.

Troisième période de la guerre. — En Espagne, Philippe V avait eu peine d'abord à se soutenir contre son compétiteur, l'archiduc Charles. Mais les victoires de Berwick, à Almanza (1707), et de Vendôme, à Villa-Viciosa (1710), affermirent la couronne sur sa tête.

Cependant l'Angleterre, lasse de faire la guerre et de soudoyer la coalition, était désireuse de s'assurer, par des traités, le profit de ses victoires. L'élection de l'archiduc Charles à l'empire servit à souhait ses dispositions pacifiques. Elle ne voulut pas reconstituer la puissance de Charles-Quint, en réunissant dans les mêmes mains l'empire et l'Espagne et elle se retira de la lutte. Aussitôt la face des affaires changea.

Le prince Eugène assiégeait Landrecies avec une armée

de 100,000 hommes, et il espérait, cette ville une fois prise, arriver jusqu'à Paris. Ses détachements ravageaient la Champagne; l'alarme était à Versailles et dans tout le royaume. Mais il avait trop étendu ses lignes. Villars, à qui le roi avait confié sa dernière armée, le battit à la journée de Denain et sauva ainsi la France (1712). Quelques avantages qu'il remporta l'année suivante sur le Rhin terminèrent la guerre.

Traités d'Utrecht et de Rastadt. — La paix signée avec l'Angleterre et la Hollande à Utrecht (1713) fut signée avec l'empereur à Rastadt (1714). Philippe V fut reconnu roi d'Espagne, en renonçant à tout droit sur la couronne de France; mais il céda à l'Angleterre, Gibraltar et Minorque; à l'empereur, les Pays-Bas, le Milanais, la Sardaigne et Naples; au duc de Savoie, la Sicile. Louis XIV consentit à reconnaître la succession protestante en Angleterre et la royauté nouvelle de l'électeur de Brandebourg, à rétablir la barrière dans les Pays-Bas en faveur de la Hollande, à démolir les fortifications de Dunkerque et à céder aux Anglais la baie d'Hudson, l'Acadie, Terre-Neuve et Saint-Christophe. La France sortait de cette guerre, affaiblie mais non ruinée, comme ses ennemis avaient pu l'espérer un moment. Si elle avait laissé grandir l'Angleterre et l'Autriche, pendant qu'elle restait stationnaire, ou faisait même des pertes considérables aux colonies, elle avait gagné l'alliance de l'Espagne.

Louis XIV ne survécut guère à la paix. La mort lui avait enlevé, en quelques années, presque tous les siens. De sa nombreuse famille il ne lui restait, avec le roi d'Espagne, qu'un arrière-petit-fils qui fut Louis XV. Il mourut le 1er septembre 1715.

TABLEAU DES LETTRES, DES SCIENCES, DES ARTS AU XVIIe SIÈCLE.

Le XVIIe siècle fut l'un des quatre grands siècles littéraires de l'humanité. La France, alors dans le plein épanouissement de ses forces intellectuelles, conquit, dans le domaine des idées et des arts, une suprématie qui fut plus durable que celle des armes, et que l'Europe reconnut, en étudiant notre langue, en imitant nos monuments, en copiant nos mœurs, en nous abandonnant le gouvernement de la mode et de la civilisation. On a donné à cette époque le nom de *siècle de Louis XIV,* non point parce que ce prince fit, par sa protection, éclore les œuvres de génie : la puissance d'un prince ne va pas jusque-là; mais parce qu'il attira autour de lui tous les esprits supérieurs du temps, qu'il eut pour eux des égards et une bienveillante familiarité dont s'étonnait son noble entourage, et qu'il les fit ainsi connaître et mieux apprécier. Il est bon toutefois de rappeler que, même avant l'avènement et le gouvernement personnel de Louis XIV, la France du XVIIe siècle avait déjà semé ou récolté une partie de sa gloire littéraire.

Les lettres. — La littérature atteignit, à cette époque, une perfection qui l'a rendue classique. Les poëtes les plus illustres furent Corneille, Racine, Molière, Boileau et La Fontaine; les grands prosateurs : Descartes, Pascal, Bossuet, Fénelon, Bourdaloue, Fléchier, Massillon, La Rochefoucauld, La Bruyère, Mme de Sévigné, Saint-Simon.

Les sciences. — Les sciences, longtemps fourvoyées au moyen âge, avaient, au XVIe siècle, trouvé leur véritable voie dans l'observation, l'expérimentation, le calcul et l'induction; elles continuèrent leur progrès au XVIIe siècle, et, si la France ne tint pas le premier rang dans le mouvement scientifique, elle y eut sa part avec Descartes, Pascal, Mariotte, Papin, Tournefort, etc.

Les beaux-arts. — Les beaux-arts durent à la munificence de Louis XIV et à son goût pour les constructions monumentales de puissants encouragements. L'architecture fut représentée par les deux Mansard et Perrault; la sculpture, par Puget. La peinture française ne date véritablement que du XVIIe siècle; mais alors elle produisit des chefs-d'œuvre : Poussin, Lesueur, Claude Lorrain, Philippe de Champagne et Lebrun, furent des peintres de premier ordre. Enfin l'Italien Lulli, venu tout jeune en France, composa la musique des ballets qu'on donnait à la cour de Louis XIV, et des opéras dont Quinault écrivait les paroles.

DEUXIÈME SÉANCE.

RÈGNE DE LOUIS XV (1715-1774).

RÉGENCE DU DUC D'ORLÉANS. — MINISTÈRE DE FLEURY. — GUERRE DE LA SUCCESSION DE POLOGNE. — TRAITÉ DE VIENNE. — GUERRE DE LA SUCCESSION D'AUTRICHE : LE MARÉCHAL DE SAXE; VICTOIRE DE FONTENOY. — TRAITÉ D'AIX-LA-CHAPELLE. — DUPLEIX. — GUERRE DE SEPT ANS; DÉFAITE DE ROSBACH; DÉSASTRES SUR MER. — TRAITÉ DE PARIS. — PERTE DE NOS PLUS BELLES COLONIES. — CHOISEUL; RÉUNION DE LA LORRAINE ET DE LA CORSE. — PARTAGE DE LA POLOGNE.

La régence du duc d'Orléans (1715-1723). — Louis XV, arrière-petit-fils de Louis XIV, monta sur le trône à l'âge de cinq ans et demi. Contrairement aux volontés du feu roi, le Parlement déféra les pleins pouvoirs de la régence au duc d'Orléans, qui, en retour, lui reconnut, avec le droit de remontrance, une part dans le gouvernement.

Le duc d'Orléans, neveu de Louis XIV, rappelait dans sa physionomie extérieure son aïeul Henri IV. Il avait aussi quelques-unes de ses qualités de cœur et d'esprit; mais c'était un fanfaron de débauches; et la licence de ses mœurs, le cynisme des *roués* ses familiers, enlevèrent au pouvoir le respect et l'affection des peuples. Le principal agent de son administration fut l'abbé Dubois, « un petit homme maigre, effilé, à mine de fouine, » pétri de vices et d'habileté, dont il fit un conseiller d'État, un ministre des affaires étrangères, et qui devint même archevêque de Cambrai et cardinal.

Louis XIV avait légué à son successeur de graves embarras financiers. La dette s'élevait à environ deux milliards et demi, et les dépenses annuelles excédaient les recettes de 78 millions. Pour échapper à une banqueroute, le régent laissa tenter les combinaisons hasardeuses de l'Écossais Law, qui voulait suppléer à l'insuffisance du numéraire par la création du papier-monnaie, faire de l'État le seul banquier, le seul commerçant du royaume, et, au moyen des bénéfices obtenus par le monopole de la banque et du commerce, rembourser la dette publique, et plus tard même supprimer les impôts. Ces brillantes utopies aboutirent à une catastrophe financière. Une banque que Law fonda d'abord, en maintenant une juste proportion entre les billets et l'encaisse métallique, réussit et inspira à tous une funeste confiance. Mais, dans la compagnie qu'il forma pour exploiter la vallée du Mississipi, il multiplia outre mesure les actions, sans tenir compte des bénéfices probables. Le public, trompé par le charlatanisme de la réclame, enleva ces actions avec enthousiasme, puis il agiota sur elles avec un tel engouement qu'elles atteignirent trente fois, même quarante fois le prix d'émission, jusqu'au jour où, le vertige et l'ivresse faisant place à des calculs sérieux, elles tombèrent à rien. Ce fut une banqueroute effroyable. Law dut quitter la France, poursuivi par les malédictions des malheureux qui l'accusaient de les avoir ruinés. L'État avait payé une partie de sa dette en papier-monnaie; mais il se reconnut débiteur des sommes ainsi payées envers les créanciers de la compagnie, et sa situation financière demeura à peu près la même qu'auparavant.

Conspiration de Cellamare. Guerre avec l'Espagne (1718-1720). — Pendant que la France était troublée par l'orgie financière de Law, le cardinal Albéroni, ministre de Philippe V, roi d'Espagne, menaçait l'Europe d'une guerre nouvelle. Son ambition était d'annuler les traités d'Utrecht, en rendant à son souverain ses droits à la régence et à la succession éventuelle de Louis XV, et en restituant à l'Espagne les provinces qu'elle avait perdues. Pour assurer le succès de son œuvre, il fomenta, par l'intermédiaire de Cellamare, son ambassadeur en France, un complot contre le régent; il soutint les Stuarts contre la maison de Hanovre qui régnait en Angleterre, il voulut jeter le roi de Suède, Charles XII, sur l'Angleterre, et les Turcs sur l'Autriche. Le régent ne pouvait soutenir une politique qui menaçait ses pouvoirs présents comme ses droits éventuels au trône, et qui aurait renouvelé la guerre à peine terminée de la succession d'Espagne. Malgré l'opinion publique, qui voyait surtout en Philippe V le petit-fils de Louis XIV, il signa contre l'Espagne la quadruple alliance avec l'Angleterre, la Hollande et l'Autriche. Cellamare, qui continuait ses menées à l'aide du duc et de la duchesse du Maine, fut reconduit à la frontière, et la guerre commença. Elle fut courte et peu glorieuse. Le maréchal de Berwick, pour donner l'exemple de l'obéissance, avait accepté le commandement d'une expédition dirigée contre ce même Philippe V, en faveur de qui il avait jadis combattu. Les troupes françaises ne trouvèrent nulle part de résistance sérieuse; elles prirent le port du Passage, Fontarabie et Saint-Sébastien, où elles brûlèrent, au grand profit de la marine anglaise, les vaisseaux trouvés sur le chantier. En même temps les Anglais détruisaient une flotte espagnole sur les côtes de la Sicile et prenaient le port de Vigo, en Galice, tandis que l'empereur envoyait des troupes en Italie. Ces événements dissipèrent les illusions de Philippe V, qui renvoya son ministre et adhéra aux conditions de la quadruple alliance. L'empereur eut la Sicile enlevée au duc de Savoie, qui reçut en échange la Sardaigne; Philippe V renouvela les renonciations du traité d'Utrecht et obtint l'expectative des duchés de Parme, de Plaisance et de Toscane pour un de ses fils. La réconciliation de l'Espagne avec la France fut scellée par la promesse d'un mariage entre une infante et Louis XV.

Mort de Dubois et du duc d'Orléans.— Cependant Louis XV avait accompli ses treize ans; il fut déclaré majeur (février 1723), et la régence cessa, sans toutefois que le pouvoir changeât de mains. Le duc d'Orléans avait donné les fonctions de premier ministre à sa créature Dubois, et, après la mort de celui-ci (août 1723), il les prit pour lui-même; mais il ne les garda que peu de temps. Il fut emporté, au mois de décembre de cette même année, par une attaque d'apoplexie. La régence avait été, par son immoralité, le triste prélude d'un triste règne.

Ministère du duc de Bourbon (1723-1726) *et du cardinal de Fleury* (1726-1743). — Le duc de Bourbon devint premier ministre à la mort du duc d'Orléans. Son gouvernement fut dur, maladroit et entaché de violence, même dans certains actes législatifs qui semblaient inspirés par l'amour du bien public. C'est ainsi que le vol domestique devait être puni de mort, dans tous les cas, et que, pour interdire la mendicité, on ordonnait de marquer les mendiants au front par le feu. Le principal événement de ce ministère fut le mariage du roi avec Marie Leczinska, fille de Stanislas Leczinski, roi détrôné de Pologne. La reconnaissance de la nouvelle reine ne put préserver le duc de Bourbon d'une disgrâce. Il fut exilé dans sa terre de Chantilly, et Fleury, le précepteur du roi, prit la direction des affaires (1726).

Fleury, qui reçut cette année même le chapeau de cardinal, était un vieillard septuagénaire, dont l'administration fut probe, économe et désintéressée, mais dépourvue de grandeur. Au dedans, il put satisfaire aux besoins du moment, mais il ne tenta aucune réforme sérieuse. Au dehors, ses dispositions pacifiques surent apaiser de mesquines querelles survenues entre les différentes cours de l'Europe; mais, lorsqu'il surgit une cause sérieuse de guerre, ses hésitations et son ignorance diplomatique ne purent rien empêcher : il fallut faire la guerre malgré soi, et souvent on la fit mal. Il avait cru acheter par des complaisances parfois serviles l'alliance de l'Angleterre, et il vit l'Angleterre nous abandonner ou même se tourner contre nous.

Le ministère de Fleury fut marqué par la guerre de la succession de Pologne et le commencement de la guerre de la succession d'Autriche.

Guerre de la succession de Pologne. — La couronne de Pologne était élective. A la mort d'Auguste II (1733), deux prétendants se disputèrent les suffrages des Polonais : l'ancien roi Stanislas, qui fut élu à une immense majorité, et le fils du roi défunt, Auguste III, qui ne réunit que quelques voix, mais qui reçut l'appui des armées de la Russie et de l'Autriche. Le succès de Stanislas intéressait l'honneur du roi de France et l'indépendance de la Pologne déjà menacée. Les vieux généraux de Louis XIV et la jeune noblesse poussèrent à la guerre; leur ardeur soulevait ainsi une question qui devait souvent, dans la suite, occuper la pensée de nos hommes politiques. Sans doute il eût été bon et glorieux pour la France de sauver une nation amie des étreintes de ses rapaces voisins; mais il était difficile de transporter par mer des secours efficaces ou de conduire une armée jusqu'en Pologne, à travers une partie du continent européen. Fleury, qui redoutait les hasards de cette expédition lointaine, voulut cependant donner satisfaction aux sentiments belliqueux de la cour : il déclara la guerre à l'Autriche, ennemie de Stanislas, avec l'intention de ne pas intervenir directement dans les affaires de la Pologne; mais il n'eut pas l'énergie de persister dans ce plan. Du côté de la Pologne, il ne sut ni s'abstenir ni agir utilement. Stanislas était assiégé par une armée russe dans Dantzig : Fleury ne voulut pas l'abandonner; mais, au lieu d'une armée et d'une flotte que les Polonais attendaient, il ne leur envoya que 1,500 hommes. Cette poignée de soldats ne pouvait faire autre chose pour l'honneur de la France que de mourir glorieusement. C'est ce que pensa notre ambassadeur à

Copenhague, le comte de Plélo. En prenant le commandement de l'expédition, il écrivit au ministre Maurepas qu'il allait à une mort certaine et lui recommanda sa femme et ses enfants. Comme il essayait de traverser avec sa petite troupe une armée de 30,000 hommes, il tomba percé de balles; ses soldats furent tués ou pris après une vigoureuse résistance. Dantzig se rendit aux Russes, et Stanislas, dont la tête avait été mise à prix, ne s'échappa qu'à la faveur d'un déguisement.

Nos armes, malheureuses en Pologne contre les Russes, furent plus heureuses sur le Rhin et au delà des Alpes contre l'Autriche. Fleury avait obtenu le concours de la Savoie et de l'Espagne, en leur promettant part aux dépouilles; la neutralité de l'Angleterre et de la Hollande, en renonçant à toute attaque contre les Pays-Bas. Deux armées furent envoyées l'une sur le Rhin, l'autre en Italie. Berwick, qui commandait la première, s'empara de Kehl et fut tué au siège de Philipsbourg, qu'enleva son successeur le maréchal d'Asfeld (1734). Villars reçut le commandement de l'armée d'Italie. Après une campagne qu'il mena vivement, parce qu'il était, disait-il, trop vieux pour attendre, il mourut à Turin, en regrettant de n'être point tombé sur le champ de bataille comme Berwick son compagnon d'armes : « Cet homme-là, disait-il, a toujours été plus heureux que moi » (1734). Berwick et Villars étaient les derniers représentants de cette forte génération de grands capitaines qui avaient illustré le règne de Louis XIV. Après eux, le génie militaire de la France sembla s'assoupir, et le plus illustre des généraux de Louis XV, Maurice de Saxe, fut un étranger. Coigny et de Broglie, qui succédèrent à Villars, remportèrent les deux victoires de Parme et de Guastalla, pendant que les Espagnols nos alliés, victorieux aussi des Impériaux à Bitonto, occupaient le royaume de Naples et la Sicile. Fleury profita de ces succès pour entamer des négociations qui durèrent trois ans (1735-1738) et aboutirent au traité de Vienne. Stanislas reçut, en dédommagement du trône de Pologne, le duché de Lorraine, qui après sa mort devait être réuni à la France; le duc de Lorraine devint grand-duc de Toscane; l'infant don Carlos obtint le royaume des Deux-Siciles; le roi de Sardaigne, les territoires de Novarre et de Tortone; l'empereur, les duchés de Parme et de Plaisance. La France avait conquis un solide avantage dans l'acquisition de la Lorraine; elle dut aussi à l'ascendant de ses victoires et à la modération de Fleury, d'être, de 1738 à 1741, l'arbitre de l'Europe.

Cette guerre de trois ans, qui avait été une guerre purement continentale et sans grand danger, avait à peine ralenti le développement commercial et industriel de la France. La prospérité publique s'accrut encore dans les années qui suivirent, mais elle fut brusquement interrompue par la guerre de la succession d'Autriche.

Guerre de la succession d'Autriche (1741-1748). — L'empereur Charles VI mourut en 1740, sans laisser d'enfant mâle. Sa grande préoccupation, pendant un long règne, avait été d'assurer l'héritage de toutes les possessions de la maison d'Autriche à sa fille Marie-Thérèse, et il avait rédigé dans cette intention une pragmatique qu'il avait fait reconnaître et garantir par presque tous les États de l'Europe. Mais, quand il ne fut plus, les puissances européennes oublièrent les engagements contractés. Marie-Thérèse n'était qu'une femme; son mari François de Lorraine était un prince sans talent; l'Autriche semblait épuisée par ses derniers revers : c'était assez pour enlever tout frein aux convoitises. L'électeur de Bavière Charles-Albert, l'électeur de Saxe, roi de Pologne, le roi de Sardaigne, le roi d'Espagne, réclamèrent, en vertu de prétentions surannées, tout ou partie de l'héritage des Habsbourg. Pendant qu'ils en étaient encore à compulser les parchemins, le roi de Prusse, Frédéric II, moins scrupuleux parce qu'il était plus fort, se préparait à agir. Il envahit à l'improviste la Silésie, qui était dépourvue de toute défense. Quand il en fut maître, il offrit à Marie-Thérèse son amitié et le secours de ses armes, si elle voulait lui céder cette province. Marie-Thérèse lui répondit avc fierté « qu'elle défendait ses sujets et ne les vendait pas. » Mais les troupes qu'elle envoya pour reprendre la Silésie furent battues à Molwitz (1741), où les Prussiens durent surtout leur succès à l'emploi de la baguette de fusil en fer, qui leur permettait un tir plus rapide. L'injuste agression de Frédéric II fut le signal d'un embrasement universel. Fleury ne voulait pas d'une guerre contre l'Autriche, parce que toute guerre répugnait à son humeur pacifique, et que celle-ci avait un caractère d'injustice qui troublait sa conscience. Mais il n'eut pas la force de résister aux obsessions des courtisans: il se prononça contre la pragmatique, qu'il avait signée. Il conclut avec les électeurs de Bavière et de Saxe, les rois d'Espagne, de Sardaigne et de Prusse le traité de Nymphenbourg (1741) pour le démembrement des possessions autrichiennes. Cette coalition, dont les membres avaient des convoitises contradictoires, tout en semblant poursuivre un but commun, était condamnée fatalement à une prompte dissolution ; et la France, après avoir voulu faire acte de désintéressement en repoussant à l'avance toute part dans les dépouilles, resta seule à soutenir une lutte qu'elle avait entreprise au profit d'autrui.

Les débuts des hostilités furent heureux. Une armée franco-bavaroise, sous le commandement de l'électeur et du maréchal de Belle-Isle, s'empara de Lintz, en Autriche, puis se reporta en Bohême, où un audacieux coup de main du lieutenant-colonel Chevert lui livra Prague. Chevert était un de ces soldats de fortune, si rares sous l'ancien régime, que beaucoup de courage et d'intelligence élevait au grade d'officier. On a souvent cité son dialogue avec ses sergents, avant l'assaut de Prague : « Mes amis, leur dit-il, vous êtes tous braves, mais il me faut un brave à trois poils. C'est toi, sergent Pascal, ajouta-t-il. — Tu vas monter le premier. — Oui, mon colonel. — La sentinelle criera : Qui va là ? Ne réponds rien, mais avance. — Oui, mon colonel. — A la troisième fois elle tirera sur toi et te manquera. — Oui, mon colonel. — Tu la tueras, et je suis là pour te soutenir. » Les choses se passèrent comme il était dit, et la ville fut prise. L'électeur de Bavière, qui s'était fait proclamer archiduc d'Autriche à Lintz, se fit reconnaître roi de Bohême à Prague, et quelque temps après il obtint la couronne impériale à Francfort, sous le nom de Charles VII.

Cependant Marie-Thérèse ne se laissa point abattre.

Elle adressa un appel à ses sujets de Hongrie, qui y répondirent par un cri d'enthousiasme et de guerre : « Mourons pour notre roi Marie-Thérèse, » et qui lancèrent sur l'Allemagne des bandes de pandours, de Croates et de hussards. Ensuite, pour désunir la coalition, elle consentit à céder la Silésie à la Prusse, et Frédéric II, dont la perfide ambition sacrifiait tout à l'intérêt, abandonna ses alliés. La Saxe, la Sardaigne suivirent son exemple. L'Angleterre, déjà engagée dans une guerre maritime contre l'Espagne, se déclara ouvertement pour le maintien de la pragmatique, en entraînant à sa suite la Hollande. Ainsi la France était à la fois délaissée par une partie de ses alliés et attaquée par de nouveaux ennemis. L'armée de Belle-Isle, que la défection de Frédéric II laissait fort aventurée en Bohême, dut reculer de Prague à Egra; elle n'effectua sa retraite, que l'on compara pompeusement à la retraite des Dix Mille, qu'en perdant quatre mille soldats morts de froid, de fatigue et de faim. L'énergie de Belle-Isle et le courage de Chevert, qui, laissé dans Prague avec des blessés et des malades, obtint une capitulation honorable, en menaçant de s'ensevelir sous les ruines de la ville, sauvèrent du moins l'honneur de nos armes.

Mort de Fleury. Maladie du roi (1743). — Fleury mourut sur ces entrefaites en janvier 1743. Sa mort avait été attendue avec impatience par tous ceux qui demandaient pour les affaires une impulsion plus vigoureuse; elle n'apporta cependant aucune amélioration dans la situation intérieure. Louis XV renouvela la déclaration déjà faite à l'avènement de Fleury, qu'il allait régner par lui-même et ne prit point de premier ministre ; mais l'exercice du pouvoir exigeait un effort de volonté qu'il fut impossible de soutenir. Son indécision embarrassa les rouages de l'administration, et ce fut une sorte d'anarchie ministérielle qui remplaça la main sénile de Fleury. La gravité des événements stimula cependant un moment sa torpeur. Le maréchal de Noailles, qui opérait sur le Mein contre les Anglais, avait été battu à Dettingen (1743) dans une position qui lui aurait donné la victoire, si ses combinaisons n'avaient pas été dérangées par la témérité d'un de ses lieutenants, et nos armées d'Allemagne furent rejetées sur la rive gauche du Rhin. Louis XV parut alors à la tête des troupes à la grande joie de la France, qui crut enfin avoir un roi. Il était en Flandre, où il avait déjà emporté quelques places, lorsqu'il apprit qu'une armée autrichienne avait envahi l'Alsace et menaçait la Lorraine. Aussitôt il courut au secours des provinces attaquées; mais, en arrivant à Metz, il fut atteint d'une maladie qui parut être mortelle. La royauté était encore si chère au peuple de France que la nouvelle du danger du roi causa une vraie consternation, et que l'annonce de sa convalescence excita partout des transports de joie : c'est dans cette circonstance qu'on lui donna le surnom de *Bien-Aimé*.

Victoire de Fontenoy (1745). — Cependant les succès de l'Autriche inquiétaient la Prusse. Frédéric II craignit que Marie-Thérèse, victorieuse de la France, ne lui reprît la Silésie, et, pour ne pas être dépouillé de sa conquête, il recommença la lutte et envahit la Bohême. Cette diversion dégagea les bords du Rhin et permit à l'empereur

Charles VII, naguère chassé de ses États, d'y rentrer, mais seulement pour y mourir (janvier 1745). Son fils Maximilien-Joseph se réconcilia avec l'Autriche, et l'époux de Marie-Thérèse, François de Lorraine, fut élu empereur. La France n'ayant plus d'allié en Allemagne, le théâtre principal de la guerre fut transporté sur notre frontière du Nord, dans les Pays-Bas autrichiens. Maurice de Saxe, que la France avait pris à son service, y remporta une glorieuse victoire à Fontenoy (1745). L'armée française, où le roi et le dauphin se trouvaient en personne, assiégeait Tournay. Le duc de Cumberland s'étant avancé à la tête des troupes anglo-hollandaises pour secourir cette place, une bataille s'engagea. Les Anglais, d'abord repoussés dans leurs attaques sur nos deux ailes, se massèrent en une épaisse colonne soutenue par douze pièces de canon, qui s'avança sur le centre même de nos positions devant Fontenoy. Quand elle arriva en présence du régiment des gardes françaises, les officiers qui étaient en tête saluèrent, en disant : « Messieurs des gardes françaises, tirez. — Messieurs les Anglais, leur fut-il répondu, nous ne tirons jamais les premiers; tirez vous-mêmes. » Cette courtoisie, qui eût été par trop chevaleresque si elle n'eût répondu à une vieille coutume de notre infanterie d'essuyer d'abord le feu de l'ennemi, nous coûta cher : la décharge des Anglais coucha par terre le premier rang des gardes françaises, et le reste se débanda. Pendant six heures consécutives, la colonne anglaise s'avança calme, impassible, renversant de son feu violent et soutenu tous les régiments qui arrivaient les uns après les autres se jeter sur elle. La journée semblait perdue. Cependant, avant d'ordonner la retraite, le maréchal voulut tenter un dernier effort. Il réunit à la réserve, où se trouvait la maison du roi, les régiments disponibles, et les lança tous ensemble, infanterie et cavalerie, pêle-mêle comme un ouragan, sur le front et les flancs de la colonne, en même temps qu'il la prenait en écharpe par le canon. Sous ces charges vigoureuses, la masse ennemie vacilla, puis recula laissant la victoire aux Français. Cette journée fit grand honneur au maréchal de Saxe, qui avait vaincu malgré les souffrances d'une cruelle maladie; mais elle resta surtout populaire à cause de la courtoisie et du courage de nos troupes.

Victoires de Raucoux et de Lawfeld. Défaite de Plaisance. — La victoire de Fontenoy fut la plus éclatante de cette guerre, mais elle ne fut pas la seule : les Français furent encore vainqueurs avec le maréchal de Saxe à Raucoux (1746), à Lawfeld (1747), dans les Pays-Bas. En Italie, il fallut combattre le roi de Sardaigne, d'allié devenu notre ennemi. Les Français furent d'abord victorieux à Coni (1744). Battus ensuite à Plaisance (1746), ils ne purent préserver la Provence d'une invasion. Le maréchal de Belle-Isle, soutenu par une révolte de Gênes contre les Autrichiens, finit par repousser l'ennemi; mais il ne put forcer les passages des Alpes. Son frère le chevalier de Belle-Isle périt d'une mort héroïque au combat d'Exilles, devant des retranchements formidables que les Français, malgré tout leur courage, ne purent enlever.

Revers maritimes. — Sur mer, l'impéritie de Fleury, qui avait laissé dépérir notre marine, nous valut des désastres.

Nos marins, toujours écrasés par le nombre, ne purent qu'illustrer leur défaite par leur courage, et il fut impossible d'envoyer des secours efficaces au prétendant Charles-Édouard, qui voulait relever en Angleterre la maison des Stuarts et qui vit ses espérances ruinées par sa défaite de Culloden (1746). Aux Indes cependant, malgré la mésintelligence de Mahé de la Bourdonnais et de Dupleix, les Français battirent une escadre anglaise dans le golfe du Bengale, prirent Madras et soutinrent victorieusement le siège de Pondichéry.

Traité d'Aix-la-Chapelle (1748). — Depuis longtemps la guerre n'avait plus d'objet pour la France; abandonnée de nouveau par le roi de Prusse, elle ne combattait plus que pour conquérir la paix. Enfin une attaque vigoureuse sur le Brabant hollandais, où l'on prit Berg-op-Zoom, et le siège de Maestricht effrayèrent les puissances ennemies, qui se décidèrent à traiter. La paix fut signée à Aix-la-Chapelle (1748). Louis XV avait déclaré qu'il voulait faire la paix non en marchand, mais en roi; et en effet il ne réclama rien pour la France. L'Autriche fit reconnaître la pragmatique de Charles VI, mais elle perdit les duchés de Parme et de Plaisance, cédés à un infant d'Espagne. Elle avait auparavant renouvelé l'abandon de la Silésie à Frédéric II. Le résultat le plus évident de cette guerre fut d'élever la Prusse au rang des premières puissances de l'Europe. Par la faute de ceux qui la gouvernaient, la France avait prodigué son or et son sang au seul profit d'un État qui grandissait pour son malheur : « Elle avait travaillé pour le roi de Prusse. »

La paix d'Aix-la-Chapelle laissait subsister plus d'une cause de conflit; aussi ne fut-elle qu'une trêve entre les deux guerres de Sept ans. Sur le continent, Marie-Thérèse ne pouvait se résigner à la perte de la Silésie; sur mer, l'Angleterre aspirait à une souveraineté sans rivale, tandis que la France songeait à relever sa marine et à développer l'importance de ses colonies. C'est surtout la jalousie de l'Angleterre qui provoqua une nouvelle lutte.

Prospérité coloniale de la France. Causes de la guerre de Sept ans. — La France avait, à cette époque, un bel empire colonial. L'île Bourbon et l'île de France, fécondées par le génie de la Bourdonnais, et les Antilles françaises devaient une brillante prospérité à la liberté de commerce, que leur avait accordée la métropole, et à l'habitude que prenaient les colons de s'établir au milieu de leurs propriétés pour en diriger l'exploitation. Sur le continent américain, le Canada formait une nouvelle France, encore médiocrement exploitée par une population trop peu nombreuse, mais qui semblait appelée à un riche avenir par ses ressources propres et par celles de la grande vallée du Mississipi, où la colonie de la Louisiane prenait un rapide développement. Aux Indes orientales, Dupleix songeait à faire de la Compagnie qu'il gérait une puissance territoriale et politique et à tailler à la France un empire dans l'Hindoustan. La situation du pays démembré en une foule de principautés, dont les souverains, soubabs, nababs ou radjahs, étaient en lutte perpétuelle et ne reconnaissaient plus l'autorité du Grand Mogol, justifiait l'audace de ses projets. Habilement secondé par sa femme, *la princesse Jeanne,* qui connaissait les divers dialectes de l'Inde, il intervint habilement dans les démêlés de la féodalité hindoue. Il soutint des princes indigènes, en accabla d'autres par des exploits souvent merveilleux, et obtint de ses protégés d'immenses territoires sur lesquels s'étendit la domination de la France. L'Angleterre s'émut de ces succès, et elle imposa au gouvernement de Louis XV le rappel de Dupleix et un traité qui ruinait notre influence dans l'Inde. Elle devait plus tard, en reprenant pour elle-même les projets de Dupleix, acquérir l'empire qui échappait à la France.

Le cabinet de Versailles avait, par sa faiblesse ou son ignorance de nos vrais intérêts, évité toute cause de conflit dans l'Inde; mais l'Angleterre, qui voulait la guerre, trouva dans la situation de nos établissements d'Amérique un prétexte de rupture.

Les colons anglais de l'Amérique du Nord voyaient avec inquiétude le développement de la puissance française dans leur voisinage. « Point de repos pour nos treize colonies, disait Franklin, tant que les Français seront maîtres du Canada. » Ils voulaient étendre jusqu'au Saint-Laurent les limites de l'Acadie, qui leur avait été cédée au traité d'Utrecht; ils disputaient aux Français la vallée de l'Ohio, qui unissait le Canada à la Louisiane. Il y eut, au milieu de ces contestations, quelques actes d'hostilité entre les colons des deux nations. Aussitôt, sans aucune déclaration de guerre, les flottes et les corsaires de l'Angleterre coururent sus à nos bâtiments et en enlevèrent environ trois cents, dont deux vaisseaux de ligne. A cette injuste agression, le gouvernement de Louis XV n'opposa d'abord que de timides réclamations. Comme toute satisfaction lui fut refusée, il se vit, bien malgré lui, dans la nécessité d'engager la lutte.

Guerre de Sept ans (1756-1763). — Malgré l'infériorité de nos forces maritimes, le premier succès de la guerre fut pour la France. Une flotte, partie de Toulon sous les ordres de La Galissonnière, battit dans les eaux de la Méditerranée la flotte anglaise de l'amiral Byng. Un corps de débarquement, commandé par le duc de Richelieu, fut jeté dans l'île Minorque et assiégea la citadelle de Port-Mahon réputée imprenable. Beaucoup de soldats buvaient avec excès des vins du pays; le maréchal mit à l'ordre du jour que ceux qui seraient vus en état d'ivresse ne seraient pas commandés pour l'assaut. Personne ne s'enivra plus. La citadelle fut enlevée par une impétueuse attaque, et l'île se soumit. Les Anglais, pour venger leur défaite navale, traduisirent Byng devant une cour martiale, qui le fit fusiller à son bord.

Alliance de la France avec l'Autriche. Causes des revers de la France. — Ce premier avantage permettait d'en espérer d'autres; et peut-être eût-il été possible à notre marine de balancer la fortune, si le gouvernement de Louis XV n'avait détourné une partie de nos forces pour une guerre continentale. Mais le désir de compenser notre infériorité maritime par la supériorité de nos forces de terre, l'intérêt de l'Angleterre toujours habile à nous susciter des ennemis, et enfin l'attitude des puissances allemandes, tout rendait cette guerre inévitable. L'Autriche voulait

4.

reprendre la Silésie à la Prusse, et la France n'avait qu'à choisir entre l'alliance de ces deux puissances, qui l'une et l'autre firent des avances au cabinet de Versailles. Les instances de Mme de Pompadour, une favorite toute-puissante, qui avait été blessée des épigrammes de Frédéric II et flattée des attentions de Marie-Thérèse, et surtout l'expérience de la guerre de la succession d'Autriche, qui avait appris le peu de foi qu'on devait avoir dans les engagements du roi de Prusse, firent préférer l'alliance de l'Autriche. On signa avec elle le traité de Versailles, auquel adhérèrent ensuite la Russie et la Suède.

La guerre de Sept ans fut malheureuse. On peut expliquer en partie nos revers par l'état politique et moral de la France, par la toute-puissance d'une favorite qui eut la monstrueuse fantaisie de diriger du fond de son boudoir les opérations militaires, et par un affaiblissement du sens patriotique qui, au lieu de pleurer nos défaites, les laissait gaiement chansonner. Mais ces revers eurent aussi leurs causes dans l'état même de notre armée. Les généraux pour la plupart étaient d'une parfaite incapacité. Ils se jalousaient les uns les autres, et, dans leurs coupables rivalités, préféraient une défaite de la France à une victoire qui eût illustré un collègue. Les soldats, qu'on avait essayé d'instruire suivant des systèmes confus et contradictoires, ne savaient pas manœuvrer avec ensemble. Recrutés au hasard, mal exercés, ils étaient, en outre, encouragés à l'indiscipline par le luxe et la démoralisation de leurs chefs. L'artillerie ne valait rien, ni comme nombre ni comme mobilité. Les pièces étaient conduites jusque sur le champ de bataille par des charretiers de réquisition qui, fuyant avec leur attelage au premier danger, laissaient aux canonniers, harnachés d'une bricole, le soin de pousser plus avant. Cette organisation militaire était bien inférieure à celle des Prussiens. La Prusse, en effet, organisée comme un camp, avait des armées manœuvrières, une artillerie nombreuse qui comptait en moyenne quatre pièces par mille hommes, attelée militairement et apte à suppléer par la rapidité du transport à la faiblesse numérique de l'infanterie [1]. Elle avait surtout le génie militaire de son roi Frédéric II.

Guerre continentale.—Deux armées françaises furent envoyées en Allemagne : l'une pour conquérir le Hanovre, possession du roi d'Angleterre; l'autre pour combattre Frédéric II, qui venait de faire une brillante campagne en Saxe et en Bohême. La première, sous les ordres du maréchal d'Estrées, battit le duc de Cumberland à Hastembech (1757), puis, sous le duc de Richelieu, elle imposa aux vaincus la capitulation de Closterseven. Mais Richelieu, au lieu de poursuivre ses succès en marchant au cœur du Brandebourg, perdit le temps à piller. Il reçut de ses soldats le surnom de *Père la Maraude,* et un élégant hôtel qu'il fit bâtir à Paris fut appelé *pavillon de Hanovre :* ce fut le seul châtiment de ses déprédations. La seconde armée, commandée par Soubise, alla rejoindre l'armée allemande dite *d'exécution,* parce qu'elle devait exécuter une sentence de la Diète germanique contre Frédéric II. Le commandement en chef appartint au prince

[1] Les Prussiens eurent, dans certains cas, jusqu'à dix pièces par mille hommes.

de Saxe-Hildburghausen, aussi incapable et plus présomptueux que Soubise. Il voulut se battre à Rosbach; ses troupes prirent la fuite à la première attaque de l'ennemi, entraînant après elles les Français saisis de la même panique (1757). La France a laissé l'histoire rejeter sur elle toute la honte de cette défaite.

Après Rosbach, les opérations de la guerre continentale eurent lieu sur deux théâtres distincts : sur l'Elbe et sur l'Oder. Frédéric II luttait contre les Autrichiens et les Russes et déployait avec une indomptable énergie tout le génie d'un grand capitaine. Non seulement il avait perfectionné l'instruction des soldats, mais encore, par la célérité de ses manœuvres, l'heureuse disposition de ses marches qui facilitaient la concentration de ses troupes, l'imprévu de ses attaques, les rapides changements de front sur le terrain, l'utile emploi d'une nombreuse artillerie et les charges à fond de train de sa cavalerie, il renouvelait l'art de la guerre. Sur le Rhin, la France luttait contre les Anglo-Hanovriens commandés par le duc de Brunswick. Désormais les succès et les revers se balancèrent. Dans chaque campagne, nos armées envahirent et évacuèrent tour à tour la basse Allemagne. Elles furent battues avec le comte de Clermont à Creveld (1758), avec Contades à Minden (1759), avec de Broglie et Soubise à Fillinghausen (1761). Elles furent victorieuses avec de Broglie à Bergen (1759) et à Corbach (1760); mais la mésintelligence des officiers supérieurs rendait les succès eux-mêmes stériles, et des armées suffisantes pour conquérir l'Allemagne, si elles eussent été bien conduites, ne faisaient que piétiner sur place. L'un des faits les plus glorieux de cette guerre fut le dévouement, à Clostercamp (1760), du chevalier d'Assas, capitaine au régiment d'Auvergne. Selon la tradition généralement adoptée, d'Assas, envoyé la nuit en éclaireur avec un faible détachement, tomba au milieu d'un corps ennemi qui s'approchait pour surprendre les Français dans leur sommeil. On le menaça de mort s'il faisait le moindre bruit. « A moi, Auvergne! voilà l'ennemi! » s'écria-t-il, et il tomba percé de coups. Les Français, avertis par ce cri, repoussèrent les assaillants.

Guerre maritime et coloniale. Perte du Canada (1760) *et de l'Inde* (1761). — Sur mer, après le succès de Port-Mahon, la France n'éprouva que des revers. Nos flottes battues en vue de Lagos et dans la bataille perdue par Conflans à la hauteur de Belle-Isle, ne purent ni défendre nos côtes contre des insultes souvent renouvelées, ni porter secours à nos colonies.

Au Canada, la résistance fut héroïque. Louisbourg, le poste avancé de la Nouvelle-France, soutint six semaines de siège, malgré le mauvais état de ses fortifications. Tout répondit à ce glorieux mais triste début. La population du Canada, abandonnée de la mère patrie, périt sous le nombre. Montcalm se fit tuer devant Québec, où les Anglais n'entrèrent que sur un monceau de ruines; et, après des luttes meurtrières, les derniers défenseurs de l'indépendance canadienne, refoulés par trois armées ennemies dans Montréal, durent y capituler (1760). La Nouvelle-France devint un pays anglais; mais aujourd'hui encore, malgré un siècle écoulé sous la domination étrangère, le génie de notre race et le souvenir de la mère patrie vivent parmi nos frères du Canada.

Aux Indes, l'Irlandais Lally, chargé du gouvernement, avait de la valeur, mais non l'habileté administrative de Dupleix. En s'emportant contre les abus, il ne sut pas assez ménager de justes susceptibilités; il mécontenta à la fois les fripons et les honnêtes gens; il s'aliéna le conseil de la colonie, les troupes et les indigènes. Assiégé dans Pondichéry, il fut, malgré son courage et ses efforts, obligé de capituler. L'Inde fut perdue (1761). Des récriminations violentes et une injuste condamnation attristèrent encore la défaite. Lally fut condamné par arrêt du Parlement comme coupable de trahison, et il fut conduit à l'échafaud dans un tombereau, un bâillon sur la bouche. Quelques années après, le fils de Lally obtint la revision du procès et la réhabilitation de la mémoire de son père.

Pacte de famille (1761). *Traités de Paris et d'Hubertsbourg* (1763). — Le spectacle des revers de la France avait, dès 1758, converti à la paix le ministre des affaires étrangères, l'abbé de Bernis. Mme de Pompadour le remplaça par le duc de Choiseul, dont les dispositions étaient plus belliqueuses et qui fit de nouveaux efforts pour sortir de cette guerre avec honneur. Il parvint à unir dans une cause commune, par le pacte de famille, toutes les branches de la maison de Bourbon, mais ce fut sans avantage aucun, le seul résultat de cette alliance ayant été de livrer en proie aux flottes anglaises les colonies de l'Espagne, après celles de la France. Il fallut se résigner à subir les conditions de l'Angleterre. Par le traité de Paris (février 1763), la France céda à l'Angleterre : en Amérique, Saint-Vincent, la Grenade, Tabago, la Dominique, le Canada et ses dépendances, en obtenant avec beaucoup de difficulté le droit de pêche dans les parages de Terre-Neuve; en Afrique, le Sénégal; elle recouvra ses possessions de l'Inde telles qu'elles étaient en 1749, mais avec défense de les fortifier. Enfin elle abandonnait la Louisiane à l'Espagne pour la dédommager de la Floride donnée à l'Angleterre; et, pour humiliation dernière, elle s'engageait à démolir encore une fois les fortifications de Dunkerque.

En même temps la paix était signée à Hubertsbourg entre la Prusse et l'Autriche : Marie-Thérèse abandonnait définitivement la Silésie.

Le traité de Paris, le plus désastreux que la France eût subi jusqu'alors dans les temps modernes, laissait la France amoindrie par la perte de ses colonies, humiliée par ses défaites, et ruinée dans son influence politique comme dans sa réputation militaire auprès des puissances européennes.

Ministère du duc de Choiseul (1758-1770). — Il y eut cependant parmi les ministres qui durent leur élévation à Mme de Pompadour, un homme qui prit à cœur de relever la France de son abaissement : c'était ce même duc de Choiseul qui déjà, pendant la guerre, avait signé le pacte de famille. Tant que vécut la favorite, il eut la plus grande part d'influence au ministère; et, après sa mort, il fut, au titre près, véritablement premier ministre. « D'une naissance distinguée, d'une figure petite et désagréable, avec de la valeur, de l'esprit et encore plus d'audace, » il plut au roi par son habileté à lui sauver les difficultés de toutes les affaires, à la nation en lui apprenant à ne pas désespérer d'elle-même. Comme il voulait « que le royaume redevînt aussi puissant qu'avant une guerre malheureuse, » il mit tous ses soins à lui créer de nouvelles ressources. Il accomplit dans l'armée quelques-unes des réformes dont la dernière guerre avait montré la nécessité : les règles de l'avancement furent de nouveau déterminées; les cadres furent fortement constitués, pour qu'il fût possible de passer facilement du pied de paix au pied de guerre; les colonels perdirent la nomination de leurs subordonnés et furent astreints à commander eux-mêmes leur régiment; les capitaines ne furent plus chargés du recrutement, de la solde et de l'entretien de leurs soldats; les engagements furent de huit ans, et le soldat eut droit, après seize ans de service, à la demi-solde; après vingt-quatre ans à la solde entière, ou aux invalides; enfin, sous l'influence de Gribeauval, l'artillerie fut modifiée dans l'organisation des troupes et dans le service du matériel, qui, devenu plus maniable, facilita l'emploi des bouches à feu en campagne. Choiseul porta la même attention à la réorganisation de nos flottes, et il servit à préparer cette brillante marine militaire qui, sous le règne de Louis XVI, devait effacer en partie le souvenir de nos revers. En même temps la marine marchande se relevait; les débris de notre empire colonial, administrés par des gouverneurs capables et intègres, renaissaient à la prospérité, malgré une tentative malheureuse de colonisation faite dans la

Guyane, en vue de compenser la perte de la Nouvelle-France par le développement de la France équinoxiale.

Acquisition de la Lorraine et de la Corse. — C'est sous son ministère que la France entra en possession de la Lorraine à la mort de Stanislas, conformément au traité de Vienne (1766). Il réunit aussi la Corse à la couronne. Cette île, qui avait été cédée à la France par les Génois, contre qui elle s'était révoltée, fut conquise, malgré la résistance de Paoli (1768).

Disgrâce de Choiseul (1770). — Les questions de politique générale furent quelque temps oubliées pour des questions d'administration intérieure, qui préoccupèrent vivement l'opinion publique : la suppression de l'ordre des jésuites, prononcée par un arrêt du Parlement de Paris (1762) et confirmée deux ans après par le conseil du roi; et le procès du duc d'Aiguillon, qui fut accusé par le Parlement de Rennes d'avoir commis des abus de pouvoir comme gouverneur de la Bretagne, et dont l'affaire évoquée à Paris devait amener la destruction des parlements, après la disgrâce de Choiseul. Le ministre avait à la cour de nombreux ennemis, dont le plus redoutable était une nouvelle favorite que le roi avait tirée des bas-fonds de la société et créée comtesse du Barry. Le 24 décembre 1770, il reçut l'ordre de se démettre de sa charge de secrétaire d'État et de se retirer dans sa terre de Chanteloup. Son renvoi lui valut une popularité dont le souvenir a augmenté sa renommée.

Le triumvirat. — Après la disgrâce de Choiseul, la France resta livrée, jusqu'à la fin du règne, au gouvernement d'un triumvirat formé du chancelier Maupeou, de l'abbé Terray et du duc d'Aiguillon. Maupeou signala son administration par la destruction des parlements. Depuis la régence, le Parlement de Paris avait repris un rôle d'opposition qui contrariait la cour. Il s'arrogeait la mission des états généraux ; il contrôlait souvent avec amertume les actes législatifs et financiers du gouvernement. La lutte étant devenue particulièrement vive dans le procès du duc d'Aiguillon, que la magistrature poursuivait et que la cour défendait avec une égale ardeur, le Parlement de Paris, puis les parlements de province furent supprimés. On les remplaça par des conseils supérieurs à qui on interdit toute ingérence dans les questions politiques. L'opinion publique vit dans cette suppression un acte de despotisme qui renversait le dernier contrepoids de l'autorité royale.

L'abbé Terray, pour qui le peuple n'était qu'une éponge à pressurer, augmentait encore par ses mesures financières l'impopularité du gouvernement.

Le duc d'Aiguillon. — Au dehors la France restait isolée et impuissante, sous l'administration de l'incapable d'Aiguillon. C'est à cette époque que les trois puissances du Nord, la Prusse, la Russie et l'Autriche, accomplirent cet odieux partage de la Pologne qui mutila d'abord, pour l'anéantir ensuite, une nation généreuse, au mépris du droit public de l'Europe et du droit plus sacré des peuples.

Mort de Louis XV. — Cependant Louis XV avait le pressentiment que la honte de son règne menaçait la royauté d'une catastrophe, mais il s'en consolait en pensant que tout cela durerait bien autant que lui. Il mourut en 1774.

TROISIÈME SÉANCE.

Louis XVI. — Turgot, Necker. — Guerre d'Amérique. Traité de Versailles. — Convocation des états généraux. — État de la France en 1789. Le xviiie siècle. — Assemblée constituante. — Prise de la Bastille, 14 juillet. — Journées des 5 et 6 octobre. — Réformes de l'Assemblée constituante. — Assemblée législative. — Guerre contre l'Autriche et la Prusse. — Manifeste du duc de Brunswick. — Journée du 10 août et chute de la royauté. — Histoire intérieure de la Convention.

RÈGNE DE LOUIS XVI JUSQU'À LA CONVOCATION DES ÉTATS GÉNÉRAUX (1774-1789).

Le dauphin, fils de Louis XV, était mort en 1765, laissant, de sa seconde femme Josèphe de Saxe, trois fils, le dauphin Louis, le comte de Provence, le comte d'Artois, qui devaient régner tous les trois, et une fille, Madame Élisabeth. Louis XV eut donc pour successeur son petit-fils le dauphin Louis, qui fut Louis XVI. Ce prince avait épousé en 1770 Marie-Antoinette, fille de l'impératrice Marie-Thérèse d'Autriche.

Ministère de Maurepas (1774-1781). — Le premier soin de Louis XVI fut de se choisir un conseiller capable de diriger son inexpérience et d'administrer l'État. Son choix tomba sur Maurepas, un vieillard spirituel, mais frivole, qui ne comprit pas la nécessité d'accomplir promptement des réformes pour prévenir une révolution imminente, et qui songea plutôt à amuser l'opinion publique par de légères concessions qu'à la satisfaire véritablement. Il renvoya le triumvirat, il rétablit les anciens parlements, enfin il appela au ministère quelques hommes sages comme Turgot, Malesherbes et Necker, sauf à les sacrifier dès qu'il sentait son influence menacée.

Turgot (1774-1776). — Turgot, d'abord ministre de la marine pendant un mois, fut ensuite chargé de la direction des finances, à laquelle était attachée une partie de l'administration confiée aujourd'hui au ministre de l'intérieur : c'était la plus importante des charges de l'État. Par une sage gestion des finances publiques, « sans banqueroute, sans augmentation d'impôts, sans emprunt, » il trouva moyen en vingt mois de rembourser plus de 100 millions de dettes. Mais il ne se contenta pas de quelques réformes partielles; il aurait voulu améliorer les institutions elles-mêmes, afin de prévenir plus sûrement le retour des abus. Son plan de réformes était immense. Il en plaçait la base dans un système d'éducation nationale dont le but serait surtout d'apprendre à chacun ses devoirs de citoyen; puis il se proposait d'établir, aux divers degrés de l'échelle administrative, des assemblées de citoyens, qui, en traitant les affaires particulières de leur petite communauté, se seraient préparés à étudier et à comprendre les affaires générales du royaume. Voilà ses réformes de l'avenir. Pour le présent, il projetait l'abolition de la corvée, l'établissement d'un impôt foncier sur les biens du clergé et de la noblesse, la liberté du commerce et de l'industrie ou la suppression des douanes intérieures et des corporations, la liberté de conscience et de culte, un seul code, un même système de poids et mesures pour le royaume, etc. Ces réformes, même les plus sages, froissaient des préjugés et des intérêts, et le ministre, qui ne voulait céder en rien, suscita contre lui une coalition des privilégiés, sous laquelle il succomba. Il triompha, dans la *guerre des farines,* d'une émeute populaire provoquée par l'autorisation qu'il donna du libre transport des grains; mais il vit tous ses plans tournés en ridicule à la cour, et repoussés au Parlement. Louis XVI, qui l'avait d'abord soutenu en disant : « Il n'y a que M. Turgot et moi qui aimions le peuple, » céda ensuite aux obsessions de son entourage et le renvoya du ministère (1776).

Malesherbes et le comte de Saint-Germain. — Pendant que Turgot était au pouvoir, deux autres ministres, Malesherbes et le comte de Saint-Germain, avaient aussi, de leur côté, fait quelques essais de réforme. Malesherbes, ministre de la maison du roi, voulut supprimer les lettres de cachet et amener quelque réduction dans les dépenses de la cour; mais il s'inclina bientôt devant les résistances qu'il rencontra, et donna sa démission avant Turgot. Le comte de Saint-Germain, ministre de la guerre, avait proposé quelques réformes sur l'organisation des régiments, demandé la suppression des corps privilégiés, l'abolition de la vénalité des grades; mais il s'était déconsidéré en violant lui-même ses propres arrêts, et il avait achevé de se perdre dans l'opinion, en voulant établir les châtiments corporels dans notre armée, comme dans l'armée prussienne. Sa chute suivit de près celle de Turgot.

Premier ministère de Necker (1776-1781). — Après Turgot, les anciens errements ramenèrent le gaspillage dans les finances et le déficit. Pour parer aux difficultés croissantes de la situation, Maurepas confia l'administration des finances à un banquier génevois, Necker, qui, sa fortune faite, vivait à Paris dans la société des gens de lettres. Esprit moins élevé que Turgot, Necker était néanmoins un habile financier. Il sut, comme lui, introduire l'ordre et l'économie dans les dépenses publiques par la suppression d'une foule d'abus; et, quand la guerre d'Amérique exigea des ressources extraordinaires, il put, grâce à la confiance qu'il inspirait, les trouver dans des emprunts avantageux.

Guerre d'Amérique (1778-1783). — Les treize colonies anglaises de l'Amérique du Nord étaient surtout des colonies agricoles. Les colons qui les avaient fondées, établis dans ces régions sans esprit de retour et attachés au sol par le lien de la propriété, oublièrent peu à peu la mère patrie et tendirent à former un État indépendant. La rupture devint inévitable, quand la guerre de Sept ans les eut délivrés de la crainte que leur inspirait le voisinage des Français au Canada. Des impôts établis par le gouvernement anglais d'abord sur le papier timbré, ensuite sur le thé, contre le gré des Anglo-Américains, provoquèrent une insurrection à Boston, puis un soulèvement dans les provinces. Un congrès réuni à Philadelphie proclama, le

4 juillet 1776, l'indépendance des treize colonies, sous le nom d'États-Unis d'Amérique. Il nomma Washington général en chef des troupes américaines, et il envoya Franklin à Paris pour implorer le secours de la France. Les esprits libéraux s'éprirent d'un généreux enthousiasme pour ces fils de l'Amérique qui combattaient au nom du droit et de la liberté, et le marquis de La Fayette, quittant sa jeune femme, leur porta le secours de son épée. Les hommes politiques hésitaient : c'était peut-être une bonne occasion de réparer, par une lutte contre l'Angleterre, les pertes de la guerre de Sept ans; mais peut-être aussi valait-il mieux laisser Anglais et Américains s'entre-détruire. Louis XVI, « dont le métier était d'être royaliste, » n'inclinait guère à favoriser l'éclosion d'une république; cependant il céda à l'entraînement de l'opinion, et, le 6 février 1778, il conclut avec les Américains un traité d'alliance qui devint, par le fait même, une déclaration de guerre à l'Angleterre.

L'Angleterre n'eut pas, comme dans la guerre de Sept ans, l'heureuse diversion d'une guerre continentale. Elle vit même une partie de l'Europe se prononcer contre elle. Les Espagnols d'abord, les Hollandais ensuite, nous prêtèrent le secours de leurs flottes, et il se forma, pour défendre le commerce des neutres contre le despotisme britannique sur les mers, une ligue de neutralité armée, dans laquelle entrèrent, sous les auspices de la Russie, la Suède, le Danemark, la Prusse et l'Autriche. La France avait d'ailleurs une marine qui, grâce aux efforts de Choiseul, était devenue puissante, et qui put soutenir la lutte avec avantage. En Europe, d'Orvilliers gagna la bataille d'Ouessant sur les Anglais; le duc de Crillon leur enleva Minorque; mais les forces combinées de l'Espagne et de la France ne purent enlever Gibraltar. En Amérique, le comte de Guichen sut tenir la victoire indécise dans trois combats; le comte de Grasse désola les Antilles anglaises, mais il perdit la bataille des Saintes. Aux Indes, le bailli de Suffren gagna quatre victoires navales et s'unit avec Hayder-Ali, sultan de Mysore, pour attaquer la domination anglaise sur le continent indien; enfin, sur le continent américain, La Fayette et Rochambeau secondaient avec autant d'habileté que de courage l'œuvre de Washington.

Traité de Versailles (1783). — L'Angleterre se lassa la première d'une guerre qui épuisait ses forces et ruinait son commerce. On signa le traité de Versailles (1783), qui répara en partie la honte du traité de Paris. Cette paix effaçait l'article du traité d'Utrecht relatif à Dunkerque; elle nous laissait dans les Indes: Chandernagor, Pondichéry, Karikal, Mahé, avec un comptoir à Surate; dans les Antilles: Tabago et Sainte-Lucie; dans le golfe du Saint-Laurent: les îles Saint-Pierre et Miquelon; en Afrique: Gorée et le Sénégal. L'Espagne recouvra la Floride et Minorque. Les États-Unis d'Amérique eurent leur indépendance reconnue, et leurs ports restèrent ouverts au commerce français.

Disgrâce de Necker (1781). — Necker n'était plus au ministère depuis deux ans. Ses projets de réforme lui avaient suscité les mêmes ennemis qu'a Turgot, et, après la publication de son fameux compte rendu de l'état des finances, il fut obligé de donner sa démission. Son administration avait été marquée par l'établissement des assemblées provinciales et par deux autres actes dus à son influence : l'affranchissement des serfs du domaine royal et l'abolition de la *question préparatoire*, qu'on infligeait à l'accusé pour lui arracher des aveux.

Ministère de Calonne (1783-1787) *et de Brienne* (1787-1788). — A la mort de Maurepas (1781), il n'y eut plus de premier ministre; mais les affaires n'en allèrent pas mieux. En 1783 le ministère des finances fut confié à M. de Calonne, un dissipateur, qui crut ramener à lui le crédit en éblouissant par ses dépenses, et qui accrut la dette de 500 millions. Une assemblée des notables à qui il demandait, comme ressources nouvelles, l'établissement d'une subvention territoriale payée par les privilégiés, rejeta ses plans et provoqua son renvoi (1787). Le successeur de Calonne, Loménie de Brienne, se heurta contre les mêmes difficultés. Le Parlement refusa d'enregistrer de nouveaux impôts et demanda la convocation des états généraux. La cour exila le Parlement; mais elle finit par céder devant l'explosion du mécontentement public; le roi renvoya Loménie de Brienne, rappela Necker au ministère, et convoqua les états généraux pour le 1er mai 1789.

ÉTAT DE LA FRANCE EN 1789. — LE XVIIIe SIÈCLE.

La convocation des états généraux marque la fin de la vieille monarchie française et le commencement de la révolution de 1789. Avant que ce monde de l'ancien régime disparaisse, il est utile d'en retracer brièvement le tableau, pour y retrouver les causes mêmes de sa disparition.

La royauté absolue. — Au XVIIIe siècle, la France n'avait pas de constitution écrite; en théorie et en fait la royauté était absolue, et le roi disposait en maître des destinées du pays. Il n'avait à craindre aucun contrôle efficace de ses actes, aucune résistance sérieuse à ses volontés, car les états généraux n'avaient pas été réunis depuis 1614, et il suffisait d'un lit de justice pour réduire au silence le Parlement.

Le défaut de liberté politique avait entraîné la ruine de toutes les autres libertés : de la liberté individuelle, menacée par les lettres de cachet ou les arrestations arbitraires, de la liberté de l'industrie et du commerce, entravée par les corporations et les douanes intérieures; de la liberté religieuse; de la liberté de la presse, etc. Cependant la nation avait appris à connaître et ses droits et les dangers du pouvoir absolu; elle demandait qu'une constitution réglât, en les limitant, les attributions de la royauté et garantît les libertés publiques et privées des citoyens.

L'inégalité et les privilèges. — La société française du XVIIIe siècle comprenait trois ordres : le clergé, la noblesse, le tiers état, qui faisaient trois nations différentes, dont chacune avait, en outre, sa hiérarchie et ses classes distinctes. Le clergé et la noblesse jouissaient d'une foule de privilèges réels ou honorifiques; le tiers supportait presque à lui seul le poids des charges publiques. La naissance ouvrait l'accès à toutes les dignités publiques, dont les plus élevées restaient fermées à la roture.

La même inégalité se retrouvait dans la famille, qui admettait le droit d'aînesse; dans les villes, dont les franchises étaient diverses; dans les provinces, dont les unes étaient *pays d'états*, les autres *pays d'élection*, et qui se trouvaient séparées, comme autant d'États distincts, par des douanes et des législations différentes; dans la justice elle-même, qui admettait des tribunaux exceptionnels, qui ne frappait pas du même châtiment le noble et le roturier coupables du même délit, ou qui laissait le criminel impuni, s'il était puissant. Ainsi l'inégalité était partout, froissant à la fois les droits les plus sacrés, et les fiertés les plus légitimes. Aussi la Révolution revendiquera-t-elle l'égalité sociale avec plus d'ardeur encore que la liberté publique.

Un examen des détails de l'administration présenterait une foule d'institutions irrégulières et bizarres. Les divisions administratives, les attributions des divers ministères, l'organisation des tribunaux, des finances, de l'industrie et du commerce; la diversité de jurisprudence et de procédure, les rigueurs du code pénal, etc., constituaient un ordre social entaché d'abus ou en contradiction avec les idées et les mœurs du XVIIIe siècle. On en jugera par une courte étude sur l'organisation de l'armée.

L'armée. — Au XVIIIe siècle, l'armée sur le pied de paix avait un effectif réglementaire de 172,000 hommes, réduit souvent à 140,000. Elle comptait 102 régiments d'infanterie, tous à deux bataillons, sauf le régiment du roi qui en avait quatre, 12 bataillons de chasseurs à pied,

7 régiments d'artillerie, et 62 régiments de cavalerie. Dans le nombre se trouvaient 24 régiments étrangers, suisses, allemands ou irlandais. La plupart des régiments portaient des noms de province. La maison militaire du roi avec les gardes du corps, les cent-suisses, les gardes françaises, etc., formait un corps spécial d'environ 9,000 hommes.

L'armée se recrutait par les enrôlements volontaires, mais la situation du soldat était si malheureuse, qu'il fallait beaucoup d'adresse et de charlatanisme pour faire les embauchements. Quand le sergent racoleur était arrivé dans une ville, il parcourait les rues au son du tambour, en compagnie de quelques soldats enrubannés et portant sur l'épaule leur épée nue à laquelle étaient embrochés des pains blancs, des gâteaux, des viandes rôties; puis il tenait ses assises dans un cabaret, où il convoquait quiconque voulait goûter du service du roi. Alors il faisait l'article tout en régalant, et, après quelques jours de débauche, il avait enrôlé des jeunes gens désœuvrés, qui s'étaient laissé séduire à l'appât de cette vie facile. Le nombre était relativement petit des hommes de cœur qui s'enrôlaient par patriotisme, par amour du métier des armes ou par désir d'abandonner à une famille malheureuse la prime d'engagement. A toutes les recrues, le sergent donnait un nom de guerre : *Sans-quartier, la Tulipe, Tranche-montagne*, etc., puis il les dirigeait vers le régiment.

Outre les troupes régulières, il y avait les milices, dont la levée annuelle était de 10,000 hommes astreints à rester six ans sous les drapeaux. Les miliciens formaient une réserve d'environ 60,000 hommes ayant de bons cadres, et qui, sans quitter leurs provinces, étaient assujettis à des exercices réguliers. Le recrutement des milices se faisait par le tirage au sort; malheureusement cette espèce de conscription, qui aurait confondu davantage l'armée avec la population, était entachée d'injustices, car on exemptait du tirage quiconque avait un protecteur ou un peu de crédit. Il ne restait donc pour la milice que les plus pauvres, et, comme le service leur était odieux, ils essayaient de s'y soustraire par la fuite, par la désertion et quelquefois même par la mutilation. Le mal était si grand qu'il semblait aux étrangers eux-mêmes que les facultés guerrières de la France fussent éteintes pour toujours [1].

Au début du XVIIe siècle, l'habillement du soldat ne différait guère du costume civil : habit à larges basques, feutre à bords ronds et plats avec des plumes ou des mèches de ruban. Il reçut, avec Louvois, un type plus uniforme et plus militaire, et les régiments furent distingués entre eux par la coupe du justaucorps, la couleur des doublures, des parements, la forme des poches, la bordure d'or ou d'argent des chapeaux à trois cornes, la disposition des boutons métalliques et des numéros d'ordre. Au XVIIIe siècle, lorsqu'on eut emprunté aux Prussiens l'exercice décomposé à temps marqués, l'uniforme fut dégagé de tout ce qui faisait saillie au dehors et pouvait accrocher au passage un battant de capucine; mais en

[1] « Il est à croire que pour longtemps les facultés guerrières de la France sont éteintes; il se pourrait même qu'elles le fussent pour toujours, et que les hommes de la génération qui va suivre pussent dire comme cet ancien : *Gallos quoque in bellis floruisse audivimus*, nous avons entendu dire que les Gaulois eux-mêmes avaient jadis brillé par les armes. » (Burke.)

même temps il fut, dans toutes ses parties, étroitement ajusté au corps, non sans gêner la libre désinvolture du soldat.

La nourriture du soldat consistait en deux livres d'un pain noir, par jour, avec trois livres de viande par semaine. Les hommes couchaient à deux dans le même lit; longtemps ils avaient couché à trois.

Le nombre des officiers était considérable; en moyenne on en comptait 3 pour 45 hommes. Les grades s'achetaient, et, contrairement aux ordonnances plus sages de François Ier et de Richelieu, maintenues sous Louis XIV et Louis XV, ils étaient, depuis 1781, réservés aux seuls nobles vérifiés. Ainsi le roturier qui entrait au service ne pouvait plus, malgré tout le mérite possible, s'élever au-dessus du grade de sous-officier, tandis qu'il y avait des enfants nobles qui trouvaient dans leur berceau un brevet de colonel. Cependant la plupart des officiers sortaient de l'une des nombreuses écoles militaires établies dans les provinces.

Les officiers avaient porté d'abord, comme signe distinctif du commandement, l'écharpe, le hausse col, l'esponton; depuis 1759 ils avaient l'épaulette. Les sous-officiers étaient distingués par la hallebarde et les galons du parement.

Telle était l'armée en 1789. Peu homogène, parce qu'elle admettait en forte proportion des régiments étrangers, trop distincte de la nation elle-même, elle avait surtout le défaut de ne laisser aux soldats, même les plus braves et les plus capables, aucune chance d'avancement. Aussi parmi les soldats et les sous-officiers qui se sentaient de la valeur, la Révolution fut-elle accueillie avec enthousiasme.

Influence des écrivains. La littérature au XVIIIe siècle. — La nation avait longtemps supporté les abus de l'ancien régime sans se plaindre bien haut. Ceux qui souffraient croyaient que les choses devaient être ainsi, et ils se soumettaient avec une résignation inconsciente à des maux qu'il leur semblait impossible d'écarter d'eux. Mais, au XVIIIe siècle, on discuta sur les attributions des pouvoirs publics et sur les droits des peuples; et, comme avec le progrès des lumières les vices de l'ancien système, sans s'être aggravés en eux-mêmes, semblaient plus criants, on demanda d'abord les réformes les plus indispensables, et, ces réformes ayant été refusées, on en vint à l'idée de détruire la société de fond en comble, pour la rebâtir sur un plan nouveau. Ce réveil de l'opinion publique, ce mouvement des esprits qui produisit la révolution de 1789, fut l'œuvre des écrivains. La littérature, au XVIIe siècle, n'avait guère quitté les régions sereines de l'art; au XVIIIe siècle, elle descendit dans l'arène politique et fut surtout militante. Elle attaqua les préjugés, les abus, quelquefois même les saines traditions du passé, tantôt avec une fine ironie, tantôt avec une impétueuse éloquence, et son influence sur l'opinion fut d'autant plus puissante que, dans notre abaissement politique et militaire, elle restait la seule gloire de la France.

Parmi les écrivains qui propagèrent les idées de réforme et combattirent pour la Révolution, il faut citer Montesquieu, Voltaire, Rousseau, les principaux auteurs de l'*Encyclopédie*, Diderot, d'Alembert, et les économistes Quesnay, Gournay, Turgot; en dehors de la mêlée des partis, il y eut Buffon, Vauvenargues, Florian, Rollin, Bernardin de Saint-Pierre et André Chénier.

Sciences et beaux-arts. — Dans les sciences exactes, dans les sciences physiques et naturelles, le XVIIIe siècle surpassa la gloire du XVIIe. Il y eut à cette époque un immense besoin de savoir, qui parfois entraîna à de singulières aberrations, mais qui produisit aussi de grandes découvertes. D'Alembert, Monge, Lagrange, Laplace, firent d'importants travaux d'astronomie, de mécanique, de mathématiques pures. D'illustres physiciens, sans égaler les découvertes de Franklin et de Volta sur l'électricité, établirent les lois de la chaleur, mesurèrent la vitesse des sons, expliquèrent le phénomène du mirage, etc. Lavoisier transforma la chimie; Jussieu, la botanique; Buffon créa la géologie, et Haüy, la minéralogie; les frères Montgolfier inventèrent les aérostats.

Des expéditions maritimes, entreprises surtout par amour de la science, découvrirent au milieu de l'Océan des terres encore inconnues et accrurent le domaine de la géographie. Nos navigateurs, Bougainville, La Pérouse et d'Entrecasteaux, furent les dignes émules de l'Anglais Cook.

Dans les beaux-arts, le XVIIIe siècle rechercha surtout la grâce. Les plus illustres peintres du temps furent les deux Vanloo, Joseph Vernet, Watteau, Boucher, Greuze, Vien, le pastelliste de Latour; les plus illustres sculpteurs : Bouchardon et Pigalle. Servandoni éleva le portail de Saint-Sulpice; Soufflot construisit le Panthéon.

ASSEMBLÉE CONSTITUANTE (1789-1791).

Les états généraux, qui devaient se changer en Assemblée nationale constituante, s'ouvrirent à Versailles le 5 mai 1789. C'est, par l'importance de son œuvre, la plus grande des assemblées politiques de France. Elle vit siéger sur ses bancs : Cazalès, l'abbé Maury, défenseurs ardents de l'ancien régime; Mirabeau, le grand orateur de la Révolution; Mounier, Lally-Tollendal, Malouet, Clermont-Tonnerre, qui cherchaient le salut de la France dans une sage pondération des pouvoirs; Sieyès, Barnave, Duport, les deux Lameth, qui voulaient concilier les ruines de l'ancien régime avec le maintien de la monarchie; et une foule d'autres moins connus, mais remarquables encore par leur talent.

Serment du Jeu de Paume. — Les états généraux étaient, suivant l'usage, divisés en trois ordres : clergé, noblesse et tiers état. Le tiers avait obtenu une double représentation et comptait à lui seul plus de membres que le clergé et la noblesse réunis. Cette supériorité numérique eût été pour lui sans avantage si l'on n'eût voté par tête au lieu de voter par ordre. Aussi, à propos de la vérification des pouvoirs, demanda-t-il la formation d'une chambre unique et le vote par tête; et, sur le refus des deux ordres privilégiés de se joindre à lui, il s'érigea en Assemblée nationale (17 juin). Le roi, irrité de cette démarche hardie qui changeait l'assemblée des états en assemblée du peuple, voulut dicter au tiers ses volontés dans une séance royale; et, en attendant, il fit fermer la salle commune. Les membres du tiers état se réunirent alors au Jeu de Paume, et là ils s'engagèrent par un serment solennel à ne pas se séparer avant d'avoir donné une constitution à la France (20 juin). Ce serment du Jeu de Paume, qui protestait à l'avance contre toute menace de dissolution, était en même temps une affirmation du principe de la souveraineté du peuple ou du droit de la nation à intervenir dans l'administration de ses affaires.

Séance royale. Réunion des trois ordres. — La séance royale du 23 juin ne fit qu'accroître l'effervescence des esprits. Les promesses de réforme annoncées par le roi furent accueillies avec indifférence, et le tiers ne tint aucun compte de la déclaration qui cassait ses décisions comme illégales et inconstitutionnelles, ni de l'ordre qui fut donné aux députés de se retirer pour se réunir le lendemain dans leurs chambres respectives. Après le départ du roi, il resta en séance. Le grand maître des cérémonies, M. de Dreux-Brézé, étant venu rappeler la volonté du roi : « Allez dire à votre maître, s'écria Mirabeau, que nous sommes ici par la volonté du peuple et que nous ne sortirons que par la puissance des baïonnettes! » — « Messieurs, ajouta Sieyès en s'adressant aux députés, vous êtes aujourd'hui ce que vous étiez hier; délibérez. » Et le tiers délibéra, pour maintenir toutes ses décisions antérieures et proclamer l'inviolabilité de ses membres.

Devant la fermeté de cette résistance, les derniers opposants du clergé, la noblesse et le roi lui-même finirent par céder. Le 27 juin, la fusion des trois ordres eut lieu : « La famille était complète; » et, quelques jours après, l'Assemblée nationale se déclara Constituante. Ainsi le tiers avait remporté une première victoire : il avait remplacé les états généraux par une assemblée où il était en majorité, et conquis le droit de donner une constitution à la France.

Prise de la Bastille (14 juillet). — Cependant la cour ne pouvait se résigner à sa défaite. Des troupes furent réunies autour de Paris et de Versailles; d'imprudentes paroles furent prononcées; Necker, le ministre populaire, reçut l'ordre de se démettre de ses fonctions. Ces nouvelles apportées à Paris, commentées et exagérées dans les clubs et sur les places publiques, y produisirent une vive agitation. Un soulèvement éclata; on forma une municipalité, une garde bourgeoise; et, le 14 juillet, le peuple en armes se porta sur la Bastille, qui n'était nullement menaçante en elle-même, mais que l'on regardait comme le sanctuaire du despotisme. La Bastille n'était défendue que par quelques invalides: elle fut enlevée après quelques heures de combat; et, malgré la capitulation, on égorgea le gouverneur Delaunay et plusieurs de ses soldats. Le prévôt des marchands, Flesselles, que l'on accusait d'avoir trompé la foule par la vaine promesse de lui donner des armes, subit le même sort. Louis XVI sanctionna la victoire du peuple en rappelant Necker, en confirmant la nomination de Bailly comme maire de Paris, et celle de La Fayette comme commandant de la garde bourgeoise, qui arbora la cocarde tricolore, mélange des vieilles couleurs de la France, et devint la garde nationale. La prise de la Bastille eut un immense retentissement, et, l'année suivante, ce fut la date du 14 juillet que l'Assemblée choisit pour la fête de la Fédération.

Nuit du 4 août. — Le mouvement révolutionnaire se propagea de Paris dans les provinces. Des bandes de paysans parcoururent les campagnes, incendiant les châteaux et les couvents. Ce fut pour arrêter ces désordres que, dans la nuit du 4 août, l'Assemblée vota, sur la motion même des privilégiés, l'abolition de tous les privileges : droits seigneuriaux, justices seigneuriales, dîmes ecclésiastiques, privilèges des provinces, des villes, des corporations. Louis XVI, qui donna son assentiment à toutes ces décisions, reçut le titre de *Restaurateur de la liberté française.*

Les journées d'octobre. — L'accord ne fut pas de longue durée. Le banquet que les gardes du corps donnèrent aux officiers du régiment de Flandre, dans la salle de spectacle du château de Versailles, provoqua des démonstrations de dévouement à la royauté, qui semblèrent une menace à la Révolution. Une nouvelle émeute éclata. Le peuple de Paris, qui était d'autant plus facile à soulever qu'il souffrait de la cherté des vivres, se dirigea sur Versailles en criant : « Du pain ! du pain ! » Dans la nuit, la foule envahit le palais. Elle fut arrêtée par le dévouement des gardes du corps, qui se firent tuer pour sauver la reine, et par l'arrivée de La Fayette, qui fit reculer les assaillants (5 et 6 octobre). Mais la famille royale fut conduite comme prisonnière à Paris, où l'on croyait sa présence necessaire pour y ramener l'abondance. L'Assemblée suivit le roi et s'établit dans la salle du Manège, près des Tuileries.

Travaux de l'Assemblée. — Au milieu de ces scènes de désordre, l'Assemblée poursuivait le cours de ses travaux. Sa *Déclaration des droits de l'homme,* qui contient ce qu'on appelle les principes de 1789, servit en quelque sorte de préface à la Constitution de 1791.

Réformes politiques. — Cette constitution partageait le gouvernement entre le roi et une assemblée. Le roi eut le pouvoir exécutif, avec le droit de suspendre les décisions de l'Assemblée par un *veto* dont la durée s'étendait à deux législatures ou à quatre ans au plus. L'Assemblée, pouvoir législatif, était nommée pour deux ans par une élection à deux degrés. Le droit électoral était donné à tous les Français âgés de vingt-cinq ans, domiciliés de fait depuis un an dans le canton et payant une contribution égale à trois journées de travail. Ces citoyens *actifs* se réunissaient dans les assemblées primaires pour choisir les électeurs, qui dans les assemblées secondaires nommaient les députés.

Tous les Français furent déclarés égaux devant la loi et admissibles aux fonctions publiques, sans distinction de naissance ou de religion. Le droit d'aînesse et les titres de noblesse furent supprimés; la liberté des cultes et la liberté de la presse furent reconnues.

Création des départements.—Pour compléter l'unité nationale, en effaçant les traditions historiques des provinces, dont quelques-unes avaient conservé leur parlement, leurs privilèges, une sorte d'administration séparée, un décret remplaça l'ancienne division de la France par une division nouvelle en quatre-vingt-trois départements, à peu près égaux en étendue et dont les noms furent empruntés à la géographie physique. Les départements furent subdivisés en districts (plus tard arrondissements), cantons et communes, et administrés à tous ces degrés par des corps électifs.

Réformes judiciaires. — L'administration de la justice fut adaptée à ces circonscriptions. A la place des parlements et des présidiaux, il y eut, dans chaque canton, une *justice de paix;* dans chaque district un *tribunal civil;* dans chaque département un *tribunal criminel* ou *jury,* et, au sommet de la hiérarchie, une *cour de cassation* siégeant à Paris. Les juges à tous les degrés furent non seulement amovibles, mais encore électifs et nommés pour dix ans. L'Assemblée ordonna aussi la refonte de nos lois et la rédaction d'un code unique pour tout le royaume.

Réformes financières. — Dans les finances, l'Assemblée ne pouvait faire table rase du passé. Il y avait une dette dont il était honnête d'accepter le lourd héritage. Pour éviter « la hideuse banqueroute, » elle exigea de chaque citoyen le quart de son revenu annuel une fois donné, et elle déclara les biens du clergé *biens nationaux,* en se chargeant des frais du culte. Comme la vente de ces biens devait être longue à effectuer, elle émit, en l'hypothéquant sur eux, le papier-monnaie des assignats. Quand elle crut avoir ainsi liquidé le passé, elle pourvut à l'avenir par un système d'impositions nouvelles que l'on partagea en contributions directes et contributions indirectes : les premières, de beaucoup plus importantes, pesant sur la propriété. Tous les citoyens durent contribuer aux dépenses en proportion de leurs facultés.

Réformes économiques. — Dans l'ordre industriel, l'Assemblée supprima les corporations, établit la liberté du commerce et de l'industrie, mais sauvegarda les droits des inventeurs par le brevet d'invention. Dans l'intention de faciliter les transactions commerciales, elle renversa les douanes intérieures, tout en conservant celles de la frontière, et elle décréta un système uniforme de poids et mesures.

L'Assemblée voulut aussi intervenir dans les questions religieuses. Elle décréta une nouvelle répartition des circonscriptions diocésaines; elle soumit à l'élection la nomination des membres du clergé et rompit toute dépendance des évêques envers le pape; enfin elle exigea de tous les ecclésiastiques qui voudraient exercer leurs fonctions un serment à cette constitution civile du clergé. La plupart refusèrent de prêter le serment demandé.

Fuite du roi (20 juin 1791). — La cour avait suivi les travaux de la Constituante, d'abord avec une émotion douloureuse, puis avec indifférence. En voyant tout s'écrouler autour de lui, Louis XVI finit par ne plus rien attendre d'une Assemblée qui ne lui laissait que les débris de son trône. Un moment il songea à s'appuyer sur Mirabeau. Après la mort du grand orateur (2 avril 1791), il porta ses espérances ailleurs. Sous l'inspiration de la reine, il résolut de s'échapper de Paris, où il n'était plus libre, pour tenter une réaction, en se mettant à la tête de l'armée, et peut-être implorer l'intervention des puissances étrangères.

Dans la nuit du 20 juin 1791, il quitta secrètement les Tuileries avec la reine, ses deux enfants et Madame Élisabeth; mais il fut reconnu à Sainte-Menehould par le maître de poste Drouet, arrêté à Varennes et ramené prisonnier sous la surveillance de commissaires envoyés par l'Assemblée. Il fut déclaré suspendu de ses fonctions jusqu'à l'achèvement de la Constitution.

Clôture de la Constituante (30 septembre 1791). — Après la fuite de Louis XVI, l'Assemblée avait pris en main le pouvoir exécutif, et elle l'exerça avec habileté et vigueur, en réprimant au Champ de Mars une insurrection, qui, contrairement à ses votes, demandait la déchéance du roi. Quand son œuvre fut finie, elle fit prêter au roi serment à la Constitution, lui rendit ses pouvoirs (14 septembre) et prononça sa clôture le 30 septembre 1791. Elle avait, avant de se séparer, déclaré ses membres non rééligibles à la prochaine assemblée : c'était, par un acte de désintéressement mal entendu, livrer son œuvre à l'aventure.

ASSEMBLÉE LÉGISLATIVE (1791-1792).

Quand l'Assemblée constituante se sépara, beaucoup de gens croyaient la Révolution terminée, et cependant elle ne faisait que commencer. La Constitution de 1791, qui devait assurer l'avenir, dura moins d'un an; elle fut ébranlée par l'Assemblée même qui avait mission de la mettre en pratique, et la France passa de la monarchie constitutionnelle à la république par un brusque changement, prélude de beaucoup d'autres.

L'Assemblée législative ouvrit ses séances le 1er octobre 1791. La majorité appartint non aux constitutionnels ou Feuillants (1) qui voulaient le maintien de la Constitution, mais aux girondins qui se groupaient autour des députés de la Gironde, et qui, indécis entre la monarchie et la république, attaquèrent cependant la monarchie par défiance de la cour, par crainte des conspirations de la noblesse et du clergé. Brissot, Guadet, Gensonné, Vergniaud, formaient la tête de ce parti. C'étaient des orateurs brillants, enthousiastes de liberté, mais sans idées politiques arrêtées, plus propres à la parole qu'à l'action.

Décrets contre les émigrés et les prêtres insermentés. Ministère girondin. — La situation que la Constituante avait laissée à la Législative était difficile. Au dedans, l'ancien régime se défendait surtout par l'inertie, et il semblait attendre de l'excès du mal le retour du bien; mais au dehors il avait armé l'émigration, et il cherchait à armer l'Europe contre la France. Les nobles, qui avaient commencé à émigrer en grand nombre dès les premiers troubles de 1789, se tenaient réunis à Coblentz et y formaient en quelque sorte l'avant-garde de l'invasion. En même temps, les souverains d'Autriche et de Prusse, qui craignaient peut-être pour leur trône la contagion des idées françaises, mais qui songeaient aussi à profiter de nos agitations intérieures pour s'agrandir à nos dépens, avaient

(1) Le club des constitutionnels siégeait dans un ancien couvent de Feuillants.

signé au château de Pilnitz, en Saxe, une déclaration que l'on pouvait regarder comme une menace d'intervention (1791). L'Assemblée accepta tous les dangers de la lutte. Elle somma les émigrés de disperser leurs rassemblements avant le 1er janvier 1792, sous peine de mort; elle priva de leurs traitements les prêtres insermentés, qui lui semblaient des alliés de l'émigration; enfin elle voulut préparer le roi à la guerre contre l'Autriche, en lui imposant un ministère girondin. Des nouveaux ministres, les plus célèbres furent Roland, qui eut l'intérieur, et Dumouriez, qui eut les affaires étrangères.

Déclaration de guerre à l'Autriche. Premiers revers des Français. — Malgré l'attitude résolue que la diplomatie française avait prise avec Dumouriez, l'Autriche avait continué sa protection aux émigrés et ses armements; l'Assemblée, sur la proposition de Louis XVI, lui déclara la guerre (20 avril 1792). Les débuts de la lutte furent malheureux. Deux détachements de nos troupes, qui avaient envahi la Belgique, s'enfuirent à la première approche de l'ennemi, sous l'impression de la même panique, et l'un d'eux égorgea son général Dillon. Ces revers qui étaient dus à l'indiscipline des soldats et à l'inexpérience des chefs, furent attribués à la trahison. L'irritation et la défiance populaire s'en accrurent. Les clubs et les journaux signalèrent les moindres mouvements de la cour. Ils reprochèrent au roi d'entretenir une correspondance secrète avec les puissances ennemies; ils accusèrent le prétendu comité autrichien de la reine d'organiser la désertion et la trahison, et même de préparer une *Saint-Barthélemy des patriotes.*

Marat, rédacteur de l'*Ami du peuple,* demanda cinq à six cents têtes pour assurer le repos et le bonheur de la France.

Journée du 20 juin. — L'Assemblée partageait ou subissait l'impression du dehors. Elle rendit trois décrets qui ordonnaient la déportation des prêtres insermentés, prononçaient le licencement de la garde constitutionnelle du roi et la création à Paris d'un camp de 20,000 fédérés tirés des départements. Louis XVI consentit au licenciement de sa garde constitutionnelle, mais refusa sa sanction aux deux autres décrets. Le ministère, qui blâmait cette opposition, se retira. Alors les girondins laissèrent se préparer à ciel ouvert une émeute populaire, dont le but était d'arracher au roi la sanction des décrets et le rappel des ministres patriotes. Le 20 juin la foule envahit l'Assemblée, sous prétexte de pétitions à présenter, et défila devant elle en criant : *Vivent les patriotes ! A bas le veto ! Les aristocrates à la lanterne !* De là elle se porta aux Tuileries, où elle entra sans résistance et en brisant les portes à coups de hache. Le roi resta calme devant les vociférations; il consentit à se couvrir la tête du bonnet rouge, mais il refusa de donner sa sanction aux décrets.

Manifeste du duc de Brunswick. — La journée du 20 juin avait laissé le trône encore debout, mais fortement ébranlé. L'effervescence produite par l'approche des Prussiens porta le dernier coup à la royauté. La Prusse et la Sardaigne s'étaient unies à l'Autriche contre la France, et notre frontière fut sérieusement menacée de la mer du

Nord à la mer Méditerranée. Le duc de Brunswick, qui commandait la principale armée d'invasion, publia, avant d'entrer en campagne, un manifeste où il était dit que les Prussiens venaient pour mettre un terme à l'anarchie, pour châtier des sujets rebelles et pour livrer Paris à une subversion totale, s'il était fait le moindre outrage à la famille royale. Ce manifeste était une insulte à la révolution française et à la nation; il excita partout un frémissement de colère patriotique. Les uns coururent à la frontière pour repousser l'ennemi, les autres songèrent à renverser la royauté, que déjà quelques jours auparavant Vergniaud, dans un véhément discours, avait accusée de connivence avec l'étranger, et préparèrent une nouvelle insurrection.

Journée du 10 août. — Dans la nuit du 9 au 10 août une foule armée, descendue des faubourgs, occupa l'Hôtel de ville, d'où elle chassa le conseil général pour installer à sa place une commune insurrectionnelle. Le matin elle se porta sur les Tuileries. Le château n'avait pour défenseurs que neuf cents Suisses, quelques bataillons de la garde nationale et quatre à cinq cents gentilshommes qui accoururent à la première annonce du danger. Mais la défense fut désorganisée par la mort du commandant de la garde nationale, Mandat, que la Commune fit égorger, et le roi se retira avec sa famille au sein de l'Assemblée, en donnant aux Suisses l'ordre de ne pas combattre. La lutte s'engagea néanmoins et les Suisses furent écrasés sous le nombre et massacrés. La foule victorieuse imposa à l'Assemblée la suspension du roi et la convocation d'une Convention nationale. Ainsi la défaite de la royauté était aussi la défaite de l'Assemblée, qui dès lors abandonna le pouvoir à la Commune de Paris dirigée elle-même par Danton, Robespierre et Marat.

Les massacres de Septembre. —La nouvelle des succès des Prussiens, qui avaient pris Longwy et Verdun, porta jusqu'à la fureur l'exaltation révolutionnaire de la Commune; elle crut que, pour vaincre les ennemis du dehors, il fallait exterminer ceux du dedans, « faire peur aux royalistes, » et elle ordonna les odieux massacres de Septembre. Des égorgeurs payés par elle coururent aux prisons, qui étaient remplies de nobles et de prêtres arrêtés comme suspects, et l'œuvre de sang commença, pour durer pendant cinq jours, sans que l'Assemblée pût ou osât arrêter le bras des assassins.

Pendant que Paris était ainsi ensanglanté, Dumouriez faisait sa campagne de l'Argonne et remportait la victoire de Valmy (20 septembre 1792). Ce même jour l'Assemblée législative se sépara pour faire place à la Convention.

LA CONVENTION (1792-1795).

Dès sa première séance (21 septembre 1792), la Convention abolit la royauté et proclama la république. Elle resta ainsi, en attendant le vote d'une constitution nouvelle, maîtresse de tous les pouvoirs, et tint entre ses mains les destinées de la nation. Elle se partagea en trois partis : la Gironde, qui voulait une république modérée, dont la direction resterait à la bourgeoisie; la Montagne, qui voulait une république démocratique, mais autoritaire, où toutes les libertés de l'individu eussent été sacrifiées à l'intérêt de l'Etat; la Plaine enfin, qui flotta longtemps indécise entre les girondins et les montagnards, ballottée des uns aux autres par ses craintes et ses espérances.

Procès et mort de Louis XVI. — L'un des premiers actes de la Convention fut la mise en jugement de Louis XVI. Le malheureux roi, qui était enfermé à la prison du Temple, fut traduit à la barre de l'Assemblée, le 11 décembre 1792, et assisté dans sa défense par Tronchet, Malesherbes et Desèze. La Constitution de 1791, qui déclarait le roi inviolable ou passible seulement de la déchéance, aurait dû sauver sa tête. Il fut néanmoins condamné, et il monta sur l'échafaud le 21 janvier 1793.

L'exécution de Louis XVI accrut les dangers de la France. Au dehors, l'Angleterre, la Hollande et l'Espagne se joignirent à l'Autriche, à la Prusse, au Piémont et à Naples pour combattre la Révolution; au dedans, les haines s'aigrirent ou les méfiances s'éveillèrent contre le régime nouveau; la Vendée se souleva. Pour faire face aux difficultés de la situation, la Convention décréta une émission de deux milliards d'assignats, la levée de trois cent mille hommes; et, son effervescence croissant avec le péril, elle voulut en finir avec les ennemis du dedans avant de combattre ceux du dehors. Elle institua un comité de sûreté générale, un tribunal révolutionnaire pour rechercher et punir les ennemis du peuple, et un comité de salut public pour veiller à la défense intérieure et extérieure du pays. La défection de Dumouriez excita davantage encore ses soupçons et lui montra partout des conspirateurs et des traîtres. Les girondins eux-mêmes devinrent suspects; on les accusa de trahison contre la République, parce qu'ils recommandaient la modération. Alors la Commune fit, aux journées du 31 mai et du 2 juin, ce qu'elle avait fait au 10 août contre la royauté. Le peuple des faubourgs envahit la Convention terrifiée et lui imposa l'arrestation de trente députés girondins. Après cet attentat contre la représentation nationale, le pouvoir appartint aux chefs de la Commune, qui étaient en même temps les chefs de la Montagne : Robespierre, Couthon, Saint-Just, Billaud-Varennes, Collot-d'Herbois.

Le parti girondin, proscrit dans Paris, tenta de lutter encore dans les départements, en soulevant les populations. Il fut facilement vaincu en Normandie et en Guyenne; mais, dans la vallée du Rhône, où l'insurrection prit un caractère royaliste, la lutte dura plus longtemps. Il fallut une armée pour reprendre Lyon, pour chasser les Anglais de Toulon. Les girondins eurent cependant un vengeur. Une jeune Normande, Charlotte Corday, crut sauver la Gironde et la France, en assassinant le montagnard Marat, qui en était venu à demander deux cent cinquante mille têtes pour assurer la Révolution.

La Terreur. — Les dangers dont la République était menacée exaltèrent jusqu'au délire les passions révolutionnaires. Le Comité de salut public, où dominait Robespierre, fit de la terreur un moyen de gouvernement. Une loi des suspects, qui pouvait atteindre à peu près tout le monde, entassa dans les prisons des milliers de victimes; le Tribunal révolutionnaire prononça les condamnations avec une effrayante rapidité; l'échafaud fut en permanence. C'est alors que périrent les chefs de la Gironde, les généraux Luckner, Houchard, Custine, Beauharnais, la reine Marie-Antoinette, Madame Élisabeth et une foule d'autres victimes illustres. Mêmes excès dans les provinces. Les proconsuls de la Convention y disposèrent à leur gré de la vie des citoyens. Collot-d'Herbois et Fouché à Lyon, Tallien à Bordeaux, Carrier à Nantes, Joseph Lebon à Arras, multiplièrent les supplices. D'autre part, les décrets de la Convention bouleversaient l'ordre social par les confiscations, l'abus des réquisitions, la loi du *maximum* ou tarif sur les denrées de première nécessité, qui ruinait la liberté du commerce et de l'industrie; l'abolition du culte catholique, qui fut remplacé par le culte de la Raison; la création du calendrier républicain. L'Assemblée fut mieux inspirée, en décrétant l'inscription des créances de l'État en rentes perpétuelles sur le grand-livre de la dette publique.

Cependant la division s'était mise parmi les montagnards : Hébert et le parti des enragés voulaient encore plus de crimes et de sang; les indulgents, Danton, Camille Desmoulins, voulaient arrêter les excès de la Révolution et calmer les tempêtes qu'ils avaient eux-mêmes soulevées. Entre ces deux partis, Robespierre sembla d'abord hésiter; puis il résolut de les frapper l'un et l'autre comme également dangereux pour la Révolution : le premier par ses violences, le second par sa faiblesse. Les hébertistes, accusés devant le Tribunal révolutionnaire de conspiration royaliste, furent conduits à l'échafaud le 24 mars 1794; et onze jours après, sur la même accusation, Danton, Camille Desmoulins et leurs amis, étaient condamnés sans avoir même pu exposer leur défense.

Le 9 thermidor. — Ainsi la Révolution ne frappait pas seulement ses ennemis : elle brisait elle-même ses propres idoles. Robespierre, resté sans rival, exerça sur toute la France une dictature souveraine. Ce fut l'époque de la grande Terreur. « La mort devint le seul moyen de gouvernement, » et, quand la loi du 22 prairial eut effacé devant le tribunal révolutionnaire jusqu'à l'ombre des formes légales, les condamnations eurent lieu par fournées. Mais la nation, que le délire du danger extérieur n'aveuglait plus depuis que nos soldats battaient l'ennemi, voulait un régime plus modéré. Il se forma ainsi contre la Terreur un mouvement d'opinion publique dont profitèrent les ennemis de Robespierre. Le 9 thermidor (27 juillet 1794), il fut accusé de tyrannie devant la Convention, décrété d'arrestation avec son frère Robespierre le jeune, Couthon, Saint-Just, Lebas, et le lendemain il périt sur l'échafaud.

Réaction thermidorienne. — La chute de Robespierre marqua la fin de la Terreur, et la réaction thermidorienne commença. La Plaine, renforcée des débris de la Gironde, reprit le pouvoir, et, malgré les émeutes tentées par les jacobins aux journées du 12 germinal (1er avril 1795) et du 1er prairial (20 mai), elle le conserva jusqu'à la fin de la Convention. Elle commença alors la réorganisation de la France dans un sens tout modéré, et elle rédigea la Constitution de l'an III. Cette constitution conférait le pouvoir exécutif à un Directoire composé de cinq membres nommés par le pouvoir législatif et renouvelables chaque année par cinquième. Elle partageait le pouvoir législatif entre deux assemblées, le conseil des Cinq-Cents et le conseil des Anciens, renouvelables par tiers chaque année.

Un décret additionnel, qui décidait que la prochaine législature se composerait, pour les deux tiers, de conventionnels, provoqua une insurrection des royalistes, le 13 vendémiaire (5 octobre 1795); mais Bonaparte foudroya l'émeute par son artillerie et assura le triomphe de la Convention. Trois semaines après, la Convention « disparut de la scène du monde, qu'elle avait étonné et épouvanté. » (Mignet.)

Fin de la Convention. — Au milieu de ses commotions intérieures et de sa lutte contre l'Europe, la Convention avait décrété un certain nombre de créations utiles. Elle adopta le système métrique pour l'unité des poids et mesures, elle vota pour l'enseignement public une loi qui établissait des écoles primaires, des écoles centrales ou collèges, des écoles spéciales ou facultés, et l'École normale. De la même époque datent l'École polytechnique, le Muséum d'histoire naturelle, le Conservatoire des arts et métiers, le Conservatoire de musique et le Bureau des longitudes. Son dernier décret portait que la peine de mort serait abolie à la paix générale.

QUATRIÈME SÉANCE.

LES GUERRES SOUS L'ASSEMBLÉE LÉGISLATIVE LA CONVENTION ET LE DIRECTOIRE.

GUERRE CONTRE L'AUTRICHE ET LA PRUSSE. — VALMY. — JEMMAPES. — DUMOURIEZ. — PREMIÈRE COALITION. — CARNOT. — PICHEGRU. — JOURDAN. — HOCHE. — SOULÈVEMENT DE LA VENDÉE. — BATAILLE DE QUIBERON. — LE DIRECTOIRE. — CAMPAGNE D'ITALIE. — EXPÉDITION D'ÉGYPTE. — DEUXIÈME COALITION. — CAMPAGNE DE 1799.

Au tableau de nos déchirements intérieurs l'histoire peut opposer le spectacle consolant de nos victoires au dehors. La France soutint une lutte heureuse contre l'Europe coalisée, « et les triomphes des armées de la République furent comme un nuage de gloire élevé sur nos frontières pour empêcher l'ennemi de voir nos divisions intestines. » (Barrère.)

État de l'armée en 1792. — La France avait déclaré la guerre à l'Autriche le 20 avril 1792, sans être préparée à la soutenir. A cette époque, notre armée était en désarroi. Désorganisée dans ses cadres par l'émigration de la plupart de ses officiers, elle était, en outre, troublée dans sa discipline par les agitations révolutionnaires, et menacée dans son existence même par un parti qui voulait mettre à sa place la garde nationale ou la nation armée. L'Assemblée constituante, qui comprenait la necessité d'une armée régulière, avait réorganisé les anciens corps en 104 régiments d'infanterie avec des numéros d'ordre, mais elle avait supprimé les milices provinciales, qui étaient capables d'un bon service, et les avait remplacées par la levée de 100,000 auxiliaires, qui devinrent les premiers volontaires nationaux. L'Assemblée législative vota le règlement des bataillons de volontaires, en leur reconnaissant le droit d'élire leurs officiers et sous-officiers; puis, après les premiers revers, déclarant la patrie en danger, elle mit en activité permanente tous les citoyens en état de servir dans la garde nationale, avec ordre de choisir parmi eux, au prorata des contingents demandés, ceux qui seraient d'abord envoyés à la frontière. Plus tard la Convention ordonna la levée en masse. Ces mesures produisirent d'abord une étrange confusion. Des paysans et des ouvriers, transportés tout d'un coup dans les camps, n'y apportèrent le premier jour que l'ignorance, l'indiscipline, les terreurs paniques; ils n'entendaient rien aux manœuvres ni au maniement des armes. Or le courage lui-même, pour être utile, a besoin d'instruction et de discipline, et il arriva que les écarts auxquels se livrèrent les volontaires eurent souvent des suites fâcheuses. Mais peu à peu l'intérêt bien compris du soldat, l'habileté des chefs, l'exemple, le contact des troupes de ligne ramenèrent l'obéissance; et l'élan patriotique réglé par la discipline put accomplir des prodiges. La Convention mit d'ailleurs fin au désordre en ordonnant l'*amalgame* ou l'embrigadement, c'est-à-dire l'incorporation des volontaires dans les anciens corps, que l'on désigna sous le nom de *demi-brigade.* Ces demi-brigades reçurent des numéros d'ordre qu'elles conservèrent, même en reprenant, en 1803, le vieux nom de *régiment.*

Campagne de l'Argonne. Bataille de Valmy. — Au début de la guerre contre l'Autriche, la France avait trois armées sur pied : l'armée du Nord ou de Flandre, sous Rochambeau ; l'armée de la Meuse ou du centre, sous Lafayette ; l'armée du Rhin, sous Luckner. Les opérations commencèrent par une expédition dans la Belgique, que l'on voulait soulever contre l'Autriche. Nous avons vu comment elle échoua par l'indiscipline des soldats, qui prirent la fuite sans attendre l'ennemi. Ce facile succès encouragea l'Autriche et ses alliées, la Prusse et la Sardaigne. L'invasion de notre territoire fut résolue. Une armée prussienne de 60,000 hommes, soutenue de 20,000 Autrichiens et commandée par le duc de Brunswick, se réunit sur notre frontière. Elle était fière de ses triomphes de la guerre de Sept ans, de son habileté manœuvrière, et pleine de mépris pour les paysans qu'elle avait à combattre. Longwy capitula sans résistance. Verdun ouvrit ses portes après avoir reçu quelques boulets. Ici cependant parurent déjà quelques symptômes de cet enthousiasme patriotique qui allait soulever la France contre l'envahisseur. « J'ai juré, dit le commandant Beaurepaire, de sauver la place ou de mourir ; je tiendrai mon serment ! » et il se brûla la cervelle. Un soldat, pour ne point capituler, déchargea son fusil sur l'ennemi, et, fait prisonnier, se jeta dans la Meuse. Cependant les trois armées de la République avaient été refondues en deux armées, commandées par Dumouriez et Kellermann. Dumouriez résolut de défendre le passage de l'Argonne qu'il appelait les Thermopyles de la France. Il ne réussit pas cependant à fermer les défilés; mais, au lieu de reculer devant l'ennemi, il s'adossa à l'Argonne, faisant face à la Champagne. Le duc de Brunswick croyait l'avoir tourné et « pris dans un piège; » il le fit attaquer à Valmy, où il avait été rejoint par Kellermann. Après une canonnade de plusieurs heures, les colonnes prussiennes s'élancèrent deux fois à l'assaut des hauteurs de Valmy; deux fois elles reculèrent devant nos soldats qui marchaient pour les recevoir, la baïonnette en avant, au cri de : *Vive la nation !* Alors le duc de Brunswick, étonné de l'attitude de nos troupes, surpris aussi des dispositions de la nation, qui étaient tout autres que ne le disaient les émigrés, commença son mouvement de retraite et repassa la frontière. La journée de Valmy eut ainsi tout l'effet d'une grande victoire (20 septembre 1792). La résistance de Lille, qui repoussa une attaque des Autrichiens; une glorieuse campagne de Custine sur le Rhin, où il s'empara de Mayence; la conquête de la Savoie et de Nice, faite par Montesquiou, achevèrent d'étonner l'Europe.

Défection de Dumouriez. — Après Valmy, Dumouriez envahit la Belgique et en chassa les Autrichiens par la victoire de Jemmapes; mais il fut, à son tour, battu à Nerwinde et obligé d'évacuer le pays conquis qui se soulevait contre ses troupes. Cet échec irrita son orgueil, et, comme il en imputait la responsabilité aux mesures révolutionnaires de la Convention, il voulut conduire son armée à Paris pour y rétablir la royauté; mais ses soldats refusèrent de le suivre, et il s'enfuit dans le camp autrichien.

Première coalition. Efforts énergiques de la Convention. — La défection de Dumouriez accrut la désorganisation de l'armée et la méfiance des soldats envers leurs chefs, à un moment où le péril allait s'aggravant. Ce n'était plus seulement l'Autriche, la Prusse et le Piémont que la République avait à combattre, c'était aussi l'Angleterre, la Hollande, l'Espagne, le Portugal, la Toscane, le pape, les Deux-Siciles, qui, après la mort de Louis XVI, avaient uni leurs forces dans une coalition contre la France. Nos frontières furent menacées sur tous les points, et « la République ne fut plus qu'une grande ville assiégée. » La Convention fit tête partout. Appelant à son aide les horreurs et les forces d'un gouvernement de terreur, elle souleva la France entière, qui d'ailleurs ne marchanda pas son dévouement, pour la jeter contre l'ennemi. Au mois d'août 1793, elle rendit un décret qui mettait tous les Français en réquisition permanente pour le service des armées : « Les jeunes gens iront au combat; les hommes mariés forgeront des armes et porteront des subsistances; les femmes feront des tentes, des habits et serviront dans les hôpitaux; les enfants mettront le vieux linge en charpie; les vieillards se feront porter sur les places publiques pour exciter le courage des guerriers et la haine des rois. » On multiplia les ateliers et les arsenaux; on fondit les cloches pour en faire des canons; on fabriqua des fusils, de la poudre, des sabres et des piques. Les soldats, animés d'un ardent patriotisme, furent encore excités par la perspective d'un avancement rapide, qui élevait le mérite des derniers rangs au premier ; les généraux, surveillés et stimulés par les commissaires de la Convention, n'eurent d'autre alternative que la victoire ou la guillotine. En même temps Carnot, chargé, au Comité de salut public, de la direction des affaires militaires, traçait les plans de campagne, distribuait les armées avec intelligence et « organisait la victoire. »

Tactique de Carnot. — Les fautes de l'ennemi accrurent nos chances de succès. Il manqua d'audace ou obéit à de mesquines convoitises : au lieu de marcher vivement au cœur de la France, il voulut assurer chacun de ses pas ou se munir de positions bonnes à garder plus tard, en enlevant les places qui défendaient nos frontières. Il fut ainsi retardé par la défense souvent héroïque des villes assiégées, et il dissémina ses troupes en un cordon qu'il fut possible de rompre. Carnot abandonna le vieux système de guerre qui consistait à opposer bataillon à bataillon sur une ligne immense; il concentra les troupes de la République en quelques corps d'armée, qui reçurent l'ordre d'opérer par grandes masses sur quelques points bien choisis et d'agir vite. C'est ainsi que d'abord il répara les échecs qui suivirent la défection de Dumouriez, qu'il dégagea nos frontières, et qu'ensuite il put poursuivre les ennemis sur leur propre territoire.

Opérations dans les Pays-Bas. — Après sa victoire de Nerwinde, le général autrichien Cobourg s'était emparé de Condé, de Valenciennes, du Quesnoy, et il assiégeait Maubeuge. Le duc d'York, à la tête d'une armée anglo-hollandaise, voulait prendre Dunkerque. Houchard, envoyé contre le duc d'York, fut vainqueur des Anglais à

Hondschoote, des Hollandais à Menin, et débloqua Dunkerque ; mais il avait battu l'ennemi sans l'anéantir, et, comme il avait négligé de suivre en entier les instructions de Carnot, il paya sa faute de sa tête. Jourdan sauva Maubeuge par la victoire de Wattignies (octobre 1793).

L'année suivante, Cobourg put encore prendre Landrecies, et, maître d'une formidable position entre la Sambre et l'Escaut, il projeta de descendre la vallée de l'Oise et de marcher sur Paris. Mais Jourdan reçut l'ordre d'attaquer Charleroi pour menacer la ligne de retraite de l'ennemi ; il passa la Sambre après une lutte acharnée, prit Charleroi et battit Cobourg à Fleurus (juin 1794). Il repoussa ensuite l'armée vaincue sur la Roër, où il la battit encore, et l'obligea d'évacuer la Belgique.

Conquête de la Hollande. — En même temps Pichegru, vainqueur aux combats de Courtray, de Tourcoing, d'Hooglède, se mettait à la poursuite des Anglais, qui se retiraient en Hollande. Il passa les fleuves et les canaux sur la glace, et nos soldats, à peine vêtus, grelottant de froid, mais admirables de courage et de discipline, entrèrent dans Amsterdam (janvier 1795). Quelques jours après, des escadrons de hussards enlevaient au Texel la flotte hollandaise retenue par les glaces. Ainsi, de ce côté, non seulement nos frontières étaient préservées, mais la Belgique et la Hollande étaient conquises.

Opérations sur le Rhin et aux Pyrénées. — Sur le Rhin, mêmes revers au début, mêmes succès à la fin. Custine qui, après Valmy, s'était emparé de Mayence, ne put barrer le passage du fleuve aux ennemis. L'armée prussienne de Brunswick prit Mayence, malgré les vigoureux efforts de Kléber, investit Landau et s'unit à l'armée autrichienne de Wurmser pour envahir l'Alsace et menacer la Lorraine. Mais Hoche fut chargé du commandement des armées de la Moselle et du Rhin. Malgré un premier échec à Kayserslautern, il attaqua vigoureusement les passages des Vosges [1], chassa un corps prussien de Frœschwiller et de Wœrth, et battit les Autrichiens sur la montagne de Geisberg (1793). L'Alsace fut délivrée. Les Prussiens reculèrent sous Mayence; les Autrichiens repassèrent le Rhin, et Hoche hiverna dans le Palatinat.

Aux Alpes et aux Pyrénées, les Français durent rester sur la défensive, en 1793; mais ils reprirent l'offensive dans la campagne de 1794. L'armée d'Italie, commandée par Dumerbion, qui avait sous ses ordres Masséna et Bonaparte, s'empara du camp de Saorgio sur une armée austro-sarde (1794).

Aux Pyrénées orientales, Dugommier reprit aux Espagnols le camp du Boulou et les chassa du Roussillon. Il fut tué à la bataille de la Montagne-Noire ou de la Mouga, et Pérignon, qui acheva sa victoire, envahit la Catalogne.

Aux Pyrénées occidentales, Moncey et la Tour d'Auvergne occupèrent les provinces basques.

Le Vengeur. — La guerre maritime avait été moins heureuse que la guerre continentale. Notre marine, désorganisée par l'émigration, ne put défendre nos côtes contre

[1] C'est sur ces mêmes champs de bataille qu'ont commencé nos désastres de 1870.

ɜs flottes anglaises; elle s'honora du moins par son courage. Le 1er juin 1794, l'amiral Villaret-Joyeuse, sorti de ɪrest pour protéger l'entrée d'un convoi de blé venant 'Amérique, livra bataille aux Anglais; il fut vaincu, ıais sauva le convoi. Un de ses vaisseaux, le *Vengeur*, aima ıieux s'engloutir que d'amener son pavillon.

Traités de Bâle (1795). — Cependant les revers avaient ompu la coalition. La Prusse, la Hollande et l'Espagne ignèrent successivement les traités de Bâle, qui valurent la France la rive gauche du Rhin, l'alliance de la Hollande et la partie espagnole de l'île de Saint-Domingue 1795).

Guerre de Vendée. — La guerre étrangère s'était compliquée de la guerre civile. Pendant plus de deux ans, la ıtte contre les Vendéens occupa une partie des armées e la République. Le sol de la Vendée convenait à une uerre de partisans : les côtes basses du Marais, en partie ɔuvertes d'étangs marins et sillonnées de canaux, les coɛaux boisés du Bocage avec leurs ravins, leurs chemins reux bordés de haies hautes et épaisses, favorisaient les ttaques isolées, les surprises, les embuscades, et offraient n asile aux vaincus. Pays religieux et féodal, tout dévoué ses curés et à ses seigneurs, la Vendée avait mal accueilli Révolution; elle chassa les prêtres assermentés, s'irrita u renversement de la monarchie, et refusa d'envoyer ses nfants combattre pour une liberté dont elle ne voulait as, pour des principes religieux et sociaux qu'elle repousɪit. Les paysans se soulevèrent à propos du tirage au sort de la levée de 200,000 hommes ordonnée par la Convention (mars 1793). Commandés d'abord par le colporteur Cathelineau et le garde-chasse Stofflet, ils eurent aussi pour chefs des gentilshommes : Charette, Bonchamps, d'Elbée, Henri de la Rochejaquelein, Lescure.

La guerre de Vendée vit les horreurs habituelles des guerres entre frères, mais elle fut aussi féconde en traits d'héroïsme. Vendéens et *bleus* (1) rivalisèrent de courage. Le succès fut d'abord à l'insurrection, parce que les premières troupes qu'elle eut à combattre étaient des recrues mal armées et commandées par des généraux ineptes; elle résista même quelque temps à Kléber et aux soldats de Mayence, qui, en vertu de leur capitulation, ne pouvaient d'un an servir contre la coalition. Mais à la fin ses forces s'épuisèrent, ses généraux tombèrent les uns après les autres, la Vendée fut envahie, et les Vendéens, acculés sur la rive gauche de la Loire, avec une multitude de femmes et d'enfants, n'eurent d'autre ressource que de traverser le fleuve pour gagner Granville, où ils espéraient trouver l'escadre anglaise. Repoussés de Granville, découragés, mourant de faim, ils voulurent rentrer dans leur pays; mais ils furent battus au Mans et exterminés à Savenay par Westermann, Kléber et Marceau (décembre 1793). Ceux qui ne succombèrent pas sur les champs de bataille périrent dans les prisons ou dans les noyades de Carrier, à l'exception d'un millier d'hommes qui s'enfuirent en Bretagne. Des colonnes mobiles, que leurs excès firent appeler *colonnes infernales*, parcoururent la

(1) Les soldats de la République furent ainsi appelés par les Vendéens à cause de la couleur de leur uniforme.

Vendée pour y étouffer les restes de l'insurrection, et Hoche essaya, par des mesures de conciliation et d'indulgence, de pacifier les esprits.

Les chouans. Bataille de Quiberon. — La Bretagne fut aussi le théâtre d'une guerre civile. Les *chouans*, ainsi nommés du cri du chat-huant qu'ils avaient pris pour signe de ralliement, résistèrent longtemps dans les bois aux poursuites des troupes républicaines. En 1795, l'émigration voulut tenter un coup de main de ce côté. Une flotte anglaise débarqua sur la presqu'île de Quiberon trois régiments d'émigrés, auxquels se joignirent tous les chouans du voisinage. Mais Hoche accula les rebelles à l'extrémité de la presqu'île, en jeta une partie à la mer et prit les autres. Après cette victoire, les dernières bandes de la Bretagne furent, comme celles de la Vendée, réduites à l'impuissance. Cependant, en Vendée et en Bretagne, il restait chez les vaincus d'amers ressentiments, qui prépareront une nouvelle tentative de révolte.

LE DIRECTOIRE (1795-1799).

Dès que la Convention se fut séparée, la Constitution de l'an III fut mise en vigueur. Les deux conseils, conseil des Anciens et conseil des Cinq-Cents, se constituèrent et élurent les cinq membres du Directoire exécutif : Laréveillère-Lepaux, Rewbell, Letourneur, Barras et Carnot.

La situation était difficile. Au dehors, la France restait encore en guerre avec l'Angleterre, l'Autriche et une partie des États italiens. Au dedans, le malaise et la désorganisation étaient partout. La dépréciation des assignats, produite par une émission exagérée, gênait les transactions; le trésor était vide et, faute d'argent, les services publics étaient entravés; nos armées manquaient de vêtements, de vivres et de munitions. Au début, le Directoire parut à la hauteur de sa tâche. La création des mandats territoriaux, qui remplacèrent les assignats, fournit des ressources momentanées, avec lesquelles on put subvenir aux premiers besoins; les royalistes furent vaincus encore une fois dans l'Ouest par le général Hoche, qui acheva la pacification de la Vendée et de la Bretagne; les complots du communiste Babeuf, qui voulait le partage de la propriété, furent réprimés; enfin les victoires de nos troupes valurent à la France une paix glorieuse.

Campagne de 1796. — Carnot, qui avait repris, comme sous la Convention, la conduite des opérations militaires, conçut le projet de porter la guerre au cœur de l'Autriche. Vienne fut le but qu'il proposa aux trois armées de Sambre-et-Meuse sous Jourdan; de Rhin-et-Moselle, sous Moreau, et d'Italie, sous Bonaparte. Jourdan devait remonter le Mein et se joindre, dans la vallée du Danube, à Moreau, pour descendre avec lui sur la capitale de l'Autriche; Bonaparte devait y arriver à travers la haute Italie et les Alpes orientales.

Campagne d'Allemagne. — Le plan échoua en Allemagne, parce que les deux généraux qui y commandaient ne songèrent pas assez à combiner leurs opérations, et qu'en s'avançant sur le territoire ennemi ils restèrent séparés par le massif des Alpes de Franconie. L'archiduc Charles, qui leur était opposé, tira parti de cette faute. Après avoir reculé devant Moreau jusqu'en Bavière, il se rejeta sur Jourdan avec des forces supérieures, le battit à Wurtzbourg, à Altenkirchen, où Marceau fut tué, et le rejeta sur la rive gauche du Rhin. Moreau, dont le flanc gauche était découvert et la base d'opérations menacée, dut reculer; il fit une habile retraite à travers les défilés de la Forêt-Noire, en battant tous les corps autrichiens qui le serraient de trop près, et rentra en France par le pont d'Huningue. Mais, si la campagne d'Allemagne était manquée, celle d'Italie décida, en faveur de la France, de la destinée de la Péninsule et du sort de l'Autriche.

Campagne d'Italie (1796-1797). *Bonaparte.* — Quand Bonaparte reçut le commandement de l'armée d'Italie, il n'avait pas encore vingt-sept ans [1]. Sa jeunesse excita la

[1] Napoléon Bonaparte était né à Ajaccio, le 15 août 1769, de Charles Bonaparte et de Lætitia Ramolino. Il avait quatre frères : Joseph, son aîné; Lucien, Louis, Jérôme, et trois sœurs : Élisa, Pauline, Caroline. Admis à l'École militaire de Brienne, puis à l'École militaire de Paris, il obtint, en 1785, le grade de lieutenant au régiment d'artillerie de la Fère. Il commença sa renommée militaire au siège de Toulon, en occupant une position qui décida la retraite des Anglais, et fut nommé général de brigade. Mis en disponibilité après le 9 thermidor, il fut appelé par Barras à défendre la Convention au 13 vendémiaire, et le service qu'il rendit en cette circonstance lui valut le grade de général de division avec le commandement de l'armée de l'intérieur, puis le commandement de l'armée des Alpes. Quelques jours avant son départ, il épousa la veuve du général Beauharnais, Joséphine Tascher de la Pagerie, qui avait de son premier mariage deux enfants : Eugène et Hortense.

méfiance de ses lieutenants; sa petite taille, sa pâleur, ses longs cheveux plats provoquèrent la raillerie des soldats. Ses premiers actes rassurèrent les uns, sa première proclamation remplit les autres d'enthousiasme : « Soldats, leur dit-il, vous êtes mal nourris et presque nus. Le Gouvernement vous doit beaucoup, mais ne peut rien pour vous. Votre patience, votre courage vous honorent, mais ne vous procurent ni avantage ni gloire. Je vais vous conduire dans les plus fertiles plaines du monde : vous y trouverez de grandes villes, de riches provinces; vous y trouverez honneur, gloire et richesses. Soldats d'Italie, manqueriez-vous de courage? »

Premières victoires sur les Piémontais et les Autrichiens. Armistice de Chérasco. — Ses troupes étaient campées autour de Savone. Rompues à la fatigue et au danger, faciles à la discipline, bien commandées par d'excellents généraux de division, il ne leur manquait, pour accomplir des prodiges, qu'un général en chef qui fût digne d'elles, et il venait de leur être envoyé. Les ennemis, Autrichiens et Piémontais, commandés par Beaulieu et Colli, occupaient, en face des Français, les passages des montagnes. Bonaparte résolut de pénétrer dans la vallée du Pô par la dépression de terrain qui rattache les Alpes aux Apennins, de séparer les deux armées ennemies par une marche rapide et de les battre l'une après l'autre. Ce plan, sagement conçu, fut vigoureusement exécuté. La victoire de Montenotte ouvrit le passage des Alpes et coupa le centre de l'ennemi; celle de Dego rejeta les Autrichiens à droite sur la route de Milan, pendant qu'à gauche les Piémontais, battus à Millesimo et à Mondovi, reculaient jusqu'à Chérasco, à dix lieues de Turin (avril 1796). L'armistice de Chérasco désarma le Piémont, et le traité qui suivit valut à la France la Savoie et le comté de Nice.

Les Piémontais hors de cause, Bonaparte se mit à la poursuite de l'armée autrichienne, la battit au pont de Lodi, sur l'Adda, que ses soldats enlevèrent sous la mitraille; la rejeta dans le Tyrol et alla mettre le siège devant l'importante place de Mantoue.

Ces victoires détachèrent de l'alliance autrichienne les princes italiens. Le roi de Naples retira ses troupes de la coalition, les ducs de Parme et de Modène et le pape Pie VI subirent des armistices onéreux; ils durent payer d'énormes contributions et livrer des objets d'art, statues et tableaux. La Lombardie, que l'on avait délivrée de la domination autrichienne, fut elle-même imposée à 20 millions.

Opérations autour de Mantoue. Défaite de Wurmser. — Cependant l'Autriche songeait à secourir Mantoue et à chasser les Français d'Italie. Une armée, commandée par Wurmser, descendit du Tyrol en deux corps, que séparait le lac de Garde. Une rapide campagne de six jours en eut raison (31 juillet-5 août). Bonaparte, pour qui la guerre était avant tout l'art de se disséminer pour vivre et de se réunir pour combattre, concentra vivement ses troupes et battit l'ennemi à Lonato et à Castiglione. Wurmser, refoulé dans le Tyrol, en sortit bientôt avec une nouvelle armée; il voulait descendre la vallée de la Brenta et s'avancer ensuite sur Mantoue, en traversant le cours inférieur de l'Adige. Au lieu de lui barrer le passage, Bonaparte alla le prendre à dos dans les gorges de la Brenta, le battit à Primolano, à Bassano, le resserra entre ses troupes et l'Adige. L'armée autrichienne semblait perdue : elle fut sauvée par la lâcheté d'un subalterne, qui lui ouvrit le pont de Legnano ; mais, vivement poursuivie, elle fut encore vaincue à Saint-Georges et enfermée dans Mantoue (septembre).

Victoires d'Arcole et de Rivoli. — Les revers de Jourdan et la retraite de Moreau en Allemagne permirent à l'Autriche d'envoyer Alvinzi en Italie avec 60,000 hommes; mais, dans deux expéditions successives, Alvinzi fut vaincu à Arcole (novembre 1796), où Bonaparte avait choisi son champ de bataille dans des marais, sur des chaussées étroites, qui rendaient inutile la supériorité du nombre, et à Rivoli (janvier 1797), où l'armée autrichienne, débouchant sur un plateau par divers chemins, eut ses corps écrasés les uns après les autres. Mantoue, qui n'avait plus de vivres, dut capituler (février 1797).

A l'approche d'Alvinzi, la cour de Rome avait voulu soutenir les Autrichiens. Bonaparte l'en punit en lui imposant le traité de Tolentino : le pape céda à la France le comtat Venaissin, la Romagne et paya 30 millions.

Marche de Bonaparte sur Vienne. Traité de Campo-Formio (1797). — Maître de l'Italie du Nord, tranquille du côté du centre et puissamment renforcé, Bonaparte put poursuivre l'exécution du plan de Carnot et marcher sur Vienne. Il battit l'archiduc Charles, que la cour d'Autriche

RIVOLI (

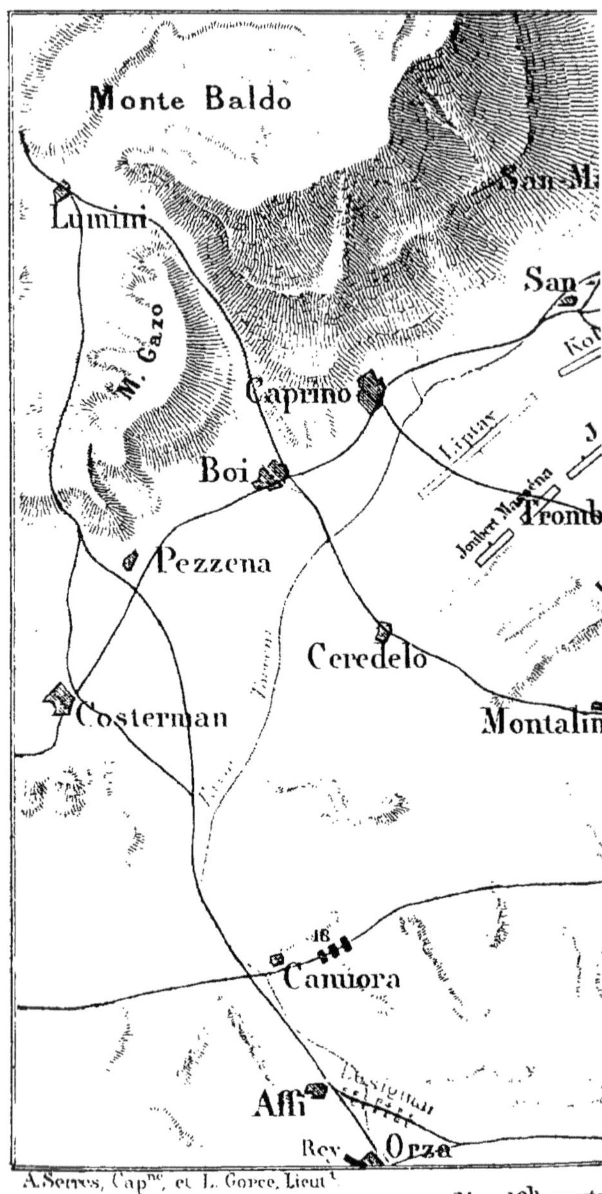

A. Serres, Cap^{ne}, et L. Gorce, Lieut^{t}.

Autrichiens {Vers 12^{h} / Vers 2^{h}

Gumbarona
Mte Magnone
Dolce
Ocskay
Vial
Lubiara
Chle San-Marco
Quasdanowitch
Adige
Ocskay
Mutole
Incanale
Osteria
Liptay
Zoana
Mt Pastello
La Chiusa
RIVOLI
Mt Rocca
Mt Pipolo
Lusignan

Imprimerie Nationale

Français { Vers 12h. / Vers 2h.

lui avait opposé, sur les bords du Tagliamento, au col de Tarvis, au col de Neumark, à tous les passages difficiles des montagnes, et il arriva à Léoben, à trente lieues de Vienne. L'Autriche alarmée demanda la paix. Bonaparte jugeait que sa position en pays ennemi, à deux cents lieues de sa base d'opérations, n'était pas sans danger; de plus il mettait son orgueil à faire lui-même une paix qu'il savait désirée en France. Il se hâta donc de signer les préliminaires de Léoben sans attendre les instructions du Directoire (18 avril 1797). Ce même jour Hoche, successeur de Jourdan, et Moreau, reprenaient sur le Rhin leurs opérations : ils furent arrêtés dans leurs succès par l'armistice.

Les préliminaires de Léoben devinrent le traité de Campo-Formio. Dans l'intervalle, Venise fut occupée par les Français et perdit son indépendance. Le traité de Campo-Formio fut signé le 17 octobre 1797. L'Autriche abandonnait la Belgique et renonçait au Milanais, qui, avec les territoires voisins, forma la république Cisalpine, mais elle reçut en dédommagement Venise et son territoire, l'Istrie, la Dalmatie. La France gardait la ligne du Rhin, sous réserve de la ratification de l'Empire, les établissements de Venise en Albanie et les îles Ioniennes. Ce traité fut l'œuvre plus de Bonaparte que du Directoire : le jeune général était déjà assez fort pour faire prévaloir sa volonté sur celle du Gouvernement.

A cette même époque, l'action de la France produisit en Europe d'autres changements politiques importants : Gênes fut érigée en république Ligurienne; Rome fut occupée à la suite d'une émeute populaire où l'ambassadeur français avait été tué, et la république Romaine fut proclamée (février 1798). Le pape Pie VI, enlevé avec plusieurs cardinaux, fut envoyé prisonnier à Valence. Enfin la France intervint en Suisse, où la guerre civile avait éclaté entre les partisans de l'aristocratie et ceux de la démocratie, et, par son influence, la Confédération fut changée en République Helvétique.

L'Angleterre restait seule de toutes les puissances qui avaient formé la première coalition. Le Directoire fit contre elle des armements formidables; il prépara une armée de débarquement, qu'il se proposait de jeter sur les côtes de la Grande-Bretagne, et que Bonaparte conduisit en Égypte.

Expédition d'Égypte (1798-1801). — L'Égypte est une longue et étroite vallée que le Nil arrose dans son cours inférieur. Riche de sa fertilité naturelle, qui en fit dans l'antiquité le grenier de Rome, elle doit sa plus grande importance à la position qu'elle occupe entre l'Asie et l'Afrique, et surtout entre la Méditerranée et la mer Rouge : c'est la route naturelle de l'Europe aux Indes. En occupant cette région, la France pouvait y fonder une colonie prospère, dominer la Méditerranée, menacer le commerce et l'empire de l'Angleterre en Asie. « Les temps ne sont pas éloignés, écrivait Bonaparte, où nous sentirons que, pour détruire véritablement l'Angleterre, il faut nous emparer de l'Égypte. L'empire Ottoman croule tous les jours. La possession des îles Ioniennes nous mettra en mesure d'en prendre notre part. » Outre ces motifs politiques, Bonaparte en avait d'autres tout personnels. Il songeait déjà à s'emparer du pouvoir en France; mais il voulait, pour préparer son heure, illustrer encore son nom, et ajouter au prestige qui s'attache toujours à la victoire, le prestige d'une expédition lointaine et des souvenirs de l'antique Orient. Le Directoire ne voulait point de cette guerre; il craignait de violer la neutralité de la Turquie et de compromettre, dans une entreprise aventureuse, notre marine et l'élite de nos troupes. Il finit néanmoins par céder soit à la volonté impérieuse de Bonaparte, soit à la pensée de se débarrasser de lui.

Prise de Malte (1798). — On continua les préparatifs commencés, sans en révéler le but. On réunit sur les côtes de la Méditerranée une flotte, des transports et 36,000 hommes qui formaient, dit-on, l'aile gauche de l'armée d'Angleterre. Avec les soldats qui devaient conquérir l'Égypte, il y avait des savants qui devaient en étudier les ressources et rechercher les secrets de son histoire. Bonaparte partit de Toulon le 19 mai, cingla vers Malte, qu'il enleva à l'ordre de Saint-Jean-de-Jérusalem, puis vers l'Égypte, où il débarqua, à cinq lieues d'Alexandrie.

Victoire des Pyramides (21 juillet). *Prise du Caire.* — L'Égypte faisait nominalement partie de l'empire Turc; en réalité, elle appartenait aux deux beys Mourad et Ibrahim, chefs d'une armée d'étrangers, la milice des mamelucks, qui se recrutait surtout en Circassie. Bonaparte essaya de séparer la cause des Égyptiens de celle des mamelucks. Il s'annonça dans ses proclamations comme l'allié de la Porte Ottomane, le libérateur de l'Égypte contre ses oppresseurs, et, pour désarmer le fanatisme religieux, il ne parla qu'avec respect de l'Islam et du prophète. Mais, s'il est possible à une population musulmane de subir avec la résignation du fatalisme la domination d'un peuple chrétien, il lui est impossible de l'aimer, et les Français restèrent des ennemis pour les Égyptiens.

Après avoir enlevé Alexandrie, Bonaparte se dirigea sur le Caire, qu'il voulait atteindre avant la crue du Nil. Nos soldats supportèrent avec un jovial entrain le climat brûlant, la soif et les mirages du désert de Damanhour. Au pied des Pyramides, leurs bataillons carrés résistèrent au choc de la cavalerie des mamelucks et la dispersèrent, Bonaparte prit possession du Caire, et il s'occupait déjà d'organiser le pays, lorsque tout fut compromis par le désastre d'Aboukir.

Défaite navale d'Aboukir (1er août). — Notre flotte était restée à l'ancre dans la rade d'Aboukir, sous le commandement de l'amiral Brueys, qui n'avait point voulu quitter l'Égypte, tant qu'il ne serait pas rassuré sur le sort de l'armée de terre. Elle y fut surprise par l'amiral anglais Nelson et détruite après une sanglante journée; Brueys fut tué sur son banc de quart. La ruine de notre marine coupait l'armée d'Égypte de la France et l'enfermait dans sa conquête. « Il faut mourir ici, disait Bonaparte, ou en sortir grands comme les anciens. » En effet il n'y avait nul secours à attendre du dehors, et les difficultés de la situation s'aggravaient. La ville du Caire, qui se révolta, ne put être soumise qu'après une lutte acharnée, et la Turquie, déclarant la guerre à la France, réunit à Damas et à Rhodes deux armées pour reconquérir l'Égypte.

Expédition de Bonaparte en Syrie (1799). *Sa victoire à Aboukir. Son départ pour la France.* — Bonaparte attaqua d'abord l'armée de Damas. Il voulait faire de la Syrie une annexe de l'Égypte, et peut-être se tailler un empire en Asie. Il s'empara de Gaza, de Jaffa, et battit les Turcs au mont Thabor, mais il échoua, faute de grosse artillerie, devant Saint-Jean-d'Acre. Il ramena en Égypte une armée diminuée de 4,000 hommes, dont la plupart avaient été enlevés par la peste. Sur ces entrefaites, l'armée de Rhodes fut transportée dans la presqu'île d'Aboukir par une flotte anglaise; Bonaparte la rejeta à la mer et, par cette victoire, assura momentanément la possession de l'Égypte aux Français. Mais sur les nouvelles qu'il reçut alors du continent, il se décida à partir pour la France, en laissant à Kléber le commandement de la conquête.

L'Égypte sous Kléber[1]. *Victoire d'Héliopolis* (1800). — L'armée d'Égypte traita de désertion le départ de Bonaparte; elle s'abandonna elle-même, parce qu'elle se crut abandonnée par son général; oubliée par la France, elle n'eut d'autre pensée que celle du retour. Kléber, qui avait toujours blâmé l'expédition, n'essaya point de relever le moral de ses troupes, et il signa avec l'amiral an-

(1) Bien que la fin de l'expédition d'Égypte appartienne à l'époque du Consulat, on la raconte ici pour mettre plus de clarté dans le récit.

glais Sidney-Smith une convention pour l'évacuation de l'Égypte; mais les exigences du cabinet anglais, qui voulut que les Français se rendissent prisonniers de guerre, rappelèrent à leur devoir et le général et son armée. « On ne répond, dit Kléber à ses soldats, à une telle insolence que par des victoires; préparez-vous à combattre. » Il défit à Héliopolis (1800) une armée turque, réprima une révolte du Caire, et, s'attachant dès lors au pays qu'il venait de reconquérir, il fit tout pour y asseoir la domination française; mais il périt assassiné par un musulman fanatique (14 juin 1800), et le commandement passa en des mains moins habiles.

Menou. Évacuation de l'Égypte. — Menou, qui succéda à Kléber par ancienneté, était peu considéré des soldats, qui tournaient en ridicule son mariage avec une Égyptienne, sa conversion à l'islamisme, son surnom d'Abdallah, et mal obéi de ses lieutenants, qui le jalousaient. Il ne put résister aux nouveaux efforts que les Anglais tentèrent contre l'armée d'occupation; il fut battu à Canope (1801) et les débris de ses troupes capitulèrent au Caire et à Alexandrie. L'Égypte était perdue pour la France. L'expédition de Bonaparte n'eut d'autre avantage que d'ouvrir ce pays à la civilisation européenne, et de commencer les grands travaux qui ont révélé la langue et le passé des Pharaons à la science du XIXe siècle.

Seconde coalition. Campagne de 1799. — Pendant l'expédition d'Égypte, la France avait eu à soutenir une nouvelle guerre européenne. La Révolution paraissait aux souverains de l'Europe plus dangereuse qu'en 1792. Elle avait agité la Hollande et la Suisse, bouleversé l'Italie; elle s'était établie dans les îles Ioniennes, à Malte, en Egypte, et le renom de ses victoires propageait au loin ses idées. En outre l'Autriche voulait reconquérir le Milanais; la reine de Naples, qui dominait son faible époux Ferdinand, songeait à venger sa sœur Marie-Antoinette et à éloigner de son voisinage les Français maîtres de Rome; le czar de Russie, Paul Ier, se posait en protecteur des chevaliers de Malte. Quand la défaite de notre flotte à Aboukir sembla leur promettre le succès, ces diverses puissances s'unirent à l'Angleterre et à la Turquie pour former la seconde coalition. Au moment où l'armée russe s'ébranla, des plénipotentiaires français, qui étaient à Rastadt pour y traiter diverses questions laissées indécises à Campo-Formio, furent massacrés par des hussards autrichiens. Les Conseils répondirent à cette violation du droit des gens par une déclaration de guerre, et la loi de conscription militaire, qu'ils votèrent aussitôt, mit 200,000 jeunes gens à la disposition de la République. Mais il fallait du temps pour former ces recrues, et, au début des opérations, la France ne put mettre en ligne que 170,000 hommes contre 360,000 ennemis. En outre, le choix des généraux ne fut pas toujours heureux, les moyens dont ils disposèrent furent insuffisants, et nos troupes échelonnées du Zuyderzée au golfe de Tarente, ne purent défendre une ligne trop étendue pour leur nombre. Cependant la guerre avait bien commencé. Le roi de Naples n'avait pas eu la patience d'attendre ses alliés; ses troupes, qu'il lança sur Rome (novembre 1798, furent vaincues à Civita-Castellana, et le royaume de Naples, conquis par Championnet, devint la république Parthénopéenne (1799). Le roi de Piémont, dont l'attitude était douteuse, fut contraint d'abdiquer et de se réfugier en Sardaigne. Mais bientôt vinrent les revers. En Allemagne, Jourdan, vaincu à Stockach, se replia à l'entrée des défilés de la Forêt-Noire. En Italie, Schérer, bien loin de forcer la ligne de l'Adige, comme il en avait ordre, fut battu par les Autrichiens à Magnano, et contraint de reculer jusque sur l'Adda. Moreau, qui prit alors le commandement, n'eut pas le temps de réparer les fautes commises; il fut vaincu par les Autrichiens et les Russes réunis sous les ordres de Souvarof, à Cassano, et rejeté sur les bords du Tanaro, d'où il espérait tendre la main à Macdonald, qui venait de Naples. Mais les deux généraux ne purent se réunir pour une action commune. Macdonald fut vaincu par Souvarof dans une bataille de trois jours, à la Trébie, et obligé de rétrograder par l'Apennin sur les côtes de Toscane. Le Directoire imputa aux généraux la responsabilité de ces défaites. Moreau fut remplacé par Joubert, qui fut vaincu et tué à Novi. Enfin Championnet, qui reprit l'offensive, fut battu à Genola. En même temps Rome, Naples, retombaient au pouvoir de l'ennemi, et le général Monnier capitulait dans Ancône, mais ramenait sa garnison tambours battants à travers toute l'Italie. Il ne restait aux Français que Gênes et les bords de la mer entre l'Apennin et le Var. Heureusement l'Autriche voulut, par jalousie, éloigner les Russes de la Péninsule, et Souvarof dut transporter ses troupes en Suisse à travers le massif des grandes Alpes : il y perdit son surnom d'Invincible. Il devait prendre en queue l'armée de Masséna, retranchée derrière la Limmat, pendant qu'une seconde armée austro-russe, sous Korsakof, l'attaquerait en tête. Mais Masséna prévint la jonction des ennemis; il battit Korsakof à Zu-ich et se trouva prêt à recevoir Souvarof, lorsque celui-i déboucha dans la vallée de la Reuss. Souvarof, harcelé lans sa marche par les tirailleurs de Lecourbe, qui s'em-usquaient derrière les rochers, dans les ravins, avait léjà perdu une partie de son effectif lorsqu'il apprit la léfaite de Korsakof. Alors, au lieu de pousser en avant, l fut contraint de reculer sur Coire par des chemins ffreux, en laissant dans les précipices et les glaciers ses agages et son artillerie. Furieux contre l'Autriche, qu'il ccusait de ce désastre, il renonça à la lutte. Les opéra-ons de Masséna et de son lieutenant Lecourbe portèrent e nom de *bataille de Zurich.*

Pendant que les Austro-Russes menaçaient la France ar le nord de l'Italie et la Suisse, les Anglo-Russes dé-arquaient en Hollande. Ils furent vaincus par Brune à ergen, à Castricum, et forcés par la convention d'Alkmaer 'évacuer le pays.

Les victoires de Masséna et de Brune préservèrent la rance d'une invasion; mais les premiers revers avaient cité des craintes qui tournèrent contre le Directoire et outèrent au mécontentement causé par la situation intéeure.

Luttes intérieures sous le Directoire. — Le Directoire ait bien vite perdu par ses divisions et sa faiblesse la nfiance du pays, et, à chaque renouvellement partiel des Conseils, les élections lui envoyèrent une majorité hostile: d'abord une majorité royaliste, puis une majorité jacobine. Le Directoire ne pouvait s'entendre avec les partis extrêmes, qui lui semblaient également dangereux pour l'avenir de la Révolution, et il s'en délivra au moyen de mesures dictatoriales. Par le coup d'État du 18 fructidor (4 septembre 1797), il chassa les royalistes des Conseils; par celui du 22 floréal (11 mai 1798), il annula les élections des patriotes. A ces mesures arbitraires, il en joignit d'autres : nombreuses déportations à Cayenne, emprunt forcé sur les riches, banqueroute *des deux tiers*, impunité de ses agents qui commettaient d'odieuses voleries. Aussi les élections de 1799 lui furent encore défavorables, et les Conseils, faisant à leur tour un coup d'État, contraignirent deux directeurs à se démettre (30 prairial, 18 juin 1799). Ces actes de violence qui donnaient le fâcheux exemple de l'illégalité, favorisèrent l'ambition de Bonaparte. Avide de saisir le pouvoir, il s'entendit avec deux directeurs, Sieyès et Roger-Ducos, avec une partie du conseil des Anciens, et au coup d'État du 18 brumaire (9 novembre 1799), il dispersa par la force le conseil des Cinq-Cents et détruisit la Constitution de l'an III. Il fut aussitôt nommé consul provisoire avec Sieyès et Roger-Ducos.

CINQUIÈME SÉANCE.

LE CONSULAT.

Constitution de l'an viii. — Organisation administrative. — Campagne d'Italie. Montebello. — Marengo. — Convention d'Alexandrie. — Campagne d'Allemagne. Hohenlinden. — Traité de Lunéville. — Institutions militaires du Consulat. — Création de la légion d'honneur.

La Constitution de l'an viii, ou constitution consulaire. sortie du 18 brumaire, imposa à la nation, sous forme de république, un gouvernement absolu. Aux termes de cette constitution, le pouvoir exécutif était confié à un premier consul, qui avait la haute main sur toute l'administration, et à qui l'on adjoignait, comme conseillers subalternes, deux autres consuls. Tous trois étaient nommés pour dix ans et indéfiniment rééligibles.

Le pouvoir législatif comprenait : le *Conseil d'État,* dont les membres étaient nommés par le premier consul, et qui préparait les projets de loi ; le *Tribunat,* qui les discutait sans les voter ; le *Corps législatif,* qui les votait sans les discuter, par scrutin secret, après avoir entendu les débats contradictoires des délégués du Conseil d'État et du Tribunat; enfin le *Sénat,* qui avait mission de veiller au maintien de la Constitution et d'élire, sur des listes qui lui étaient adressées des départements, une partie des fonctionnaires publics.

Listes de notabilités. — La nation fut tenue à l'écart de la vie politique, car on ne laissa subsister qu'une apparence de suffrage universel. Les électeurs ne nommaient leurs représentants à aucun degré ; leurs attributions se bornaient à désigner par des listes de notabilités communales, de notabilités départementales et de notabilités nationales les candidats aux fonctions publiques.

Quand la Constitution fut finie et promulguée, les auteurs du 18 brumaire se distribuèrent les fonctions de l'État : Bonaparte se nomma premier consul, avec Cambacérès et Lebrun, pour collègues. Sieyès et Roger-Ducos entrèrent au Sénat, dont Sieyès eut la présidence.

Organisation administrative. — La loi du 28 pluviôse (16 février 1800), qui fut le complément de la Constitution de l'an VIII, organisa l'administration intérieure à l'image du pouvoir central. Elle substitua aux assemblées électives qui régissaient les diverses circonscriptions administratives, des agents nommés par l'État, préfets, sous-préfets et maires, qui exercèrent les pouvoirs les plus étendus. Le préfet fut assisté dans son administration par un conseil de préfecture et par un conseil général de département qui rappelaient le Conseil d'État et le Corps législatif ; le sous-préfet, par un conseil d'arrondissement ; le maire, par un conseil municipal.

Comme autres réformes importantes, on peut citer, dans l'ordre judiciaire, la création des cours d'appel ; dans les finances, la création de l'agence des contributions directes pour la répartition de l'impôt ; l'établissement des percepteurs, des receveurs particuliers, des receveurs généraux pour la perception ; et la création de la Banque de France.

Mesures de conciliation. — L'organisation nouvelle qui avait été donnée au pouvoir assurait la régularité de tous les services publics et écartait toute crainte d'anarchie. Mais Bonaparte ne se contenta pas de réduire les anciens partis : il voulut aussi les rallier en ramenant l'apaisement dans les esprits, et il appela aux fonctions publiques des hommes éminents de toutes les opinions. Il ferma la liste de l'émigration, rendit aux cultes les édifices qui leur étaient destinés, révoqua l'emprunt forcé ; et ces mesures de conciliation, qui semblaient promettre la fin des agitations révolutionnaires, furent accueillies avec faveur par l'opinion publique.

Campagne de 1800. — Les victoires de Masséna et de Brune dans la dernière campagne avaient ralenti, non terminé, la lutte contre la coalition. Bonaparte voulut donner à l'Europe un témoignage plus éclatant peut-être que sincère de ses dispositions pacifiques. Il écrivit aux souverains d'Angleterre et d'Autriche pour leur offrir la paix ; ses propositions ayant été rejetées, il prépara la guerre. La Russie étant restée inactive en attendant qu'elle abandonnât la coalition, et l'Angleterre étant insaisissable dans son île, l'Autriche eut à soutenir tout le poids de la lutte.

Le cabinet de Vienne tenta de suivre en sens contraire le plan de campagne qui avait si bien réussi à la France en 1796. Il voulut envahir notre pays par deux armées, dont l'une, sous Kray, s'avancerait par la trouée de Belfort, l'autre, sous Mélas, par la vallée du Rhône et de la Saône, pour se rejoindre sur le plateau de Langres et descendre de concert dans la vallée de la Seine. Le projet des Autrichiens inspira à Bonaparte le dessein plus audacieux de jeter toute une armée à travers le massif des grandes Alpes sur les derrières de Mélas, pour lui couper ses communications avec l'Autriche: c'était donner beaucoup à la fortune; mais on pouvait, d'un seul coup bien frappé, terminer la guerre. Moreau et Masséna devaient faciliter l'exécution de ce plan: le premier, en repoussant l'armée du Rhin, l'armée de Kray, sur la rive gauche du Danube; le second, en se tenant sur la défensive avec l'armée d'Italie dans la rivière de Gênes.

Premières opérations de Moreau et de Masséna. — Moreau, vainqueur des Autrichiens à Stokach, à Engen et dans quelques autres rencontres partielles, rejeta Kray dans le camp retranché d'Ulm, loin de la chaîne des Alpes. Masséna, qui avait moins de 40,000 hommes contre 120,000, ne put défendre les passages des Alpes maritimes ; il fut enfermé dans Gênes avec une partie de ses troupes, tandis que l'autre, commandée par Suchet, reculait derrière le Var. Mais sa résistance dans Gênes fut héroïque : il repoussa pendant deux mois les efforts de l'ennemi, tout en tenant tête à une population affamée qui voulait capituler. Quand il se rendit, en obtenant d'ailleurs les honneurs de la guerre, tous les vivres étaient épuisés, et ses soldats, affaiblis par les privations, pouvaient à peine tenir leurs armes. Les succès de Moreau et la longue défense de Masséna permirent à Bonaparte d'exécuter son plan tel qu'il l'avait conçu.

Passage du grand Saint-Bernard. — Une armée de réserve, formée dans le plus grand secret, s'était réunie aux environs de Genève et de Lausanne. Bonaparte la rejoignit le 13 mai, et le 14 il fit commencer le passage des Alpes par le col du Grand Saint-Bernard. L'opération était difficile : il fallait gravir des sentiers escarpés, en traînant à bras les canons que l'on avait enfermés dans des troncs d'arbres creusés; il fallait descendre des pentes rapides, rendues glissantes par la neige et bordées de précipices. L'entrain des soldats ne se démentit pas. Pleins de confiance dans le génie de leur chef, ils s'encourageaient par des chants patriotiques, ou ranimaient leur courage à la pensée des grandes choses qu'ils allaient accomplir. Les colonnes se reposèrent un moment au couvent du Grand Saint-Bernard, où, par les soins de Bonaparte, les moines avaient réuni des vivres, et, le 20 mai, l'armée était de l'autre côté de la grande chaîne des Alpes. Le fort de Bard, qui ferme la vallée d'Aoste et qu'il était impossible d'enlever d'un coup de main, semblait devoir l'arrêter. Elle passa néanmoins : les fantassins et les cavaliers, en suivant un à un des sentiers étroits hors de la portée des canons du fort; l'artillerie, traînée à bras pendant la nuit, sous les feux plongeants de l'ennemi, que l'on trompa en enveloppant les roues d'étoupes pour en amortir le bruit. Dans le même temps, 18,000 hommes passaient le Saint-Gothard sous le général Moncey; 10,000 le Petit Saint-Bernard et le mont Cenis, sous les généraux Chabran et Turreau; et l'armée principale, soutenue ainsi à sa droite et à sa gauche, étendit son réseau à travers la haute Italie, du pied des Alpes au passage de la Stradella, près d'un contrefort de l'Apennin.

Bataille de Marengo (14 juin 1800). *Paix de Lunéville* (1801). — Le général autrichien, surpris et effrayé, se hâta de concentrer ses troupes pour s'ouvrir un passage et ressaisir ses communications. Vaincu dans un engagement d'avant-garde à Montebello, il tenta un suprême effort en avant d'Alexandrie, dans la plaine de Marengo. Les Autrichiens eurent d'abord le dessus : ils refoulèrent Lannes, Victor, la garde consulaire; et Mélas croyait que la journée était à lui, lorsque Desaix, que Bonaparte avait détaché sur sa gauche, accourut sur le champ de bataille au bruit du canon. La lutte recommença. Desaix fut tué, mais la victoire resta aux Français. Mélas signa la convention d'Alexandrie, qui lui permit de se retirer derrière le Mincio. L'armistice de Parsdorf suspendit de même les hostilités en Allemagne. Mais les négociations entamées pour la paix n'ayant pas abouti, la lutte recommença le 28 novembre. Pendant que Brune et Macdonald combattaient avec succès dans la Vénétie et le Tyrol, Moreau remporta sur l'archiduc Jean la grande victoire de Hohenlinden, grâce à une manœuvre hardie de Richepanse, qui coupa en deux l'armée ennemie au milieu d'une forêt. Cette fois, l'Autriche consentit à signer la paix de Lunéville, sur les bases de Campo-Formio (février 1801).

L'Italie restait à la discrétion de la France. Bonaparte

MARENGO (14 Juin

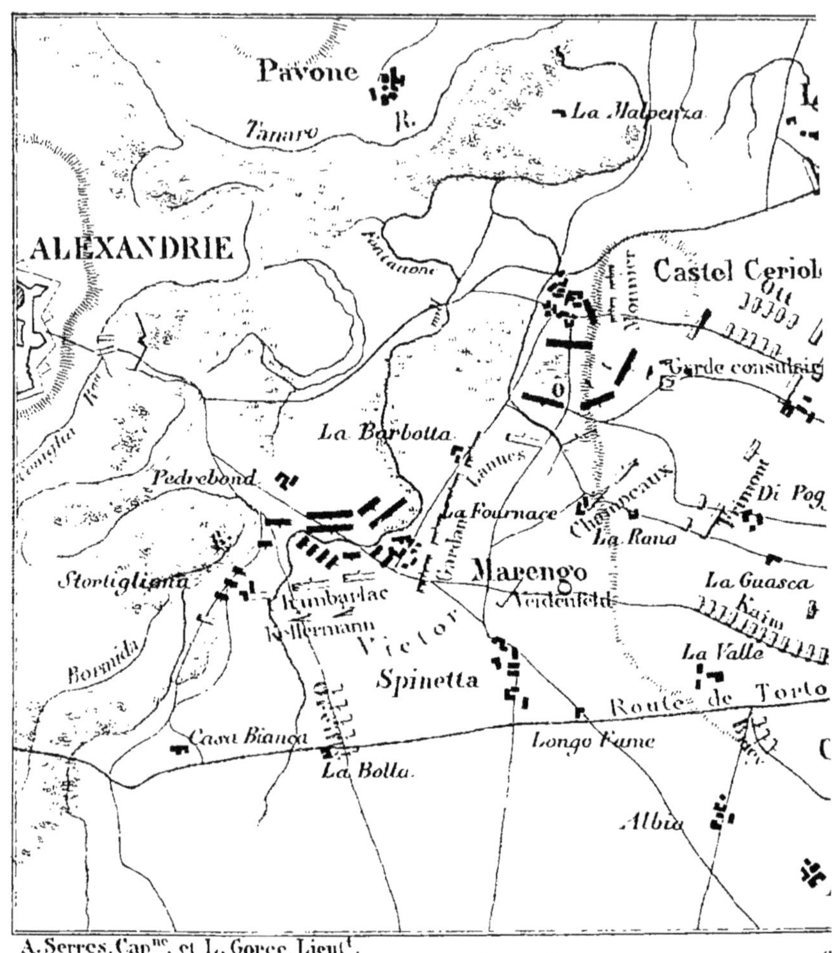

A. Serres, Cap^ne. et L. Gorce, Lieut^t.

Français { Vers midi / Vers 5^h. Autrichiens {

)).

Page 125.

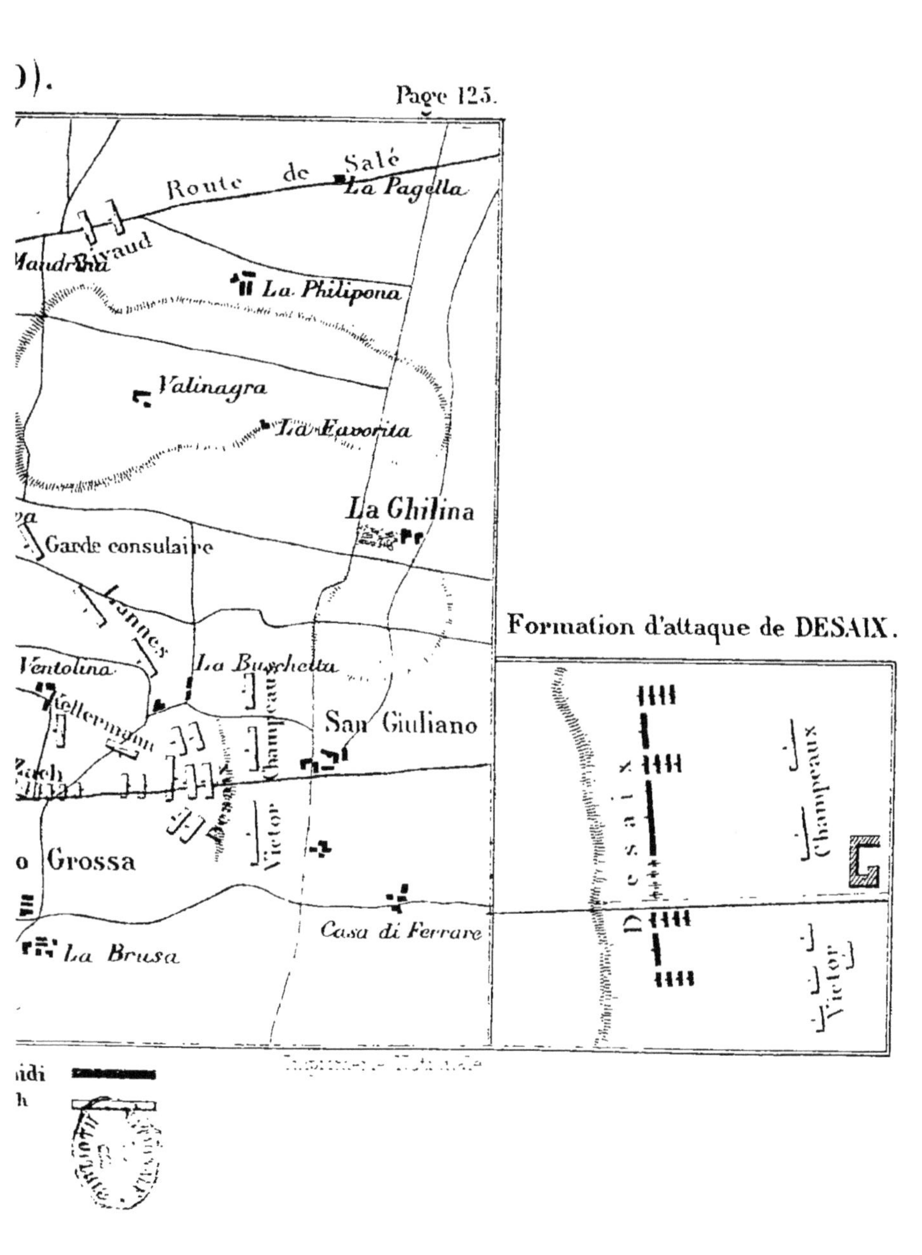

midi
h

maintint la possession des États romains au nouveau pape Pie VII, mais il imposa au roi de Naples l'obligation de recevoir une garnison dans Tarente ; il réunit Modène et Parme à la république Cisalpine, et il donna la Toscane, sous le nom de royaume d'Étrurie, à un Bourbon de la branche espagnole, en échange de la Louisiane qui fut rendue à la France par l'Espagne.

Ligue des neutres. Paix d'Amiens (1802). — La guerre avec l'Angleterre dura encore un an. C'est alors que Malte, depuis longtemps bloquée par les flottes britanniques, se rendit et que l'Égypte fut évacuée. Mais la tyrannie de l'Angleterre sur l'Océan retourna un moment contre elle la coalition européenne. Il se forma, comme dans la guerre d'Amérique, une ligue des neutres pour revendiquer l'entrée de tous les ports qui n'étaient pas soumis à un blocus effectif, et le libre transport des produits des pays belligérants sur les bâtiments neutres, le pavillon couvrant la marchandise. Le czar de Russie, que les revers de Souvarof et des actes de courtoisie du premier consul avaient détaché de la coalition, s'unit à la Suède et au Danemark pour résister aux prétentions de l'Angleterre; mais le bombardement de Copenhague par une flotte britannique et la mort du czar, assassiné par ses courtisans, rompirent la ligue des neutres. Cependant l'Angleterre était aussi lasse que la France d'une guerre qui durait depuis neuf ans, et qui, malgré ses triomphes maritimes, ruinait ses finances et son commerce; elle se voyait menacée dans son île même par la réunion à Boulogne d'une flottille de débarquement. Aussi consentit-elle enfin à la paix. Le traité d'Amiens fut signé le 25 mars 1802. L'Angleterre rendit à la France et à ses alliés toutes les colonies dont elle s'était emparée, excepté l'île espagnole de la Trinité et l'île hollandaise de Ceylan. L'Égypte fut restituée à la Turquie, Malte dut faire retour à l'ordre de Saint-Jean. Les Français retirèrent leur garnison de Tarente.

Expédition de Saint-Domingue. — Le premier consul voulut profiter de la paix maritime pour rétablir l'autorité de la France dans l'île de Saint-Domingue. Une guerre terrible y avait éclaté, après l'abolition de l'esclavage par la Convention. Les noirs avaient incendié les plantations, égorgé les planteurs et s'étaient rendus maîtres de l'île. Leur chef, Toussaint Louverture, était un homme d'une haute intelligence; il parvint à rétablir l'ordre dans la colonie et à lui rendre une partie de sa prospérité; mais, tout en se donnant comme le représentant de la France, il faisait de Saint-Domingue une république indépendante, dont il prenait le gouvernement à vie. Il s'appelait lui-même le *Bonaparte des noirs*. Le premier consul envoya contre lui une expédition commandée par le général Leclerc, mari de sa sœur Pauline. Toussaint souleva les noirs qui recommencèrent le massacre des blancs et les incendies, et il fit une résistance énergique dans les mornes de l'île; il fut pris cependant et envoyé en France, où il mourut au château de Joux. Mais la fièvre jaune décima nos troupes; Leclerc succomba, et la rupture de la paix d'Amiens ayant empêché l'arrivée des renforts, l'île conserva son indépendance. Un lieutenant de Toussaint, Dessalines, y fonda, en 1804, un État noir sous le nom de république, puis d'empire d'Haïti.

Travaux publics. — Les travaux de la guerre ne suspendirent pas l'œuvre de réorganisation intérieure. La Révolution avait fait des ruines qu'il était urgent de relever, commencé des réformes qu'il fallait compléter. Bonaparte excita le développement de l'industrie et de l'agriculture, ranima le commerce par de nombreux travaux d'utilité publique : construction de ports, de ponts, de routes et de canaux. La confiance était revenue dès les premiers jours du consulat ; elle ramena avec elle la prospérité.

Le Concordat. — L'Église de France, proscrite par la Révolution, était peu à peu redevenue libre. Elle rentra en possession de son existence officielle par le concordat que Bonaparte signa avec le pape Pie VII (15 juillet 1801). Ce concordat ratifia l'aliénation des biens du clergé et reconnut une nouvelle division des diocèses ; il revint, pour les relations du pouvoir spirituel et du pouvoir temporel, aux conditions du concordat de François Ier. Le chef de l'État doit nommer les évêques qui reçoivent du pape l'investiture canonique. Le concordat fut inauguré solennellement le jour de Pâques de l'an 1802. Au concordat le premier consul ajouta, pour régler la police des cultes, les articles organiques, qui n'ont jamais obtenu la sanction de Rome.

À cette même époque, les Églises dissidentes furent organisées.

Le Code civil. L'Université. — Dès les premiers jours de la Révolution, l'Assemblée constituante avait ordonné la rédaction d'un code uniforme; mais les travaux, qui avaient commencé aussitôt, avaient été souvent interrompus. Ils reçurent une impulsion nouvelle sous le consulat, et produisirent le Code civil. De même, la réorganisation de l'enseignement public, proposée par la Convention, n'avait pas été pleinement exécutée. Le premier consul reprit cette œuvre, et, comme il voulait attacher les jeunes générations au nouvel ordre de choses, il réserva à l'État seul le droit d'enseigner. Il fit peu pour l'enseignement primaire; mais, dans l'enseignement secondaire, il convertit les écoles centrales en lycées, où les élèves furent internés et reçurent une éducation toute militaire. Plus tard il créa le corps enseignant de l'Université. A l'École polytechnique on ajouta l'École des ponts et chaussées et une école des arts mécaniques, qui devint l'École des arts et métiers de Châlons.

La Légion d'honneur. — L'ordre de la Légion d'honneur fut institué à la même époque, pour constater et récompenser par des distinctions le mérite civil et militaire. Une dotation fut attachée à chaque grade. « C'était, dit M. Thiers, une grande et nouvelle institution que celle qui tendait à placer sur la poitrine du simple soldat ou du savant modeste la même décoration qui devait figurer sur la poitrine des chefs d'armée, des princes et des rois. Si, pour les grands de l'ordre civil et militaire, elle pouvait bien n'être qu'une satisfaction de vanité, elle était, pour le simple soldat de retour dans ses champs, l'aisance du paysan en même temps que la preuve visible de l'héroïsme. »

Consulat à vie. — Les institutions du consulat rencontrèrent parfois une vive opposition au Tribunat et au Corps législatif; mais elles furent accueillies avec satisfaction, comme un élément d'ordre et de stabilité, par l'opinion publique, qui n'y voyait pas ce qui s'y trouvait souvent : un instrument de règne. Dès l'an 1802, une nouvelle constitution, celle de l'an x, conféra à Bonaparte le consulat à vie et affaiblit encore les pouvoirs publics qui gênaient son autorité. Deux ans après, il était empereur.

Rupture de la paix d'Amiens (1803). — Cependant les relations avec l'Angleterre étaient difficiles. Le peuple anglais n'avait pas retiré pour son commerce tous les avantages qu'il espérait de la paix d'Amiens, et il voyait avec jalousie le développement de la puissance française. De son côté le premier consul, dont l'ambition ne pouvait jamais être satisfaite, voulait régler en maître les affaires de l'Europe comme celles de la France. Il se fit proclamer président de la République italienne; il réunit à la France l'île d'Elbe et le Piémont; il occupa les États de Parme, laissés vacants par la mort du duc; il imposa à la Suisse, toujours déchirée par des discordes intestines, sa médiation et la protection de la France.

L'Angleterre répondit à ces actes d'autorité et d'usurpation par le refus d'évacuer Malte et le cap de Bonne-Espérance, contrairement au traité d'Amiens, et, un an après la conclusion de la paix, la guerre recommença pour ne se terminer qu'en 1815.

Le camp de Boulogne. La grande armée. — La rupture de la paix fit reprendre le projet d'une descente en Angleterre. Plus de deux mille bateaux plats furent réunis dans les ports de la Manche et de la mer du Nord pour jeter 150,000 hommes au delà du détroit. Les armées de la République furent réunies et refondues aux camps de Boulogne, d'Étaples, d'Ambleteuse, d'Ostende. Le premier consul améliora leur organisation, leur instruction et en fit la grande armée.

Tant que les armées avaient été peu nombreuses, l'unité stratégique pour le général en chef avait été la brigade; plus tard, ce fut la division; mais avec des armées de cent, deux cent mille hommes ou plus, cette unité de force trop éparse et trop multiple échappait à l'action du général en chef. Napoléon en créa une autre plus importante : le corps d'armée, qui rendit plus facile le maniement des troupes. Le corps d'armée se composa de trois divisions d'infanterie avec une brigade ou une division de cavalerie et une réserve d'artillerie; on créa aussi des réserves ou corps de cavalerie d'une composition analogue. La garde consulaire, devenue ensuite la garde impériale, forma une réserve d'élite qui ne devait donner qu'au moment propice pour décider le gain d'une journée.

D'autres réformes, moins importantes, il est vrai, furent accomplies à cette même époque ou un peu plus tard. On constitua militairement par bataillon le train du génie et le train de l'administration, comme avait été constitué, en 1800, le train de l'artillerie; on donna la cuirasse aux carabiniers et aux deux régiments de grosse cavalerie; et plus tard, quand on eut créé neuf régiments de chevau-légers lanciers, la cavalerie fut à la fois irrésistible dans le choc et terrible dans la poursuite. L'artillerie ne pouvait être négligée par un ancien officier de cette arme. Napoléon savait mieux que personne quelle en était la puissance pour le succès d'une bataille. Il en accrut le rôle à mesure surtout que ses vieux soldats disparurent dans des luttes incessantes, et qu'il fallut compenser par la supériorité du canon l'inexpérience des conscrits.

L'armée de Boulogne ne fut pas seulement modifiée dans son organisation et son matériel : elle dut aussi se plier aux exigences d'une discipline plus sévère, perdre le sans-gêne des armées de la République. Tantôt les soldats maniaient la pelle et la pioche pour les travaux de défense de la côte, tantôt ils faisaient l'exercice pour acquérir la prestesse et la précision des mouvements. Ils apprirent à combattre par le troisième rang, comme par le premier, à se former au besoin sur deux rangs, à exécuter des feux par rangs successifs; le tout avec des qualités manœuvrières bien rares dans nos armées. La différence est grande entre un soldat fait et un soldat qui ne l'est pas[1]. Les soldats du camp de Boulogne étaient vraiment faits. Éprouvés déjà pour la plupart, rompus aux fatigues et à la guerre, conduits par des officiers accomplis, dévoués à leur chef jusqu'au fanatisme et à l'adoration, ils formaient une troupe d'élite bien digne de son nom de grande armée.

Napoléon sut se servir avec un art incomparable de cet admirable instrument de guerre. Non seulement il aban-

(1) Thiers.

donna, comme l'avait déjà fait Frédéric II, le vieil ordre de bataille qui disposait l'armée en deux lignes composées chacune d'un corps d'infanterie au centre et de deux ailes de cavalerie, pour adapter au terrain les troupes et les différentes armes, mais il étendit la guerre à des espaces immenses. Il agit, comme l'avait voulu Carnot, par grandes masses, mais aussi par masses rapides. Habile à étudier sur les cartes la configuration du sol, il savait, avec l'instinct du génie, deviner le point où il fallait frapper l'ennemi, et, sans souci des places fortes qu'il laissait derrière lui, y porter ses troupes, avec une merveilleuse rapidité, de front ou par mouvement tournant. A l'audace des mouvements généraux, il joignait sur le terrain le coup d'œil sûr qui saisit le nœud stratégique d'une bataille pour en assurer le succès. Avec la grande armée, Napoléon porta l'art de la guerre à sa perfection.

Conspiration de Georges Cadoudal. Exécution du duc d'Enghien. — Au milieu des préparatifs de la lutte contre l'Angleterre, un parti d'émigrés réfugiés à Londres essaya de se débarrasser du premier consul par un assassinat.

Déjà, en 1800, quelques royalistes avaient tenté de le faire périr par l'explosion de la machine infernale, un tonneau plein de poudre et de projectiles, qui éclata sur son passage sans l'atteindre. En 1804, un ancien chef de chouans, Georges Cadoudal, forma contre sa vie un nouveau complot, auquel Pichegru prit part, et dans lequel Moreau se laissa impliquer, surtout par son silence. La conspiration fut découverte. Pichegru s'étrangla dans sa prison, Georges Cadoudal périt sur l'échafaud avec onze de ses complices, et Moreau fut condamné à deux ans de prison, qu'il put changer en un exil aux États-Unis. A ces châtiments, le premier consul voulut joindre une vengeance éclatante : pour terrifier les émigrés, il fit enlever du territoire de Bade un Bourbon, le duc d'Enghien, qu'il soupçonnait d'être du complot, et, après un jugement sommaire, le malheureux prince fut fusillé dans les fossés de Vincennes.

Le complot de Georges Cadoudal produisit en France une indignation généreuse, que les courtisans, qui devinaient la pensée secrète du maître, exploitèrent au profit de ses projets ambitieux. Les adresses, rédigées sous l'inspiration des fonctionnaires publics, devinrent des manifestations pour le rétablissement du gouvernement héréditaire. L'empire fut voté par le Tribunat, le Corps législatif et le Sénat. Le sénatus-consulte du 18 mai 1804, qui fut en réalité une constitution nouvelle, conféra à Napoléon Bonaparte la dignité impériale et en assura l'hérédité à sa famille, selon les règles consacrées par la loi salique.

SIXIÈME SÉANCE.

L'EMPIRE.

ÉTABLISSEMENT DE L'EMPIRE. — TROISIÈME COALITION. CAMPAGNE DE 1805. — ELCHINGEN. ULM. AUSTERLITZ. — TRAITÉ DE PRESBOURG. — QUATRIÈME COALITION. CAMPAGNE CONTRE LA PRUSSE. — IÉNA, AUERSTAEDT. — BLOCUS CONTINENTAL. — EYLAU, FRIEDLAND. — PAIX DE TILSITT. — GUERRE D'ESPAGNE. — CINQUIÈME COALITION. CAMPAGNE DE 1809 EN AUTRICHE. — ECKMUHL, ESSLING, WAGRAM. — TRAITÉ DE VIENNE.

En prenant place parmi les souverains de l'Europe, Napoléon voulut donner à son trône l'éclat des vieilles cours. Il créa ou rétablit pour son entourage les dignités fastueuses et les titres sonores; il y eut autour de lui des princes français, six grands dignitaires de l'empire, dont les attributions étaient purement honorifiques, une foule de grands officiers civils et plus tard toute une noblesse nouvelle de princes, de ducs, de comtes, de barons et de chevaliers. L'ancienne dignité de maréchal de France fut donnée aux plus illustres des lieutenants de Napoléon : Jourdan, Masséna, Augereau, Brune, Berthier, Lannes, Ney, Murat, Bessières, Moncey, Mortier, Soult, Davout et Bernadotte. Kellermann, Lefebvre, Pérignon et Serrurier furent nommés maréchaux honoraires.

Couronnement de Napoléon (2 décembre 1804). — Naɔoléon avait fait confirmer son élévation à l'empire par ın plébiscite. A la sanction de la nation, il voulut joindre elle de l'Église : il obtint du pape Pie VII qu'il vînt à Paris onsacrer la dynastie nouvelle et lui donner ainsi, aux eux de l'Europe, l'apparence de la légitimité. Le sacre ut lieu à Notre-Dame, le 2 décembre 1804, avec une ɔompe extraordinaire. La république Cisalpine suivit les lestinées de la France ; elle fut changée en royaume, et Iapoléon alla prendre à Milan la couronne de fer des rois ɔmbards et le titre de roi d'Italie (26 mai 1805). La épublique Ligurienne disparut, et Gênes fut réunie au erritoire de l'empire.

Cependant la grande armée, rassemblée au camp de Bouɔgne, attendait, pour tenter le passage du Pas-de-Calais, arrivée de la flotte de Villeneuve, qui était sortie du port e Toulon. Mais Villeneuve ne put arriver dans la Manche. près un combat à la hauteur du cap Finistère contre une artie de la flotte anglaise, il alla s'enfermer dans Cadix. 'empereur dut renoncer à l'espoir d'écraser l'Angleterre ans son île, et il essaya de la vaincre sur le continent.

Troisième coalition. Campagne de 1805. Ulm. — Pitt avait ıit de la cause de l'Angleterre la cause de l'équilibre ıropéen et formé la troisième coalition. La Russie et Autriche, effrayées des derniers empiétements de Napoɔon, s'unirent au cabinet de Londres pour enlever à la rance sa prépondérance continentale et soustraire à sa omination la Hollande, la Suisse et l'Italie. Elles entraîèrent dans leur alliance la Suède et Naples ; elles compıient sur le concours de la Prusse, qui, avant de se prononcer, attendit les événements. Du camp de Boulogne, Napoléon lança ses troupes sur l'Autriche, pour l'écraser avant l'arrivée des Russes. La guerre se fit au pas de course. L'Autrichien Mack, qui s'était avancé jusqu'à Ulm, attendait les Français au débouché de la Forêt-Noire, lorsqu'il les vit arriver sur ses derrières par le Jura franconien, en masses nombreuses, et lui fermer la route de Vienne. Comme Mélas à Marengo, il était tourné; comme lui, il dut changer de front et faire face du côté de l'Autriche. Ses troupes, battues en détail à Wertingen, à Elchingen, à Memmingen, etc., furent enveloppées dans un cercle de fer et réduites à capituler. De 80,000 Autrichiens, 20,000 seulement avaient échappé à la captivité ou à la mort, et la France n'avait payé ce magnifique résultat que d'une perte de 2,000 hommes. « C'est avec nos jambes, disaient les soldats, et non avec nos bras que l'empereur fait la guerre. »

Le lendemain de la capitulation d'Ulm réservait à la France un fâcheux retour de fortune : Villeneuve fut battu à Trafalgar par Nelson, qui périt dans la journée, et la marine française fut anéantie.

Bataille d'Austerlitz (2 décembre 1805). — Cependant Napoléon précipitait sa marche sur Vienne. Il battit en route quelques détachements ennemis, et, le 13 novembre, il entra dans la capitale de l'Autriche. Après avoir assuré ses communications, en laissant sur sa droite Masséna qui avait opéré dans la haute Italie contre l'archiduc Charles, il s'avança en Moravie contre l'armée austro-russe. Les trois empereurs se trouvèrent en présence sur

AUSTERLI[illegible]

Lösch
Schimitz
Spielberg
BRÜNN
Julienfenld
Kritschen
Route d'Olmutz
Bellowitz
Kimrowitz
Lattein
Czernowitz
Schlapanitz
Ober Gerpitz
Kl. Lattein
Puntowitz
Unter Gerpitz
Maximiliansdorf
Route de Vienne
Turas
Chirlitz
Soult
Medritz
Sokolnitz
Davoust
Ottmorau
Tellnitz
Davoust
Kl. Raigern
Raigern
Menitz
A. Serres, Cap[ne], et L. Gorce, Lieut[t].
Français { Au matin
A la fin de la bataille

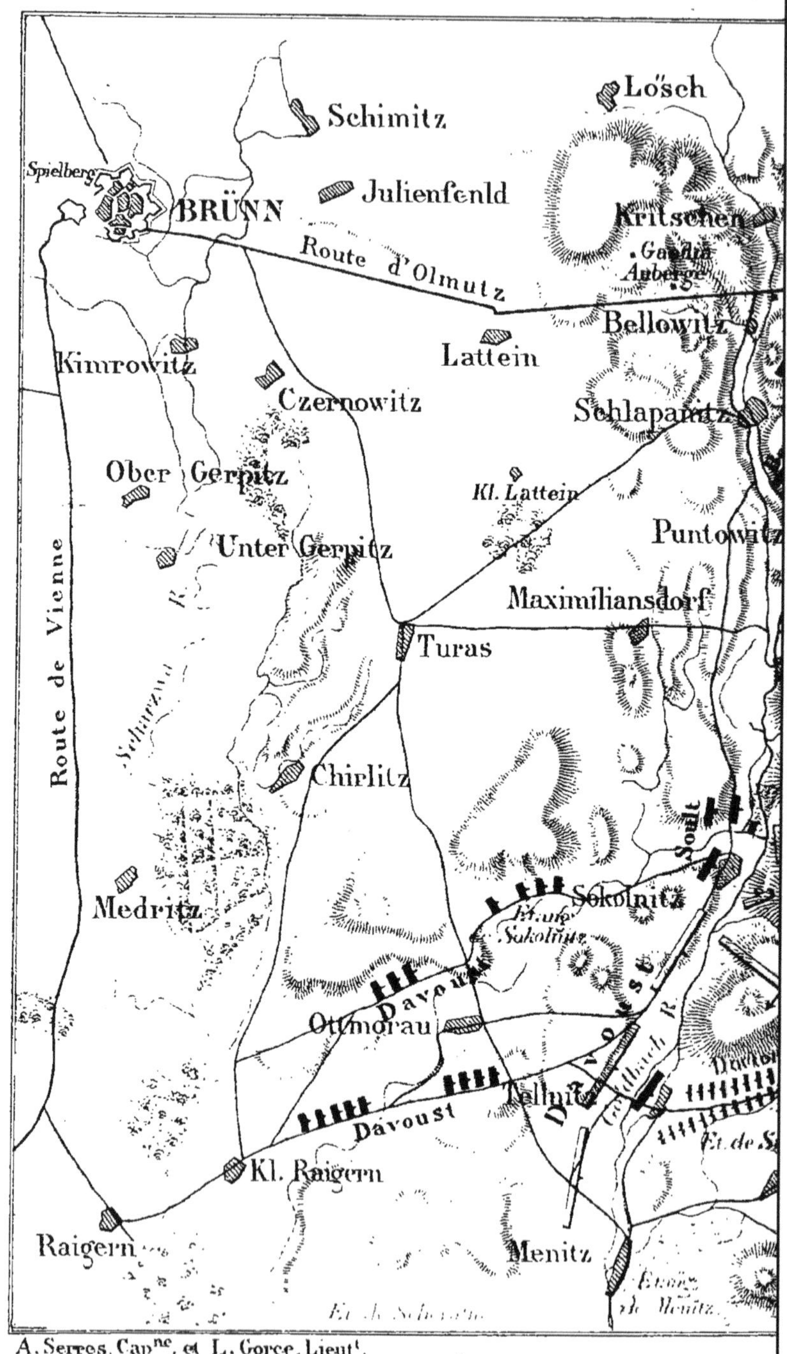

(2 Décembre 1805).

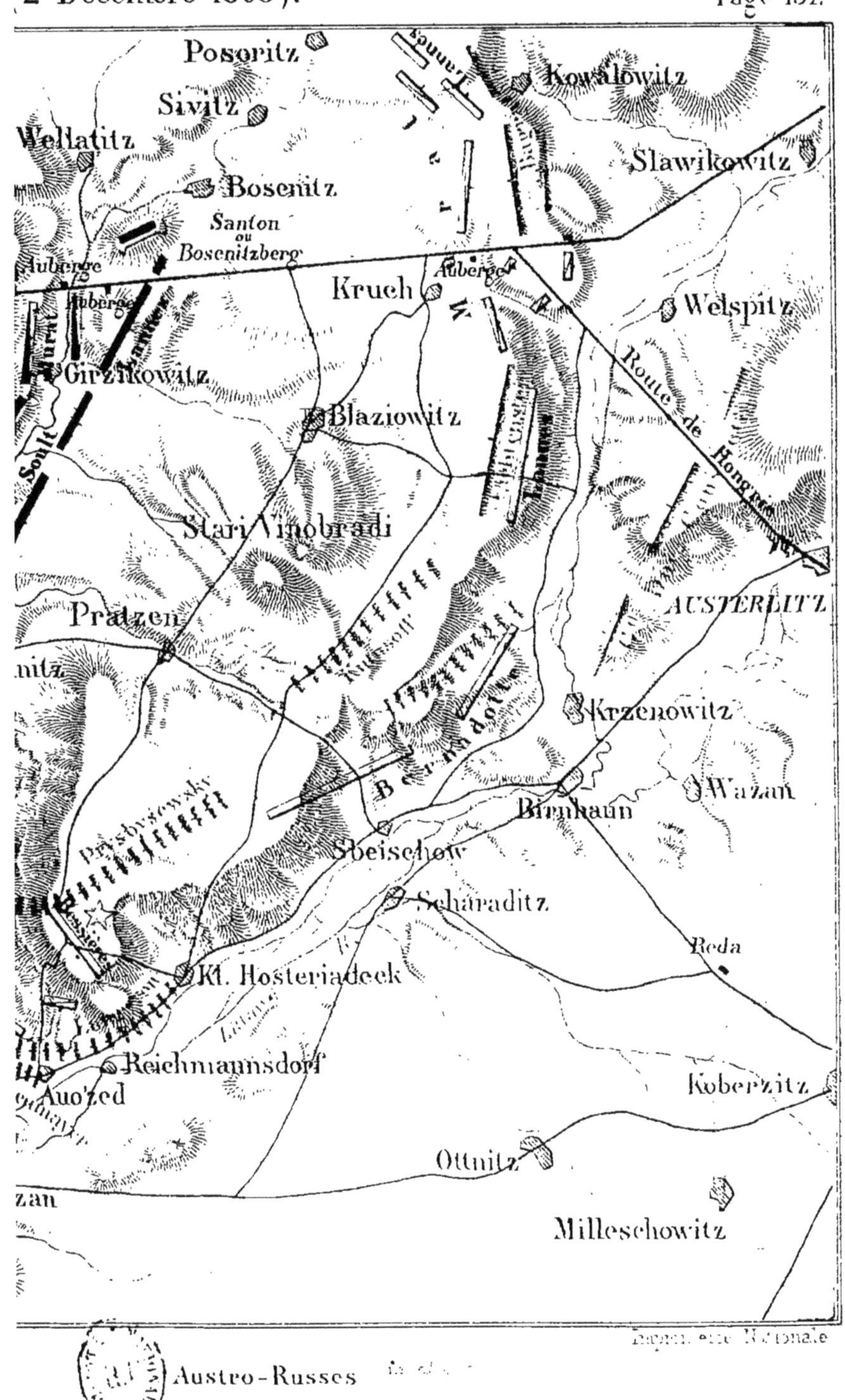

Austro-Russes

le champ de bataille d'Austerlitz. Malgré les derniers événements, l'état-major russe était plein de jactance et de présomption; il attribuait la défaite des Autrichiens à leur seule lâcheté, et il se flattait d'en finir avec les Français par une facile victoire. Napoléon encouragea ces sentiments par une feinte timidité : il fit des propositions d'accommodement qui furent repoussées, et il recula pour mieux choisir ses positions. La bataille se livra le 2 décembre 1805, anniversaire du couronnement. Les ennemis voulurent tourner l'armée française par son aile droite pour la rejeter en Bohême, où il serait aisé de l'anéantir; mais, en faisant ce mouvement, ils dégarnirent leur centre, qui occupait le plateau de Pratzen. Napoléon y porta ses principales forces, et la victoire fut gagnée. L'aile gauche de l'ennemi, serrée de toutes parts, fut écrasée; 2,000 hommes furent engloutis dans un étang dont les boulets français rompirent la glace. L'armée austro-russe avait perdu plus de 30,000 hommes, tués, blessés ou pris. Deux jours après, l'empereur François venait au bivouac de Napoléon demander un armistice, qui sauva les débris de l'armée russe, et la paix. Le traité de Presbourg, signé le 26 décembre 1805, enlevait à l'Autriche ses dernières possessions extérieures et l'entamait même en Allemagne : elle perdit la Vénétie, l'Istrie et la Dalmatie, le Tyrol et ses domaines en Souabe et en Brisgau.

États feudataires de l'Empire. — Napoléon profita de sa victoire pour remanier la carte de l'Europe. Il érigea en royaumes la Bavière et le Wurtemberg, en grand-duché le margraviat de Bade, et il forma entre ces souverains et les autres petits princes du midi et de l'ouest de l'Allemagne, une confédération du Rhin dont il fut le protecteur. La Confédération du Rhin se déclara séparée du corps germanique, et l'empire d'Allemagne cessa d'exister. A la même époque, Napoléon donna le royaume de Naples à son frère Joseph, le royaume de Hollande à son frère Louis; des principautés, des duchés, à ses beaux-frères et à ses généraux.

Négociations avec l'Angleterre. — Des négociations avaient été entamées avec l'Angleterre après la paix de Presbourg; elles ne purent aboutir; et à la guerre maritime contre l'Angleterre vint se joindre une nouvelle guerre continentale contre la Prusse soutenue de la Russie et de la Suède. La quatrième coalition se forma.

L'Empire. Campagne de Prusse. Quatrième coalition. Cause de la guerre de Prusse. — Depuis le traité de Bâle, la Prusse était restée en paix avec la France; mais, au début de la troisième coalition, elle avait vu une violation de sa neutralité et un affront pour elle dans le passage d'un corps français sur son territoire d'Anspach, et elle avait armé secrètement pour se joindre à nos ennemis. La journée d'Austerlitz avait changé ses dispositions; et même elle avait signé un traité d'alliance avec le vainqueur, en acceptant de lui le Hanovre, qui appartenait à la maison régnante d'Angleterre, en échange d'Anspach, de Neufchâtel et de Clèves. La conduite de la cour de Berlin avait été sévèrement jugée à Londres, et Fox l'avait accusée en plein Parlement « d'unir la bassesse de la ser-

IENA (

A. Serres, Cap^ne, et L. Gorce, Lieut^t.

Français { Au matin
Vers 11^h

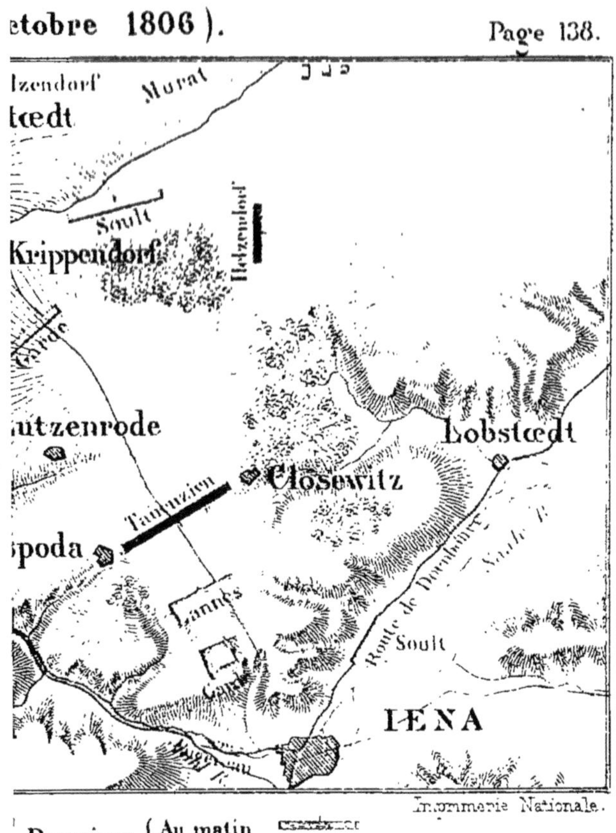

ctobre 1806).
Page 138.
lzendorf
Murat
tœdt
Soult
Krippendorf
Holzendorf
Garde
utzenrode
Closewitz
Lobstœdt
Tauenzien
spoda
Lannes
Route de Dornburg
Saale R.
Soult
IENA
Imprimerie Nationale.
Prussiens { Au matin
Vers 11h

AUERSTAEDT (14 Octobre 1806).

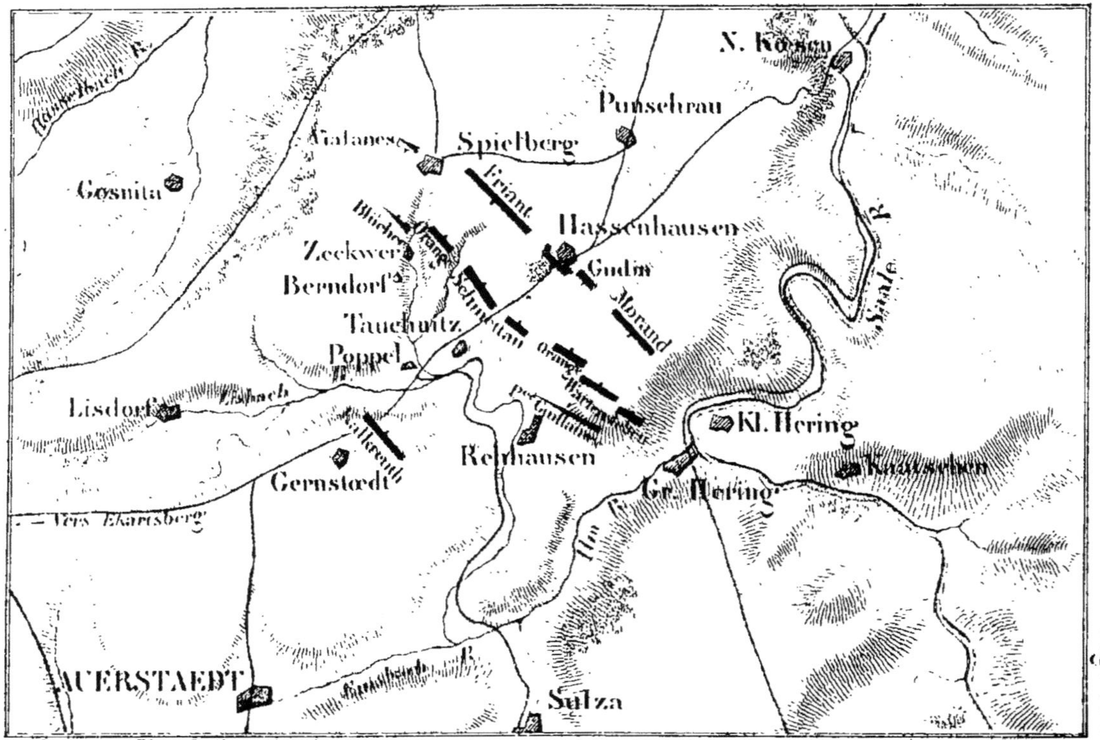

A. Serres, Cap^{ne}, et L. Gorce, Lieut.

Imprimerie Nationale

Français — Prussiens —

vilité à l'odieux de la rapacité. » Mais la possession du Hanovre « consolait de tout, servait de remède à tout. » Cependant la Prusse s'inquiéta de la formation de la Confédération du Rhin, qui établissait la prépondérance française en Allemagne ; elle s'irrita de ce que Napoléon mît obstacle à ce qu'elle-même formât une confédération semblable dans le nord ; elle se crut jouée lorsqu'elle apprit que, pendant les pourparlers engagés avec Fox, le gouvernement français avait promis la restitution du Hanovre à l'Angleterre ; enfin elle pensa que le souvenir de Frédéric II l'appelait à relever l'honneur germanique humilié, à sauver l'Allemagne et avec l'Allemagne l'Europe tout entière. Tout à coup l'orgueil prussien fit explosion ; l'armée, qui se croyait encore au temps de Rosbach, demanda la guerre à grands cris, les officiers allaient aiguiser leurs épées à la porte de l'ambassade de France, et la reine elle-même, vêtue d'un uniforme de dragon, se montrait aux revues pour provoquer l'enthousiasme. Le roi, plus calme et plus sage, dut céder à l'entraînement de la cour et de la nation : il somma Napoléon d'évacuer l'Allemagne, ce qui était une vraie déclaration de guerre, et, sans attendre les secours de la Russie et de la Suède, ses alliées, il entra en campagne. Les soldats prussiens ne se doutaient pas qu'on pût leur résister : ils se mirent en marche comme pour une fête, chantant et se couronnant de fleurs, et s'annonçant comme les vengeurs de l'Allemagne. Leur arrogance fut rudement châtiée.

Bataille d'Iéna et d'Auerstaedt (14 octobre 1806). —

Le duc de Brunswick et le prince de Hohenlohe, qui commandaient les deux armées prussiennes, voulurent imiter les grandes manœuvres de Napoléon, en se jetant dans la vallée du Mein pour tourner l'aile gauche de l'armée française, massée en Franconie, et la couper de ses communications avec le Rhin. Ils furent pris à leur propre piège, et tournés eux-mêmes. Pendant qu'ils s'avançaient avec une lenteur méthodique sur Weimar, Gotha et Eisenach, Napoléon pénétra vivement par les trois défilés parallèles du Franken-Wald dans la vallée de la Saale, déborda leur aile gauche et leur barra la route de Berlin. L'armée prussienne était coupée; elle dut changer de front, et, déjà démoralisée, combattre pour s'ouvrir un passage. Le corps de Hohenlohe fut écrasé à Iéna par Napoléon, pendant qu'à quelques lieues de distance, Brunswick, avec le gros de ses forces, était battu à Auerstaedt par Davoust. Les fuyards des deux armées vaincues, reculant en sens contraire, se confondirent dans une déroute indicible. Poursuivis avec vigueur par une marche oblique de nos troupes de la Saale à l'embouchure de l'Oder, ils ne tinrent nulle part et laissèrent les routes encombrées de leurs bagages et de leur artillerie. Une seule journée avait suffi pour écraser l'armée prussienne et pour renverser la monarchie de Frédéric II. Le 27 octobre, Napoléon fit une entrée triomphale à Berlin. « Soldats, disait-il dans une de ces proclamations qu'il adressait autant aux peuples du continent qu'à son armée, une des premières puissances militaires de l'Europe, qui osa naguère nous proposer une honteuse capitulation, est anéantie. Les forêts, les défilés de la Franconie, la Saale, l'Elbe, que nos pères n'eussent pas traversés en sept ans, nous les avons traversés en sept jours. Nous avons précédé à Berlin la renommée de nos victoires. Nous avons fait 60,000 prisonniers, pris 65 drapeaux, 600 pièces de canon, 3 forteresses, plus de 20 généraux. »

Blocus continental. — Le séjour de Napoléon à Berlin fut marqué par un acte important de sa vie politique, la déclaration du blocus continental. Le décret de Berlin (1806), que compléta l'édit de Milan (1807), avait pour objet de fermer le continent européen au commerce anglais. Il déclara les Îles Britanniques en état de blocus, interdit avec elles tout commerce et toute correspondance, ordonna de brûler toute marchandise anglaise trouvée sur le continent, de regarder comme anglais et de traiter comme tel tout bâtiment qui aurait touché aux côtes anglaises. Le blocus continental favorisa la naissance ou le développement en France de l'industrie des sucres de betterave, des fers et des tissus; mais il eut des conséquences politiques désastreuses. Il irrita les populations de l'Europe ruinées ou molestées par l'interdiction de tout commerce avec l'Angleterre, et il fournit à Napoléon un prétexte d'étendre ses conquêtes sur toute l'Europe, pour faire la chasse au commerce anglais.

Campagne de Pologne (1806-1807.) — Quand Napoléon fut maître de Berlin, il ne lui resta, pour en finir avec la monarchie prussienne, qu'à conquérir la Silésie, Dantzick et la Prusse propre. Mais, après Iéna comme après Ulm, la Russie vint au secours de son alliée vaincue. Pendant que Vandamme occupait la Silésie, que Lefebvre assiégeait Dantzick, qui se rendit le 26 mai 1807, la grande armée s'avança sur la Vistule au-devant des Russes. A son approche, la nation polonaise tressaillit; elle attendait des Français, qui n'avaient pu la secourir au siècle passé, sa résurrection politique. Mais Napoléon craignit que le rétablissement du royaume de Pologne ne rendît la paix impossible avec la Russie et n'armât immédiatement contre lui l'Autriche, qui déjà réunissait des troupes en Bohême. Il ne prit aucun engagement envers les Polonais et se contenta de les traiter en amis.

Bataille d'Eylau (8 février 1807). — Les Russes ne songèrent pas à défendre la ligne de la Vistule, mais ils résistèrent vigoureusement à Czarnovo, à Golymin, à Soldau, à Pultusk, et, quoique vaincus, ne perdirent aucune de ces grandes batailles qui décident d'une campagne. Napoléon, arrêté par les boues de la Pologne, dut prendre ses quartiers d'hiver et attendre le printemps pour poursuivre ses opérations. Mais, au mois de janvier 1807, le général russe Benningsen tenta d'enlever l'aile gauche de notre armée. Reçu vigoureusement et menacé d'être acculé à la Baltique, il recula jusqu'à Eylau. Là se livra, le 8 février 1807, au milieu d'une rafale de vent et de neige, une effroyable bataille. Un moment, les Russes arrivèrent jusqu'au cimetière d'Eylau, où Napoléon se tenait avec son état-major. « Nous laisseras-tu dévorer par ces gens-là? » dit-il à Murat. Une charge furieuse de cavalerie rompit les lignes ennemies. Benningsen abandonna le champ de bataille, où gisaient sur une neige ensanglantée 10,000 morts et 30,000 blessés. « Quel massacre! s'écriait Ney, et sans résultat! » Les Français n'avaient en effet conquis que le repos pour le reste de l'hiver.

Bataille de Friedland (14 juin 1807). *Traité de Tilsitt.* — La campagne d'été fut plus décisive. Benningsen, qui s'attribuait la victoire d'Eylau, avait repris l'offensive. Battu une première fois à Heilsberg, il se laissa acculer sur la rive gauche de l'Alle, à Friedland, et y fut écrasé le 14 juin 1807, anniversaire de Marengo. Quelques jours après, une entrevue eut lieu entre Napoléon et Alexandre, à Tilsitt, sur un radeau, au milieu du Niémen. Le czar était irrité de n'avoir reçu aucun secours efficace du cabinet britannique. « Je hais les Anglais autant que vous, » dit-il à Napoléon en l'abordant. — « En ce cas, lui fut-il répondu, la paix est faite. » Napoléon pensait que l'alliance de la Russie lui était nécessaire pour réduire les Anglais et « vaincre la mer par la terre. » Aussi fit-il tout pour séduire le czar et le gagner à sa cause. Il lui prodigua les compliments et les témoignages d'amitié; il lui permit, pour prix de son concours, de prendre une province suédoise, la Finlande, et deux provinces turques, la Moldavie et la Valachie. A ces conditions, la Russie abandonnait à la France les bouches du Cattaro et les îles Ioniennes et s'obligeait à fermer ses ports au commerce anglais.

Autant Napoléon s'était montré conciliant envers le czar, autant il se montra dur envers le roi de Prusse; la reine elle-même qui vint implorer la générosité du vainqueur, fut rudement repoussée. La Prusse conserva, comme par grâce, la Prusse propre, la Poméranie, le Brandebourg et la Silésie; elle perdit Dantzick, qui fut déclarée ville libre, la province polonaise de Posen avec Varsovie et toutes les provinces de l'ouest de l'Elbe. Elle paya, en outre, une forte contribution de guerre. Le grand-duché de Varsovie, formé des provinces polonaises de la Prusse, fut donné à l'électeur de Saxe, qui prit le titre de roi. Entre le Rhin et l'Elbe fut constitué le royaume de Westphalie pour Jérôme Bonaparte.

La Prusse sortait de cette lutte humiliée, à moitié détruite, mais pleine d'un ressentiment sauvage contre la France. Dès lors elle n'eut plus qu'une pensée, celle de la revanche; elle étudia les causes de sa défaite, réorganisa ses troupes sur une base nouvelle, améliora ses institutions sociales, et, tout en subissant le joug du vainqueur, se prépara en secret pour l'heure de la vengeance.

Grands travaux d'utilité publique. Les lettres, les arts et les sciences. — De retour à Paris, Napoléon imprima une vive impulsion aux travaux publics, il encouragea d'autant plus l'industrie qu'elle pouvait devenir une machine de guerre contre l'Angleterre. Il aurait voulu aussi donner à son règne l'éclat de la gloire littéraire, mais sous l'empire la littérature française demeura en général nulle et sans inspiration. Il y eut cependant quelques grands écrivains, mais ils vivaient en dehors de l'influence de Napoléon, souvent même en hostilité contre lui : Mme de Staël, fille de Necker, Chateaubriand, de Bonald, Maine de Biran, le Savoisien Joseph de Maistre et son frère Xavier.

La peinture eut plus d'éclat avec David, Gros, Girodet, Gérard, Guérin, Prudhon; et les sciences, qui continuaient le mouvement de l'époque précédente, eurent vraiment alors, suivant l'expression de M. Duruy, leur siècle de Louis XIV.

GUERRE D'ESPAGNE. CAMPAGNE DE 1809 EN AUTRICHE.

La paix conclue au Nord, Napoléon tourna ses armes contre le Midi. La péninsule Iberique tentait son insatiable ambition; il voulut lui imposer le blocus continental et l'enchaîner à son système dynastique.

Occupation du Portugal (1807). — Le Portugal ayant refusé de se soumettre aux exigences du blocus continental, Napoléon conclut avec l'Espagne le traité de Fontainebleau pour le partage de la monarchie portugaise, et Junot fut envoyé au delà des Pyrénées avec 23,000 hommes. Il avait ordre de s'avancer à marches forcées sur Lisbonne pour surprendre les Portugais sans défense, et de s'annoncer comme leur défenseur contre les Anglais. Nulle part il ne trouva de résistance, mais ses soldats eurent cruellement à souffrir de la fatigue et de la faim, en traversant les montagnes qui séparent l'Espagne du Portugal. Junot, pour arriver plus vite, avait pris les chemins les plus courts, mais aussi les plus abrupts et les plus déserts; il laissa derrière lui une foule de traînards, qui le rejoignirent ensuite, et il n'arriva devant Lisbonne qu'avec 1,500 soldats, à demi-nus et exténués. Mais telle était la terreur qu'inspiraient les armes de Napoléon, que cette ville ouvrit ses portes sans coup férir. Trois jours auparavant, la maison royale de Bragance s'était enfuie au Brésil. Junot fut nommé gouverneur général du Portugal, avec le titre de duc d'Abrantès.

Entrée des Français en Espagne. — L'envahissement du Portugal servit à préparer celui de l'Espagne. Napoléon résolut de mettre la main sur ce pays, bien qu'il n'eût aucun grief sérieux à invoquer contre le gouvernement espagnol. Les discordes de la famille royale servirent ses projets. A propos d'un indigne favori, Godoï, prince de la Paix, il y avait lutte entre l'héritier du trône Ferdinand et son père Charles IV. Napoléon, invoqué par eux comme arbitre, les appela à Bayonne, leur arracha une abdication à l'un et à l'autre, pendant qu'une armée française, commandée par Murat, pénétrait jusqu'à Madrid puis il donna à son frère Joseph le royaume d'Espagne. Murat reçut la couronne de Naples.

Insurrection générale en Espagne (1808). — La fourberie de Napoléon avait eu bon marché de la faiblesse de deux princes ineptes; mais il était moins facile de vaincre la résistance du peuple espagnol. Quand l'odieuse comédie de Bayonne fut connue en Espagne, la douleur et l'indignation y furent générales. Le peuple tout entier se leva pour défendre son indépendance et sa dignité. Vainement Napoléon promit d'utiles réformes, on ne voulut point des dons d'un ennemi. Le clergé, qui croyait l'Église menacée, prêcha la guerre, et l'enthousiasme religieux se joignit à l'enthousiasme patriotique pour rendre l'élan universel et irrésistible. Le génie stratégique de Napoléon devint impuissant contre le soulèvement de tout un peuple. Quand les armées espagnoles étaient vaincues ou dispersées, elles se reformaient à quelques lieues du champ de bataille, en bandes peu nombreuses, pour reprendre la lutte isolément; chaque ravin cachait une embuscade; chaque rocher, un ennemi prêt à frapper nos courriers, nos traînards, nos blessés; chaque maison devenait une forteresse. Le sol de l'Espagne, avec son chaos de montagnes, de plaines nues ou couvertes de genêts, de ruisseaux encaissés, ses routes rares et mal entretenues, était éminemment propre à cette lutte de guérillas. La grande armée y périt en détail, sans profit comme sans gloire; et c'est du côté des Pyrénées que commença, à l'heure de nos désastres, l'invasion de notre pays. La guerre d'Espagne fut, selon Napoléon lui-même, la cause première des malheurs de la France.

En quelques jours l'insurrection s'était étendue sur tout le pays. Bessières, par la victoire de Rio-Seco, ouvrit à Joseph les portes de Madrid; mais Dupont, qui s'était avancé jusqu'en Andalousie, fut obligé de reculer devant des forces supérieures. Cerné dans les défilés de la sierra Morena, il signa à Baylen une capitulation en rase campagne. Ses soldats prisonniers devaient être conduits par mer en France; on les transporta dans l'île de Cabrera, où beaucoup périrent de misère (1808).

La capitulation de Baylen exalta le courage des Espagnols et ranima l'espoir de tous les ennemis de Napoléon. Joseph dut quitter Madrid et se réfugier derrière l'Èbre; une armée anglaise, commandée par Arthur Wellesley, qui devint plus tard lord Wellington, battit Junot à Vimeiro et l'obligea, par la capitulation de Cintra, à évacuer le Portugal (1808).

Napoléon en Espagne (1808). — Les événements réclamaient la présence de Napoléon en Espagne. Il renouvela, dans une entrevue à Erfurth avec le czar Alexandre, les engagements de Tilsitt, afin d'effrayer l'Autriche, dont l'attitude était douteuse, et, quand il crut scellée l'alliance des deux empires, il franchit les Pyrénées. L'armée d'Espagne, grossie de renforts appelés d'Allemagne, comptait 250,000 hommes; elle fut partout victorieuse, à Burgos, à Espinosa, à Tudela, au défilé de Somo-Sierra, que les chevau-légers polonais enlevèrent par une charge impétueuse, et Napoléon entra à Madrid. Les réformes qu'il annonça ne désarmèrent pas l'insurrection.

Principaux événements de la guerre d'Espagne. — Pendant que Saint-Cyr faisait la conquête de la Catalogne, Napoléon dirigea Soult contre l'armée anglaise de Moore, qui, du Portugal, avait pénétré en Castille et qui se retirait sur la Galice. Les Anglais, serrés de près, perdirent leur général dans un combat meurtrier sous les murs de la Corogne, mais ils purent échapper aux Français et s'embarquer. Napoléon ayant été en ce moment rappelé de la péninsule par les événements d'Allemagne, la direction de la guerre fut abandonnée à ses lieutenants. L'unité de commandement fit défaut; elle était cependant nécessaire là plus qu'ailleurs pour combattre des efforts qui se dispersaient, comme l'insurrection, sur tous les points du territoire. Il n'y eut nulle entente entre les généraux, qui se jalousaient; les succès de l'un furent compromis par l'inaction ou les revers de l'autre. La guerre se prolongea ainsi jusqu'aux derniers jours de l'empire. Elle fut surtout marquée par le siège de Saragosse, où Palafox résista héroïquement à l'armée de Lannes et ne rendit qu'une ville en ruine; par deux expéditions malheureuses en Portugal, l'une de Soult, en 1809; l'autre de Masséna, qui échoua, en 1810-1811, devant les lignes de Torrès-Védras; enfin, par les victoires de Wellington à Salamanque (1812) et à Vittoria (1813), qui amenèrent les Anglais et les Espagnols sur les bords de la Bidassoa.

Cinquième coalition. Campagne de 1809. — L'Autriche avait mis à profit la guerre d'Espagne pour tenter de réparer ses désastres et d'échapper aux souffrances du blocus continental. Elle voyait une partie de la grande armée occupée dans la péninsule; elle savait l'Allemagne agitée par des sociétés secrètes et prête à se soulever; l'Angleterre lui promettait des subsides et une diversion puissante dans les Pays-Bas; la Russie, sa neutralité secrète. Elle fit des armements qui provoquèrent une explication assez vive de Napoléon avec son ambassadeur à Paris, M. de Metternich, et la guerre commença. C'est la cinquième coalition. L'Autriche avait pour alliés l'Angleterre, l'Espagne et le Portugal. Elle avait mis sur pied trois armées qui devaient opérer sur le Danube, en Italie, en Galicie. C'est sur le Danube que se portèrent les grands coups.

Bataille de Ratisbonne (avril 1809). — L'archiduc Charles

franchit l'Inn le 10 avril et se porta sur Ratisbonne, dans l'espoir de surprendre en voie de formation l'armée française, qui se trouvait partagée en deux corps: l'un à Ratisbonne, sous Davoust; l'autre à Augsbourg, sous Masséna. Mais la lenteur de sa marche permit à Napoléon de réunir à temps ses deux lieutenants sur le plateau d'Abensberg. Quand l'armée française fut concentrée, elle prit une vigoureuse offensive; elle battit l'armée autrichienne, dans une bataille de cinq jours, à Tengen, à Abensberg, à Landshut, à Eckmühl, à Ratisbonne, et la rejeta sur la rive gauche du Danube, diminuée de plus de 40,000 hommes morts, blessés ou prisonniers. Quelques jours plus tard, elle arrivait devant Vienne, qui ouvrit ses portes après un court bombardement.

Bataille d'Essling (mai 1809). — De l'autre côté du Danube se trouvait l'armée de l'archiduc Charles, forte encore de 100,000 hommes. Napoléon voulait l'atteindre, mais il n'osa franchir un grand fleuve et livrer une bataille en ayant à dos une ville ennemie, dont la population pourrait se soulever au moindre recul de nos troupes et compromettre la journée. Il choisit, pour effectuer le passage, à deux lieues en aval de Vienne, un point où le fleuve, partagé en quatre bras, enserre trois îles dont la plus importante, l'île de Lobau, n'est séparée de la rive gauche que par un courant large de 100 à 140 mètres.

Napoléon, qui d'ordinaire calculait avec tant de soin les chances bonnes ou mauvaises de chacune de ses opérations militaires, manqua cette fois de prudence. Il tenta le passage du Danube dans une saison où la fonte des

WAGRAM (

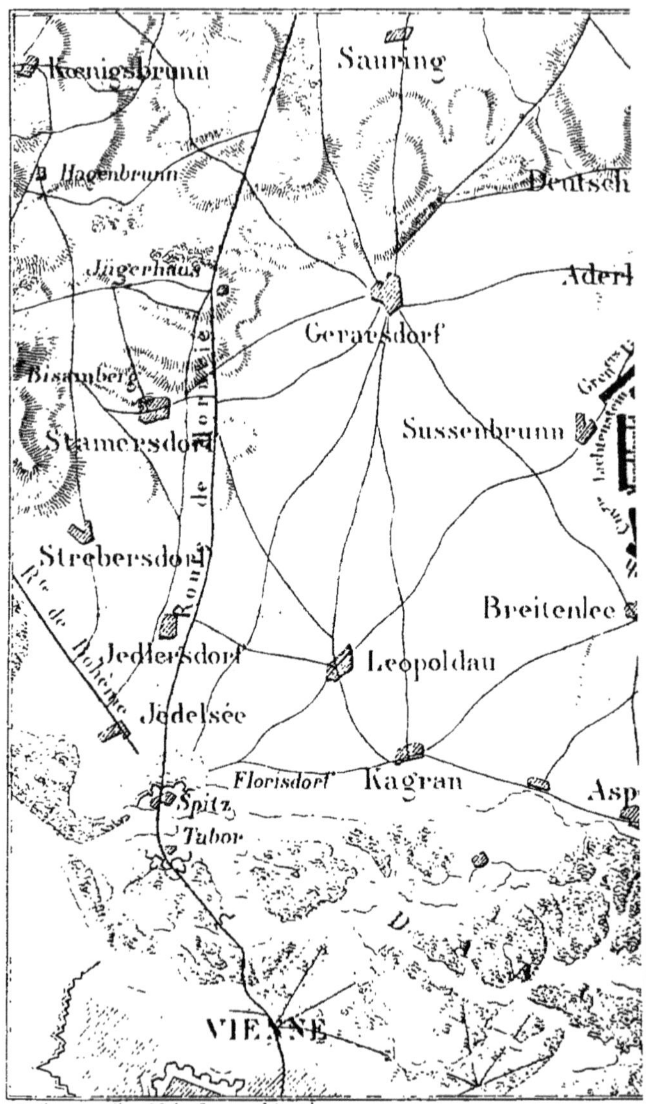

A. Serres, Cap[ne], L. Goree, Lieut[t].

Français { Le 5 à midi
Le 6 à midi

5 Juillet 1809).

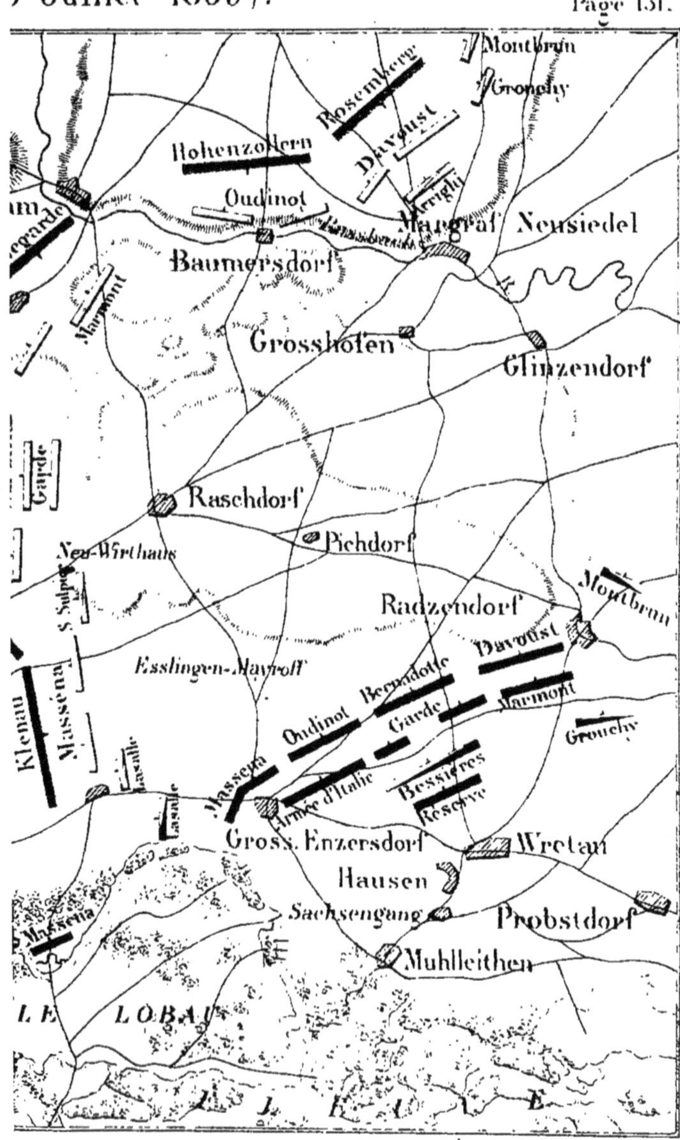

Autrichiens le 6 à midi

neiges y produit souvent des crues subites et redoutables. Une partie seulement de ses troupes était sur la rive gauche du fleuve et avait occupé les villages d'Essling et d'Aspern, lorsque le pont qui unissait l'île de Lobau à la rive droite fut rompu par le courant. Les Autrichiens attaquèrent avec fureur nos soldats, qui étaient inférieurs en nombre, qui avaient peu d'artillerie et qui bientôt manquèrent de munitions; ils ne purent cependant les jeter dans le fleuve. Les Français maintinrent leurs positions. Couchés à plat ventre pour éviter la mitraille et les boulets, ils se relevaient, pour charger à la baïonnette, quand l'ennemi s'approchait. La nuit venue, après une lutte qui avait duré trente heures (21-22 mai), ils rentrèrent dans l'île de Lobau. Ces terribles journées avaient mis hors de combat plus de 40,000 hommes, dont 20,000 Français, et, parmi eux, l'un des plus braves lieutenants de Napoléon, le maréchal Lannes.

Bataille de Wagram (juillet 1809). — L'échec des Français à Essling révéla les dispositions de l'esprit public en Allemagne. Un fils du duc de Brunswick, avec ses *soldats de la Mort*, le Prussien Schill et d'autres chefs d'aventuriers agitèrent et coururent le pays. La peur fut cependant plus forte que l'espérance, et ces tentatives de soulèvement furent réprimées. Mais le Tyrol devint une autre Espagne pour nos troupes; un aubergiste patriote, André Hofer, y prolongea la résistance jusqu'à la conclusion de la paix de Vienne. Napoléon avait besoin d'un grand succès pour calmer l'agitation des esprits; il le prépara avec une prodigieuse activité. Il appela à lui l'armée d'Italie, qui, battue d'abord à Sacile, avait ensuite repris l'offensive et refoulé l'archiduc Jean jusqu'en Hongrie; il concentra toutes ses troupes; il transforma l'île de Lobau en un vaste camp retranché et fit construire, outre un pont de bateaux, un pont sur pilotis. Le passage s'opéra dans la nuit du 4 au 5 juillet, sans que rien vînt gêner les dispositions prises, et les positions fortifiées des Autrichiens à Essling furent tournées. Le 6, la grande bataille s'engagea sur les hauteurs de Wagram. Après une lutte plus meurtrière que celle d'Essling, l'armée autrichienne fut vaincue, et l'archiduc Charles, incapable de prolonger la lutte, signa l'armistice de Znaïm (11 juillet). Après trois mois de négociations, la paix fut conclue par le traité de Vienne. L'Autriche abandonna Salzbourg, qui passa à la Bavière; la Galicie, qui fut partagée entre le grand-duché de Varsovie et la Russie; et, sur les bords de l'Adriatique, divers territoires, qui formèrent les provinces d'Illyrie.

Mariage de Napoléon avec Marie-Louise. — Après sa campagne de Wagram, Napoléon croyait plus que jamais à la durée de son œuvre, mais il n'avait pas de fils à qui il pût transmettre son héritage. Il fit casser son mariage avec Joséphine pour épouser l'archiduchesse d'Autriche, Marie-Louise. Le 20 mars 1811 il lui naquit un fils, qui reçut le nom de roi de Rome.

État de l'empire en 1810. — A cette époque, l'empire avait atteint sa plus grande étendue. Il débordait bien au delà des limites naturelles de la France et comprenait des départements situés sur les bords du Tibre, du Weser et de l'Elbe. Rome avait été réunie à la France en 1809, pendant que le pape Pie VII était transporté captif à Fontainebleau; en 1810, la Hollande avait été enlevée au roi Louis et partagée en départements français; enfin une grande partie de l'Europe occidentale était sous la dépendance directe ou indirecte de Napoléon. Mais cet immense empire, qui ne s'était élevé qu'en faisant violence à la géographie, à l'histoire et au droit des peuples, était condamné à une chute prochaine. La France elle-même commençait à se détacher de l'empereur, parce qu'elle souffrait de l'absence de toute liberté et qu'elle était lasse de guerres sans cesse renaissantes.

SEPTIÈME SÉANCE.

Campagne de 1812 en Russie. — Bataille de la Moscowa. — Incendie de Moscou. — Campagne de 1813. — Lutzen. — Bautzen. — Dresde. — Désastre de Leipsick. — Campagne de France en 1814. — Brienne. — Champaubert. — Montmirail. — Bataille de Paris. — Bataille de Toulouse. — Abdication de Napoléon. — Premier traité de Paris. — Première restauration. — Les Cent Jours. — Ligny. — Waterloo. — Deuxième traité de Paris. — Frontière française.

Causes de la guerre de Russie. — On peut attribuer à la guerre de Russie trois causes principales : 1° la crainte que causait au czar Alexandre le développement exagéré de l'empire français, dont la puissance pouvait devenir préjudiciable à l'empire russe; 2° l'inimitié de ce prince contre la Révolution française, dont il voyait le représentant dans Napoléon, et le ressentiment des spoliations et des hontes subies par les vieilles familles princières de l'Europe; 3° enfin la gêne et les souffrances que le blocus continental imposait à ses sujets. Par un décret du 31 décembre 1810, il ouvrit ses ports aux marchandises de l'Angleterre et prohiba les produits industriels de la France. C'était rompre avec Napoléon.

La grande armée. — L'année 1811 se passa en négociations inutiles, et la guerre éclata en 1812. Napoléon mit sur pied une armée de 600,000 hommes. Formi-

CAMPAGNE

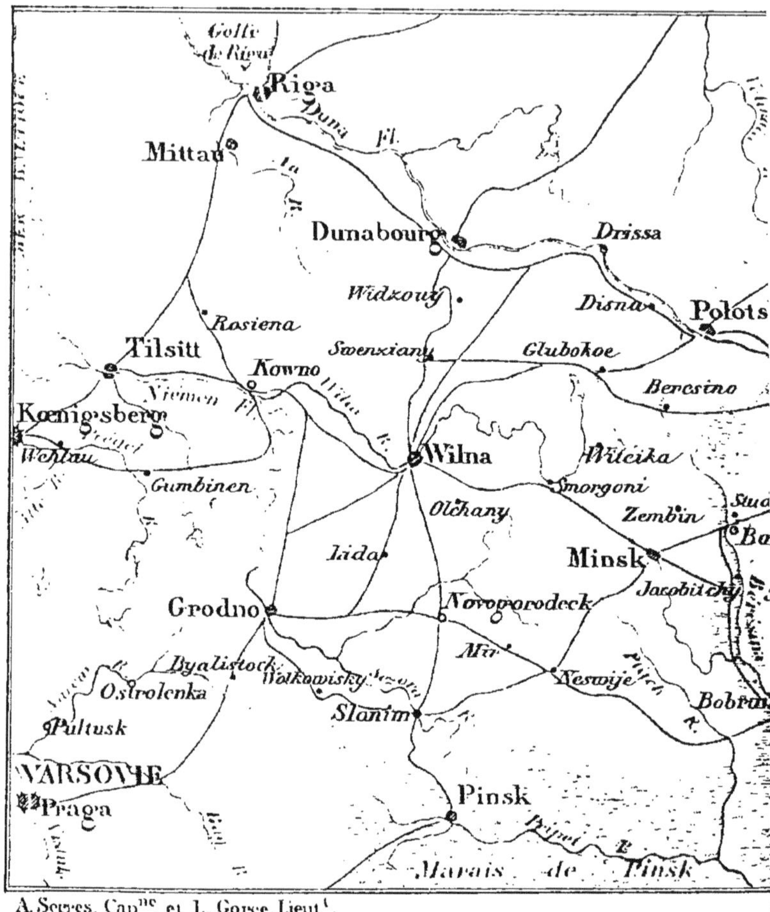

A. Serres, Cap^ne^, et L. Gorce, Lieut^t^.

RUSSIE (1812). Page 155.

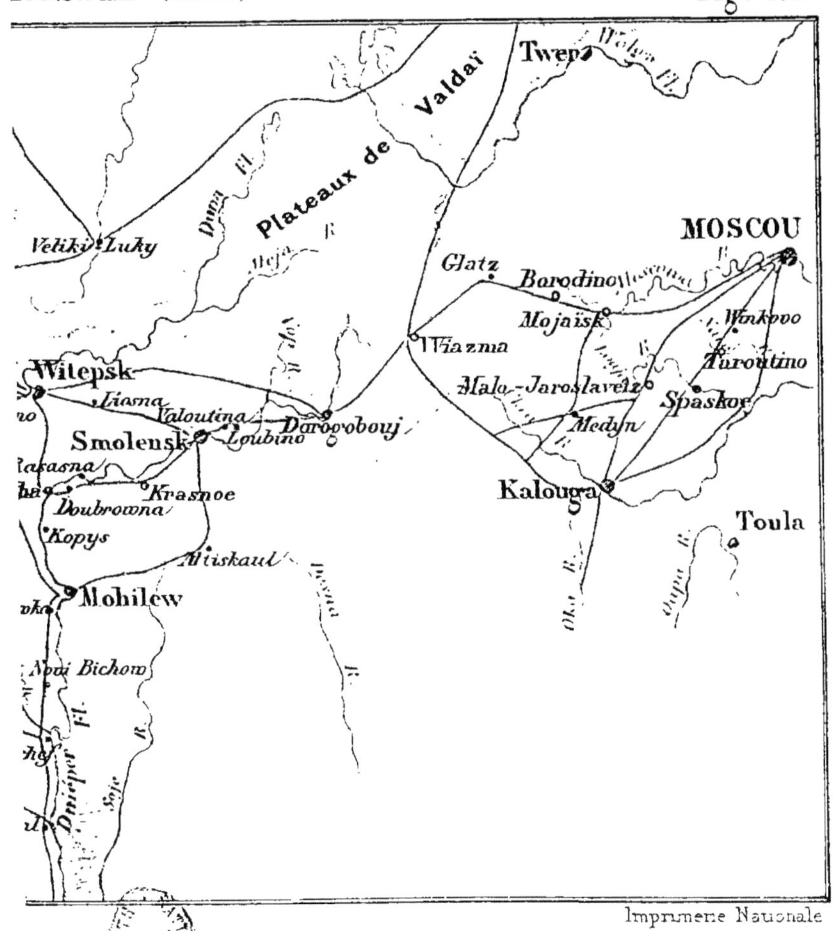

lable par le nombre, cette armée était bien inférieure à :elle du camp de Boulogne par sa discipline, son organi- ation et sa composition. Les soldats étaient, pour la plu-)art, des conscrits; beaucoup étaient des étrangers (Alle- nands, Polonais, Illyriens, Italiens, Suisses, Espagnols) jui combattaient sans zèle pour une cause qui n'était pas a leur, et qui saisissaient toute occasion de déserter les 'angs. La Prusse et l'Autriche fournirent des contingents jui furent placés : l'un à l'extrême gauche, l'autre à l'ex- rême droite de la grande armée. La France n'eut pas 'alliance des deux ennemies naturelles de la Russie : la Turquie et la Suède. La Turquie, sacrifiée à Tilsitt, con- :lut la paix avec le czar. La Suède avait pour prince :oyal un ancien lieutenant de Napoléon : Bernadotte; elle lemanda la Norvège pour prix de son concours, et, sur ın refus, elle traita avec la Russie.

Passage du Niémen. Bataille de la Moscowa (1812). — Napoléon, parti de Paris au mois de mai, s'arrêta un moment à Dresde, au milieu d'une cour de rois. Il ordonna le passage du Niémen à la fin de juin et dirigea ses troupes sur Moscou par le dos de pays qui donne naissance à la Dwina et au Dniéper, et qui forme la séparation du bassin de la mer Baltique et du bassin de la mer Noire. Il voulait se jeter entre les deux armées russes de Barclay de Tolly et de Bagration; repousser la première au nord de la Dwina, rejeter la seconde au sud dans les marais de Pinsk. Mais les premières opérations révélèrent les difficultés de cette lointaine expédition : les transports étaient insuffisants, les vivres manquaient, les soldats se débandaient pour marauder; beaucoup succombèrent à la dysenterie. Il fallut s'arrêter à Vilna, pour donner à l'armée un repos nécessaire, et les Russes échappèrent au danger d'une destruction complète. Ils reculèrent, mais en livrant de vigoureux combats d'arrière-garde à Witepsk, à Smolensk, à Valoutina, et ils entraînèrent à leur suite Napoléon, qui se berçait de l'espoir toujours trompé de frapper un coup décisif. Derrière eux ils laissaient des villes incendiées, des villages déserts, un pays dévasté et sans ressources. Cependant le peuple russe voulait qu'on défendît la ville sainte de Moscou. Le czar remit le commandement en chef de son armée à Kutusof, qui attendit les Français sur le plateau de Borodino, non loin de la Moscowa, à l'abri de redoutes formidables. La lutte fut horriblement meurtrière. Les Français combattirent avec leur fougue habituelle, les Russes avec une ténacité héroïque. Enfin l'armée russe se retira vaincue, mutilée, mais sans perdre ni canon, ni drapeau, ni prisonnier; elle laissait sur le terrain 60,000 hommes, tués ou blessés. La victoire coûtait aux Français 30,000 hommes hors de combat.

Les Français à Moscou. — L'armée française entra à Moscou le 14 septembre, croyant y trouver la fin de ses maux; mais un incendie allumé le lendemain par l'ordre du gouverneur Rostopchine détruisit la ville, et toute espérance sérieuse de paix s'évanouit. « Ceux qui ont brûlé Moscou ne sont pas gens à demander la paix, » disait Napoléon lui-même, et cependant il voulut entamer des négociations. Ses propositions ayant été repoussées, il songea à la retraite. Mais il était déjà trop tard. L'hiver, qui s'annonçait précoce et terrible, promettait aux Russes un utile allié; Kutusof menaçait de tourner Moscou par le sud-ouest, et ses deux lieutenants, Wittgenstein avec l'armée de la Baltique, Tchitchagof avec l'armée de Moldavie, s'avançaient pour fermer le passage de la Bérésina.

Retraite de Moscou. — L'armée française quitta Moscou le 19 octobre. Elle comptait encore 100,000 soldats; mais elle traînait derrière elle une longue file de chariots chargés de matériel et de bagages et une multitude d'employés, de malades, de résidants français en Russie qui se retiraient avec femmes et enfants : encombrement dangereux, troupe inutile, qui devaient ralentir la marche et accroître le désastre. Napoléon voulut s'ouvrir la route de Smolensk par Kalouga, et il battit les Russes à Malo-Jaroslawetz; mais la pensée des combats qu'il aurait encore à livrer le décida à reprendre la route de Mojaïsk, qu'il avait suivie dans sa marche en avant, et qui, épuisée déjà par le passage de deux armées, ne pouvait offrir aucune ressource. Dès les premiers jours, on souffrit de la faim et, bientôt après, de la neige et du froid. L'hiver moscovite fut terrible pour nos soldats; il pénétrait au travers de leurs légers vêtements et de leurs chaussures déchirées; leurs habits mouillés se gelaient sur eux. Beaucoup, épuisés, quittaient les rangs, jetaient leurs armes et se traînaient à la débandade derrière l'armée, jusqu'à ce qu'ils fussent enlevés par les cosaques ou que la mort les arrêtât au bord d'un chemin. Chaque matin on reconnaissait aux rangs plus serrés des cadavres les bivacs de la veille. On comptait se refaire à Smolensk; mais on n'y trouva ni les renforts espérés ni les vivres en quantité suffisante. Il fallut poursuivre une retraite que chaque jour de marche rendait plus désastreuse.

Passage de la Bérésina. — L'armée de Kutusof, qui avait longé le flanc gauche des Français, les avait devancés à Krasnoë. Il restait cependant autour de Napoléon des chefs héroïques et des soldats intrépides; ils s'ouvrirent le passage à coups de fusil et arrivèrent sur les bords de la Bérésina. Mais, devant eux, Wittgenstein et Tchitchagof allaient se rejoindre; derrière eux était Kutusof; et, par une cruelle ironie du sort, un court adoucissement de la température ajoutait encore aux difficultés de la situation : la Bérésina, grossie par la fonte des neiges, charriait d'énormes glaçons. Les pontonniers du général Eblé parvinrent cependant, au risque de leur vie, à construire deux ponts au gué de Studzianka, et l'armée passa, malgré tous les efforts des Russes, qui furent contenus ou repoussés. Mais, à l'approche des cosaques, la longue queue des traînards se précipita sur les ponts où tombaient déjà les boulets ennemis, se heurtant, se bousculant dans un désordre effroyable, écrasant les plus faibles ou les renversant dans le fleuve. On brûla les ponts pour arrêter l'ennemi, avant que toute cette foule de malheureux eût passé, et 12,000 à 15,000 d'entre eux furent faits prisonniers. Le passage de la Bérésina, qui résume toutes les horreurs de la retraite, est resté tristement célèbre.

Napoléon venait d'apprendre que le général républicain Malet avait essayé de renverser son gouvernement. Il résolut de se rendre aussitôt à Paris pour y prévenir la nouvelle de son désastre et hâter de nouveaux armements : à Smorgoni il quitta l'armée. Son départ enleva aux troupes le peu qui leur restait de courage, et l'intensité croissante du froid (le thermomètre descendit à 30 degrés Réaumur) acheva la désorganisation et la ruine de l'armée. Enfin une masse confuse d'hommes désarmés, exténués, en haillons d'uniformes, repassa le Niémen, qu'elle avait franchi dans un tout autre appareil six mois auparavant. À l'arrière-garde se tenait encore, un fusil en main, avec quelques centaines de braves, le maréchal Ney, dont rien n'avait pu briser l'énergie et le courage. La grande armée n'était plus. Elle avait laissé en Russie 300,000 hommes, morts ou captifs. C'était le froid et la faim, plus que les Russes, qui avaient vaincu nos soldats. Leur renom de valeur survécut à leur désastre; mais la réputation militaire du capitaine qui les avait lancés dans une expédition aventureuse, sans tenir assez compte des solitudes sans fin et du climat de la Russie, subit une grave atteinte.

Sixième coalition. — Le désastre de Russie rendit courage aux peuples de l'Allemagne que la crainte tenait asservis. Puisque Napoléon n'était plus invincible, ils pouvaient espérer de secouer une domination odieuse, et ils se soulevèrent en masse à l'appel de leurs princes qui leur promettaient des réformes libérales, au chant de leurs poètes qui célébraient la patrie allemande. La guerre prit ainsi un caractère plus dangereux, au moment où la France épuisée n'avait plus ni l'élan de 1792, ni la force nécessaire pour repousser une invasion. La sixième coalition, qui se forma alors, comprenait l'Angleterre, le Portugal, l'Espagne, la Russie, la Prusse et la Suède; l'Autriche armait pour s'y joindre.

Campagne d'Allemagne (1813). — La défection de la Prusse avait ramené les débris de l'expédition de Russie derrière la Saale. C'est là que Napoléon vint les rejoindre. Il avait obtenu du Sénat de nouvelles levées; mais, comme la génération des hommes faits était épuisée, il avait fallu enrôler des jeunes gens de dix-huit ans. Ces enfants, aussi braves sur le terrain que les vieux soldats, n'avaient pas le tempérament assez fort pour résister aux privations et aux fatigues d'une longue campagne. Napoléon avait devant lui une armée de Russes et de Prussiens, commandée par Wittgenstein et Blücher; il remporta sur elle la victoire de Lutzen, qui lui rendit la Saxe; et la victoire de Bautzen, qui le conduisit aux bords de l'Oder. Mais, dans ces deux rencontres, la lutte fut acharnée, les ennemis se retirèrent en faisant bonne contenance, et le vainqueur ne put les poursuivre, faute de cavalerie. Sur une offre de médiation faite par l'Autriche, l'armistice de Pleswitz suspendit les hostilités, et on parla d'ouvrir un congrès à Prague pour traiter de la paix. L'Autriche demandait, pour que la coalition déposât les armes, la suppression du grand-duché de Varsovie et de la confédération du Rhin, la reconstitution de la Prusse, l'abandon des villes hanséatiques et des provinces illyriennes. Ces conditions laissaient à la France plus de territoires que n'en demandait son intérêt bien compris. Mais Napoléon était aveuglé par l'orgueil. Ni la campagne de Russie ni une récente défaite de son armée d'Espagne à Vittoria ne suffirent à l'éclairer. Il se croyait encore assez fort pour vaincre : il voulait relever le prestige de ses armes, et, malgré le cri public de la France qui demandait la paix, il rejeta les propositions de l'Autriche, et les hostilités recommencèrent. L'Autriche se joignit à la coalition.

Batailles de Dresde et de Leipsick. — Les alliés purent alors mettre en ligne 500,000 hommes, divisés en armées du Nord, de Silésie et de Bohême, qui devaient s'avancer par un mouvement concentrique sur Dresde, pour y enserrer et y étouffer les Français. Napoléon vainquit encore l'armée de Bohême à Dresde, où Moreau, venu des États-Unis pour combattre sa patrie, fut tué dans les rangs ennemis; mais ses lieutenants furent battus sur tous les points : Vandamme à Kulm, Macdonald sur la Katzbach, Oudinot à Gross-Beeren, Ney à Dennewitz. En même temps, la Bavière et la Westphalie se soulevaient derrière lui. Napoléon, menacé d'être débordé à Dresde, se replia sur Leipsick. Il y concentra les différents corps de son armée, mais en laissant encore dans diverses places de l'Allemagne des garnisons nombreuses, qui devaient succomber isolément, sans profit pour la France. Il lui restait 175,000 hommes; les coalisés lui en opposèrent 350,000. La bataille de Leipsick, que les Allemands ont appelée *la bataille des nations*, dura trois jours. Les Français, écrasés par le nombre, trahis par les Saxons dans la lutte même, furent contraints de reculer. La retraite devint un désastre. On fit sauter trop tôt le pont de l'Elster, et une arrière-garde de 20,000 hommes, laissée sur la rive droite de la rivière, fut noyée en voulant fuir, tuée ou prise; 120,000 hommes avaient été frappés dans ces tristes journées.

Bataille de Hanau. — Sur la route du Rhin, l'armée française rencontra les Bavarois, qui voulaient l'arrêter; elle leur passa sur le corps à Hanau. Harcelée dans sa retraite par les troupes ennemies, maltraitée par les paysans, à qui l'on avait conseillé « les moyens les plus terribles comme les meilleurs, » elle arriva ruinée à Mayence et acheva de périr du typhus.

A la même époque, la Hollande se souleva et rappela ses anciens princes; l'armée de Wellington déboucha sur la Bidassoa, et Murat, qui cependant s'était bravement battu dans la campagne de 1813, courut à Naples, non pour y préparer des secours à la France, mais pour négocier un traité d'alliance avec l'Autriche.

CAMPAGNE DE FRANCE (1814).

La France restait intacte. Napoléon aurait pu la préserver d'une invasion, en acceptant comme bases fondamentales de la paix les frontières du Rhin, des Alpes et des Pyrénées, que lui proposaient les alliés. Il ne voulut pas croire à la sincérité de leurs offres, et il déclara qu'il fallait combattre encore une fois et combattre en désespérés. Mais la France était lasse, épuisée et prête à séparer sa cause de celle de l'empire; et, si le Sénat vota encore

CAMPAGNE 1

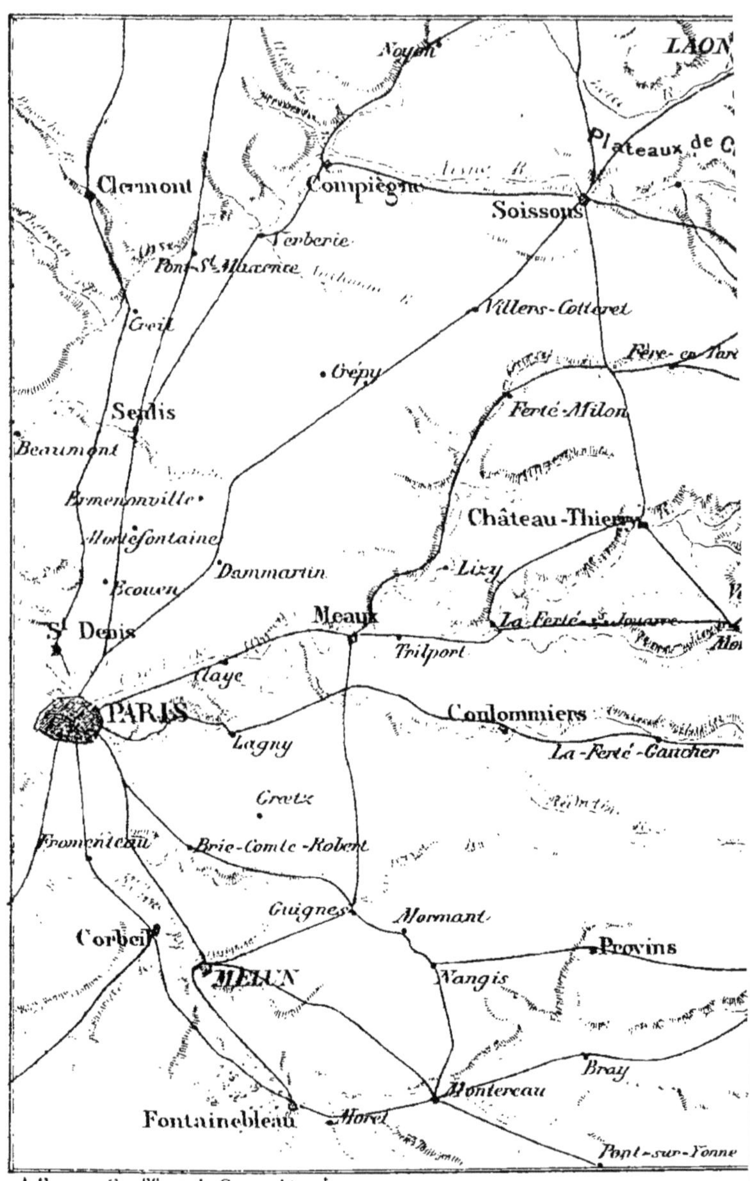

A. Serres, Cap^ne, et L. Gorce, Lieut^t.

RANCE (1814). Page 163.

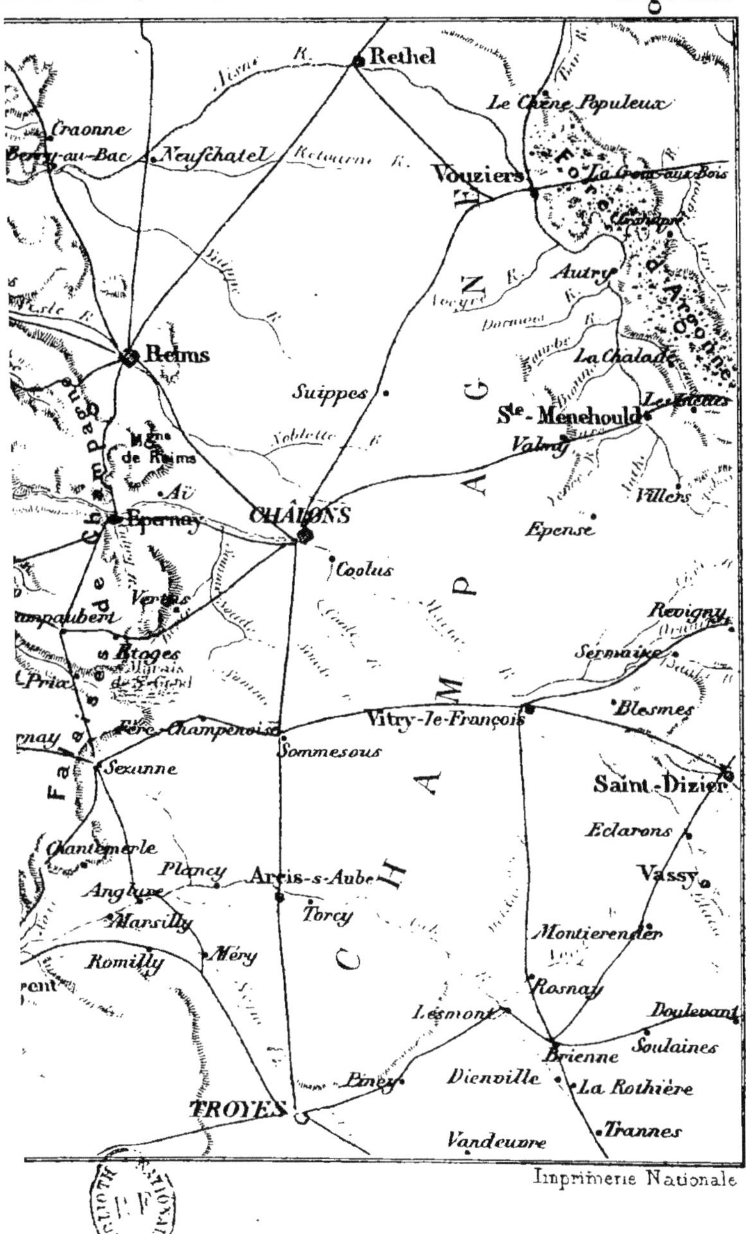

Imprimerie Nationale

de nouvelles levées, le Corps législatif fut ajourné pour s'être plaint de la guerre et du despotisme.

L'invasion.—La France fut envahie, au sud par l'armée de Wellington, sur toute la ligne du Rhin par les trois armées de Bohême, de Silésie et du Nord. Pendant que Soult était opposé à Wellington, à qui il devait livrer, sous les murs de Toulouse, la dernière bataille de cette guerre, Napoléon marcha dans la Champagne contre Blücher et Schwartzemberg, qui commandaient les armées de Silésie et de Bohême. Il n'avait que 70,000 hommes contre 360,000, et, à part quelques mouvements des paysans d'Alsace et de Lorraine, il n'obtint aucun secours des populations. Il retrouva du moins l'activité et le génie militaire de sa jeunesse; il renouvela, par la rapidité de ses manœuvres et la précision de ses coups, les merveilles de sa campagne d'Italie; mais ses victoires mêmes l'épuisaient : il ne pouvait combler les vides faits dans ses rangs, tandis que les ennemis, décidés à ne reculer devant aucune boucherie et à faire la guerre à *coups d'hommes,* appelaient sans cesse des renforts. Comme en Italie, il voulut se jeter successivement sur les deux armées ennemies et les battre l'une après l'autre. Il vainquit Blücher à Saint-Dizier et à Brienne, mais il fut vaincu à son tour à la Rothière par Blücher et Schwartzemberg réunis. Il repoussa cependant les propositions du congrès de Châtillon qui offrait à la France les limites de 1789, et il poursuivit la lutte avec le même courage. Les deux armées ennemies, un moment réunies, se séparèrent de nouveau pour marcher sur Paris : Blücher par la vallée de la Marne, Schwartzemberg par la vallée de la Seine. Napoléon se jeta sur Blücher, le battit à Champaubert, à Montmirail, à Château-Thierry, à Vauchamps, et, quand il l'eut repoussé sur Châlons, il se retourna contre Schwartzemberg qu'il battit à Mormant, à Montereau, et qu'il fit reculer de cinquante lieues. Chaque jour était marqué par une victoire, mais chaque victoire rendait une nouvelle bataille nécessaire : funeste enchaînement qui préparait la ruine du vainqueur. Blücher avait profité du répit qui lui était laissé pour reprendre sa marche en avant. Napoléon essaya de l'enfermer entre la Marne et l'Aisne. Blücher, vivement pressé, fut sauvé par la capitulation de Soissons. Malgré sa jonction avec l'armée du Nord venue de Belgique, il fut encore battu à Craonne, mais il résista sur la hauteur de Laon à tous les efforts des Français. Napoléon recula. Il ne fut pas plus heureux contre les Autrichiens à Arcis-sur-Aube. Lui seul ne se lassait pas de cette lutte désespérée. Obligé de laisser libre le chemin de Paris, il se porta sur les derrières des ennemis, dans la vaine espérance de les couper de leurs communications avec le Rhin. Les alliés savaient trop quelle était l'insuffisance de ses forces pour s'inquiéter de ses mouvements; ils poursuivirent leur marche en avant, écrasèrent les faibles détachements qui leur étaient opposés et apparurent au pied des hauteurs de Montmartre. Paris n'avait pour toute défense que des barrières à peine garnies de palissades, 20,000 soldats et quelques milliers de gardes nationaux mal armés. Marie-Louise et son fils quittèrent la ville. Néanmoins la défense fut vigoureuse; mais une fois encore il fallut céder au nombre.

Marmont, qui s'était bravement battu, signa une capitulation, et Paris subit à son tour la présence de l'ennemi (31 mars). Cette fois, la défaite de Napoléon était irréparable. Le Sénat prononça la déchéance de l'empereur (3 avril), et appela ensuite au trône le frère de Louis XVI, le comte de Provence, qui fut Louis XVIII. Napoléon, revenu à Fontainebleau, voulait combattre encore; mais la défection de Marmont, qui laissait découverte la ligne de l'Essonne, la muette résistance des généraux qui lui étaient restés fidèles, lui apprirent que tout était fini. Après de vaines réserves en faveur de son fils, il consentit à signer un acte d'abdication pure et simple, en échange de laquelle il obtint la souveraineté de l'île d'Elbe. Le 20 avril, après avoir fait de touchants adieux à la vieille garde, il partit de Fontainebleau pour sa petite principauté.

Premier traité de Paris. — L'empire coûta à la France les conquêtes extérieures que la république avait faites. La convention du 23 avril, signée par le comte d'Artois, lieutenant général du royaume, en l'absence de son frère Louis XVIII, et le traité de Paris (30 mai 1814) ramenèrent la France à ses limites du 1er janvier 1792. Elle recouvra ses colonies, sauf l'île de France, Sainte-Lucie, Tabago et Saint-Domingue.

La première restauration. — Au moment où l'empire tomba, le comte de Provence vivait retiré en Angleterre. Pour son entourage et les partisans fidèles de la légitimité, il était, depuis la mort du fils de Louis XVI, le roi

Louis XVIII; il le devint aussi pour la France et l'Europe après l'acte du Sénat qui l'appelait au trône. Avant d'entrer à Paris, il signa la déclaration de Saint-Ouen, base de la charte de 1814, qui fut octroyée le 4 juin suivant et qui promettait à la France un gouvernement représentatif par l'établissement de deux chambres, Chambre des pairs et Chambre des députés, chargées de voter la loi et l'impôt.

La première restauration dura moins d'un an. Elle eut contre elle l'armée qui voulait une revanche, et qui, peu ménagée par le gouvernement nouveau, regretta l'empire; elle froissa l'opinion par divers actes de réaction qui semblaient annoncer le retour de l'ancien régime, et la nation ne fit rien pour la préserver d'une chute nouvelle.

Retour de l'île d'Elbe. Les Cent Jours (1815). — Napoléon ne s'était pas résigné à sa déchéance. Instruit de l'impopularité des Bourbons, il voulut reconquérir son trône, sans se demander si son retour en France n'y déchaînerait pas de nouvelles tempêtes. Le 26 février 1815, il quitta l'île d'Elbe avec 1,100 hommes de sa garde, et, le 1er mars, il débarqua au golfe Juan, près de Cannes. Il adressa aussitôt deux proclamations à la nation et à l'armée, où il s'annonçait comme le représentant de la Révolution outragée et le vengeur de l'honneur national. Pour éviter les villes du bassin inférieur du Rhône, toutes royalistes, il se dirigea sur Lyon, en traversant les contreforts des Alpes. Quand parurent les premiers soldats envoyés contre lui, il s'avança au-devant d'eux, et découvrant sa poitrine : « Quel est, leur dit-il, celui de vous qui voudrait tirer sur son empereur? » Les soldats l'acclamèrent. Ce fut le commencement d'une défection qui allait entraîner toute l'armée et avec elle la nation. Le voyage de Cannes à Paris fut une marche triomphale. Ney, qui avait promis de combattre, ne put résister soit aux dispositions de ses troupes, soit à ses propres sentiments, et se rallia à l'empire. Louis XVIII, voyant tout manquer autour de lui, quitta Paris pour reprendre le chemin de l'exil. Napoléon y rentra le 20 mars. Devenu encore une fois maître de la France, il espéra, mais vainement, satisfaire l'opinion libérale en faisant rédiger par Benjamin Constant une constitution qui fut appelée *Acte additionnel aux constitutions de l'empire.*

Septième coalition. — Au dehors, la guerre était inévitable. La nouvelle du retour de l'île d'Elbe avait trouvé les souverains étrangers réunis au congrès de Vienne. Ils refusèrent d'ajouter foi aux déclarations pacifiques de Napoléon : l'Europe ne le croyait pas plus quand il parlait de paix, que la France quand il parlait de liberté. La septième coalition se trouvait toute formée; elle lança une déclaration collective où elle mettait Napoléon hors la loi, et le livrait, comme ennemi et perturbateur de la paix du monde, à la vindicte publique. Les peuples se levèrent encore une fois à l'appel de leurs souverains. Les Prussiens exhalaient leur haine en menaces furibondes : ils parlaient de pendre Napoléon s'il tombait entre leurs mains, de démembrer « la terre impie » de France, d'exterminer cette bande de brigands qu'on appelait l'armée française, d'anéantir les Français comme peuple. Les

Anglais et les Prussiens furent prêts les premiers; ils marchèrent contre notre frontière du Nord, comme l'avant-garde de la coalition, sous les ordres de Wellington, *le duc de fer*, et de Blücher, *le maréchal en avant.*

Batailles de Ligny et de Waterloo. — Napoléon avait hâté ses préparatifs. Il voulut prendre l'offensive pour prévenir la jonction des ennemis, et il envahit la Belgique. Mais il n'avait que 120,000 hommes pour se battre contre 220,000, formés en partie des premiers soldats de l'Europe, commandés par des généraux exaspérés, résolus à vaincre ou à mourir. C'était là une extrême témérité, qui suffirait à elle seule à expliquer le désastre de Waterloo. Le 16 juin, Napoléon battit les Prussiens à Ligny, près de Fleurus, pendant que Ney luttait contre les Anglais aux Quatre-Bras. Laissant alors à Grouchy le soin de contenir Blücher, il alla, le 18, attaquer Wellington au mont Saint-Jean, près de Waterloo. La lutte fut longue et acharnée. Malgré l'héroïque fermeté des Anglais, la victoire semblait se prononcer pour Napoléon, lorsque arrivèrent les Prussiens qui avaient échappé à Grouchy. Les Français succombèrent sous l'effort des Anglais et des Prussiens réunis. La garde aima mieux mourir que de se rendre. Les Français avaient perdu 25,000 hommes dans cette lugubre journée; le reste s'enfuit en désordre du champ de bataille.

Seconde abdication de Napoléon. — Napoléon, au lieu de rallier ses troupes, courut à Paris, espérant y rester maître de la situation. Mais l'empire avait été condamné

WATERLO(

A.Serres, Capne, et L. Gorce, Lieutt.

Français { Vers midi
{ Vers 6h.

3 Juin 1815).

Papelotte
Smohen
Frichermont
Drouet
Jacquinot
Drouet
Ney
Jacquinot
Milhaud
Garde
Lobau
Je Garde
PLANCHENOIS
Ruisseau de Lasnes
Imprimerie Nationale
Alliés {Vers midi
Vers 6h.

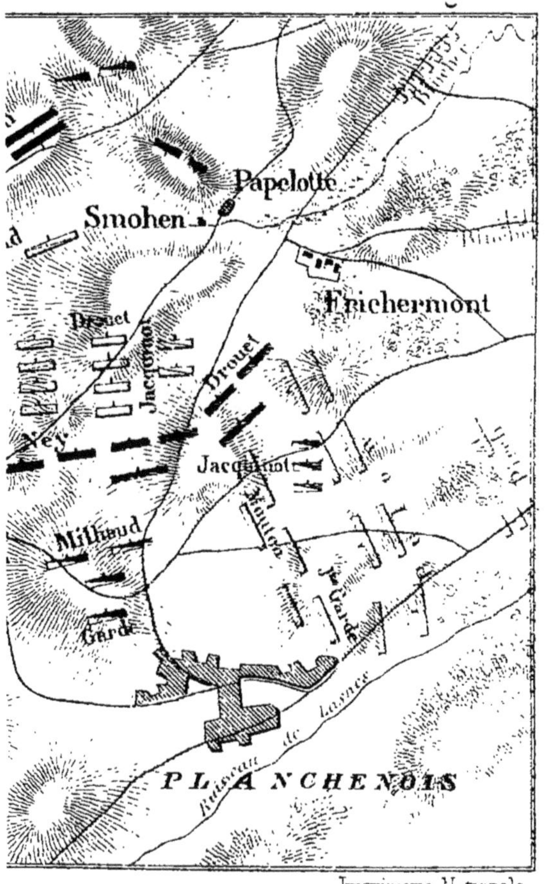

à Waterloo. La Chambre des députés crut à l'impossibilité de prolonger la lutte; elle s'abandonna à l'espoir vain de désarmer les alliés en sacrifiant Napoléon, et elle exigea de lui une nouvelle abdication. Il renonça au trône en faveur de son fils, qui fut proclamé sous le nom de Napoléon II, mais que l'Europe refusa de reconnaître. L'empereur déchu songeait à se rendre aux États-Unis; mais, comme il ne pouvait échapper aux croisières anglaises, il se confia à la générosité britannique. Il fut relégué dans l'île de Sainte-Hélène, où il mourut le 5 mai 1821, jour anniversaire de l'ouverture des états généraux et du commencement de la Révolution.

Second traité de Paris (1815). — Après le départ de Napoléon, le gouvernement provisoire nommé par la Chambre des députés avait négocié avec l'ennemi; il signa une capitulation qui reléguait l'armée française derrière la Loire, en attendant qu'elle fût licenciée. Le 7 juillet, les Prussiens occupèrent de nouveau Paris; le 8, Louis XVIII rentra dans sa capitale, cent jours après son départ, comme le rappelait la harangue qui lui fut adressée par le préfet de la Seine. Cette dénomination de *Cent Jours* fut dès lors adoptée pour désigner la durée du second empire, l'une des époques les plus malheureuses de notre histoire. La France vaincue fut envahie par plus d'un million d'étrangers venus à la curée, à la suite des Prussiens et des Anglais. Avec la honte de la défaite, elle subit toutes les misères de l'invasion : pillage de ses musées, réquisitions rigoureuses en nature, contributions de guerre énormes, spoliations et dévastations de toute sorte. Les Prussiens, pour satisfaire leur haine, voulaient renverser la colonne Vendôme, faire sauter le pont d'Iéna, détruire tous les monuments qui rappelaient nos victoires passées : il fallut l'intervention du czar Alexandre pour empêcher ces actes de vandalisme. Ils voulaient aussi démembrer la France en lui enlevant l'Alsace, la Lorraine et la Franche-Comté; mais ils rabattirent de leurs exigences devant la modération d'Alexandre, qui ne se démentit pas, et la fière attitude de Louis XVIII. Le second traité de Paris (20 novembre 1815) laissa encore à la France ses limites de 1792, moins Philippeville, Marienbourg, Bouillon, Sarrelouis, Landau, qu'on lui ôtait pour ouvrir sa frontière. On démantela Huningue, qui venait de se signaler par une héroïque résistance. Une armée étrangère de 150,000 hommes dut rester pour occuper notre pays, pendant trois ans au moins, cinq ans au plus. Enfin la France s'engagea à payer une indemnité de guerre de 700 millions, que les réclamations particulières de certaines puissances et les frais de l'occupation étrangère portèrent à près de deux milliards (1,994,800,000 francs).

Le traité de Paris se confondit ensuite avec les traités de Vienne, rédigés par les souverains alliés pour le remaniement de l'Europe. Talleyrand, qui représentait la France au congrès, essaya vainement d'y faire prévaloir le principe de la *légitimité*. Les vainqueurs ne reconnurent d'autre droit que celui de la force; ils se partagèrent le continent d'après leurs convenances propres, l'étendue des territoires et le nombre des âmes.

La France sortait écrasée des guerres de l'empire; mais

il lui restait, pour se relever de ses désastres, une merveilleuse élasticité, qui tient à la nature de son sol et au génie de ses habitants. « La France, écrivait Joseph de Maistre, est morte en ce moment; la question est de savoir si elle ressuscitera. » La France ressuscita.

HUITIÈME SÉANCE.

SECONDE RESTAURATION. — LOUIS XVIII. — GUERRE D'ESPAGNE EN 1823. — CHARLES X. — INTERVENTION DE LA FRANCE EN GRÈCE. — BATAILLE DE NAVARIN. — EXPÉDITION D'ALGÉRIE, PRISE D'ALGER. — JOURNÉES DE JUILLET 1830. — AVÈNEMENT DE LOUIS-PHILIPPE. — SIÈGE D'ANVERS. — CONQUÊTE DE L'ALGÉRIE. — SIÈGE DE CONSTANTINE. — BUGEAUD. — BATAILLE DE L'ISLY. — SOUMISSION D'ABD-EL-KADER. — RÉVOLUTION DU 24 FÉVRIER 1848.

Réaction de 1815. — La seconde restauration fut suivie d'une réaction que l'on désigne sous le nom de *Terreur blanche,* malgré l'injustice qu'il y a à la comparer aux excès de 1793. Louis XVIII, à son retour de Gand, avait promis une amnistie, en exceptant toutefois du pardon les instigateurs et les auteurs du 20 mars. 38 personnes furent bannies, 19 furent traduites devant les tribunaux militaires. Parmi les condamnations à mort, il y eut celle de Ney, que sa gloire militaire ne suffit pas à sauver. Dans le Midi, où les passions sont faciles à exalter, la populace commit des actes de violence et de brigandage, dont la répression ne fut ni assez prompte ni assez énergique. Le maréchal Brune fut égorgé à Avignon; le général Ramel fut tué à Toulouse dans une émeute; à Nîmes, les bandes blanches s'attaquèrent à la fois aux bonapartistes et aux protestants, et le général Lagarde fut blessé grièvement en voulant rétablir l'ordre.

La Chambre introuvable. — La Chambre des députes, élue sous l'impression des Cent Jours, renfermait une majorité de royalistes ardents : ce fut la *Chambre introuvable.*

Elle refléta les passions du moment, en suspendant la liberté individuelle, en instituant des cours prévôtales pour juger les écrits, les actes et les cris séditieux, en exigeant une épuration rigoureuse de l'administration et de l'armée. Hostile à la Révolution, elle voulut relever ce que la Constituante avait abattu et supprimer la charte elle-même. Son zèle intempestif devenait un danger pour la royauté. Elle fut dissoute par l'ordonnance royale du 5 septembre 1816.

Ministère du duc de Richelieu (1815-1818). — La nouvelle Chambre fut plus modérée, plus constitutionnelle, et elle s'entendit avec le président du conseil, M. de Richelieu. Elle vota la loi électorale de 1817, qui soumettait le droit d'élection aux conditions de trente ans d'âge et d'un cens de 300 francs, et le droit d'éligibilité aux conditions de quarante ans d'âge et d'un cens de 1,000 fr.; elle vota aussi la loi sur la réorganisation de l'armée (1818), qui rétablissait la conscription et déterminait les règles de l'avancement.

En 1818, le duc de Richelieu, grâce à l'amitié personnelle du czar Alexandre, obtint la fin de l'occupation de notre pays par les troupes étrangères; mais, inquiet des progrès des libéraux, qui, à chaque renouvellement partiel, gagnaient de nouveaux sièges à la Chambre des députés, il voulut modifier la loi electorale et se rapprocher du parti ultra-royaliste. Sur le refus du roi de changer de politique, il se retira (décembre 1818).

Ministère Decazes (1818-1820). — Le ministère Decazes essaya de se créer dans les Chambres une majorité constitutionnelle, en fondant ensemble la partie modérée de la droite et de la gauche; mais ses efforts de conciliation furent traités de jeu de bascule. Il devint un révolutionnaire pour les ultra-royalistes, resta un réactionnaire pour les libéraux, et son pouvoir était déjà fort ébranlé lorsqu'il fut renversé à la suite d'une catastrophe dont il n'était en rien responsable. Le 13 février 1820, le duc de Berry fut assassiné par Louvel, à la sortie de l'Opéra. Le meurtrier déclara qu'il avait frappé ce prince, parce que c'était le plus jeune de la famille royale et celui qui semblait destiné à perpétuer la race des Bourbons. Mais la veuve de la victime était enceinte : elle mit au monde, le 29 septembre, un fils qui reçut le nom de duc de Bordeaux (plus tard comte de Chambord)[1]. Les royalistes imputèrent à M. Decazes la responsabilité de l'assassinat du duc de Berry : « L'instrument qui a frappé le prince, disaient-ils, s'appelle une idée libérale. » Louis XVIII, cédant aux obsessions de son entourage, sacrifia un ministre qu'il aimait.

Second ministère du duc de Richelieu (1820-1821). *Mi-*

[1] Louis XVIII n'avait pas d'enfant. Son frère, le comte d'Artois, qui fut Charles X, avait deux fils : le duc d'Angoulême et le duc de Berry. Le duc d'Angoulême, marié à la fille de Louis XVI, n'eut pas d'enfant; le duc de Berry eut une fille et un fils.

istère de Villèle. — Le duc de Richelieu revint au pouoir, pour obéir aux sollicitations du roi. Moins libéral ue M. Decazes, esprit conciliant néanmoins, il comıença une réaction nouvelle qu'il n'eut pas le courage e poursuivre, mais qui prit un caractère plus marqué 'intolérance sous le ministère de Villèle. La loi du double ɔte (1820), qui, en établissant, pour l'élection des déutés, des collèges d'arrondissement et de département, :cordait aux censitaires de 1,000 francs le droit de vor dans les deux collèges, accrut l'influence de l'aristo·atie. Le parti libéral, déjà frappé par cette loi qui ferıait la Chambre des députés à la fraction démocratique ɜ la bourgeoisie, le fut encore par une loi sur la presse ıi soumettait les journaux à une censure rigoureuse. 'espérant plus alors triompher par les voies constituɔnnelles, il résolut de recourir à la force, et il prépara ıns l'ombre les moyens de renverser le gouvernement. ɛs sociétés secrètes, dont la plus redoutable fut le carboırisme, étendirent leur réseau dans toutes les provinces, l'alliance du bonapartisme avec le libéralisme leur ou·it même l'entrée des casernes. En moins de trois années, ıit conspirations sérieuses attaquèrent et mirent en ıestion la Restauration (conspirations de Belfort, des ıatre sergents de la Rochelle, etc.). Toutes furent déuées, et la Restauration se trouva affermie par l'échec et découragement de ses ennemis.

Expédition d'Espagne (1823). — Le gouvernement, inqueur de la Révolution au dedans, voulut aussi la mbattre au dehors. Avec l'assentiment des souverains de la Sainte-Alliance réunis au congrès de Vérone (1822), il résolut d'intervenir en Espagne pour rendre à Ferdinand VII son pouvoir absolu, qu'une insurrection lui avait enlevé. L'expédition fut commandée par le duc d'Angoulême. Elle n'eut à lutter contre aucune des résistances qui avaient triomphé de la puissance de Napoléon; les masses populaires accueillirent les soldats français avec des fêtes et des danses. Le seul fait d'armes important fut la prise du Trocadéro, qui détermina la capitulation de Cadix (1823). L'expédition d'Espagne « donna au drapeau blanc un peu du lustre militaire qui lui manquait; » mais le reste ne fut qu'inconvénient, comme le disait le duc d'Angoulême.

Mort de Louis XVIII (16 septembre 1824). — Depuis quelque temps Louis XVIII, vieux et malade, restait étranger au gouvernement. Il mourut le 16 septembre 1824.

Règne de Charles X. — Le comte d'Artois succéda à son frère Louis XVIII, sous le nom de Charles X. Son règne fut une tentative de retour, parfois inconsciente, au régime disparu.

Ministère de Villèle. — La Chambre des députés vota la loi d'indemnité, qui répartissait un milliard aux émigrés dont les biens avaient été confisqués pendant la Révolution; la loi du sacrilège, qui punissait de mort le vol avec effraction dans les églises, et de la peine des parricides la profanation des hosties consacrées; une loi sur la succession paternelle, qui, au moyen d'un subterfuge légal, rétablissait en partie le droit d'aînesse; une loi sur la police de la presse, qui détruisait la liberté de la presse et ruinait l'imprimerie. La Chambre des pairs amenda la loi du sacrilège, repoussa les lois sur le droit d'aînesse et sur la presse.

En même temps une association moitié religieuse, moitié politique, la *Congrégation,* semblait prédominer à la cour. En multipliant les cérémonies extérieures du culte, elle irritait l'esprit voltairien de la bourgeoisie et inquiétait même l'esprit gallican de la magistrature. Aussi l'impopularité du gouvernement allait croissant. Déjà en 1825 les funérailles du général Foy, l'un des chefs du parti libéral, avaient été l'occasion d'une manifestation politique; cent mille personnes suivirent son convoi, et une souscription, qui monta à un million, assura l'avenir de ses enfants. Au mois d'avril 1827, dans une revue de la garde nationale, le roi fut accueilli par les cris de : « Vive la charte! à bas les ministres! à bas Villèle! » La garde nationale fut licenciée le jour même.

Villèle sentait la majorité lui échapper à la Chambre des députés; il en fit prononcer la dissolution. Mais aux élections qui suivirent, la société *Aide-toi, le ciel t'aidera!* formée par l'opposition, eut assez d'influence pour assurer le triomphe de ses candidats. Devant la majorité libérale de la Chambre nouvelle, Villèle dut se retirer (janvier 1828).

Ministère Martignac (1828-1829). — Le ministère Martignac, dont les tendances étaient celles du ministère

Decazes sous Louis XVIII, ne fut qu'une courte halte dans la marche réactionnaire du gouvernement. Il succomba devant les exigences de la gauche, que ses concessions ne pouvaient satisfaire, et devant les méfiances du roi, qui s'effrayait des progrès du libéralisme (août 1829). Charles X, se rejetant alors en arrière, appela au pouvoir les hommes de l'extrême droite : Polignac, Bourmont, de la Bourdonnaie.

Ministère Polignac (1829-1830). *Révolution de juillet.* — La composition du ministère Polignac annonçait une rupture avec la fraction modérée de la Chambre; elle était même, pour beaucoup d'esprits, le présage d'un coup d'Etat. L'opposition se tint prête à soutenir la lutte qui allait s'engager, tandis que les ministres s'étonnaient encore de leur impopularité. A l'ouverture de la session parlementaire de 1830 (mars), la Chambre des députés déclara, dans l'adresse dite *des 221,* que le concours n'existait pas entre les vues politiques du gouvernement et les vœux de la nation : c'était inviter le roi à se séparer de son ministère. La Chambre fut prorogée, puis dissoute. Mais les élections donnèrent raison aux 221. Dans ce conflit, le roi refusa de céder. Il publia les ordonnances de juillet, qui suspendaient la liberté de la presse, dissolvaient la Chambre des députés, modifiaient la loi électorale et convoquaient les collèges électoraux pour de nouvelles élections. Ce fut le signal d'une révolution. Le peuple, soulevé pour le maintien de la charte, finit par renverser le gouvernement de Charles X. Après trois jours de combat dans Paris (27, 28, 29 juillet), le vieux roi prit le chemin de l'exil, pendant que la couronne était offerte au duc d'Orléans.

Politique extérieure de Charles X. — Charles X avait été mieux inspiré dans sa politique extérieure que dans sa politique intérieure. Il confondait justement la grandeur de la France avec la sienne, et son attitude au dehors servit à faire oublier nos revers de 1815. Il concourut à la défense de la Grèce et conquit Alger.

Bataille de Navarin (1827). — La Grèce s'était soulevée en 1821 contre la domination turque. Le souvenir de son ancienne gloire et le courage de ses défenseurs provoquèrent les sympathies des peuples de l'Europe. La France, l'Angleterre, la Russie, s'unirent pour imposer leur médiation, et, sur le refus de la Porte Ottomane, leurs flottes détruisirent la flotte turco-égyptienne à Navarin (1827). L'année suivante, le général Maison descendit en Morée avec un corps de 14,000 Français et en chassa les Turcs. Le traité d'Andrinople reconnut l'indépendance de la Grèce (1829).

Prise d'Alger (1830). — Alger était, depuis le XVIe siècle, un repaire de pirates turcs, que les peuples chrétiens avaient attaqué à diverses reprises sans le détruire. La France avait, en outre, à se plaindre de l'insolence du dey Hussein, qui avait frappé notre consul d'un coup d'éventail au visage et fait tirer les batteries du port sur un de nos vaisseaux envoyé en parlementaire. Une expédition contre Alger fut résolue, malgré l'opposition de l'Angleterre, qui craignait l'établissement de la France sur la côte d'Afrique. Le commandement en fut confié au général de Bourmont et au vice-amiral Duperré. La ville d'Alger, protégée du côté de la mer par des travaux importants, n'avait pour défense, du côté de la terre, qu'une enceinte de hautes et vieilles murailles, et un peu plus loin, sur une hauteur, un fort assez considérable qu'on appelait le fort de l'Empereur. On résolut d'attaquer du côté de la terre, et les troupes de débarquement furent portées au chiffre de 27,000 hommes et de 3,000 chevaux. La flotte, après avoir défilé devant Alger, alla mouiller cinq lieues plus à l'ouest, dans la rade de Sidi-Ferruch, et, quand on eut enlevé le petit fort du Marabout, dispersé quelques bandes d'Arabes, le débarquement s'opéra sans difficulté. Cependant l'ennemi, dont les forces s'élevaient à environ 50,000 hommes, voulut nous rejeter à la mer avant le débarquement de l'artillerie et de la cavalerie. Après un combat de plusieurs heures, il fut repoussé et poursuivi jusque sur le plateau de Staoüeli, où Bourmont établit son camp. Lorsque le débarquement fut achevé, l'armée s'avança sur Alger, tout en soutenant de légers engagements contre l'ennemi, et elle investit le fort de l'Empereur dont la principale tour s'écroula le 4 juillet, sous une canonnade terrible, et livra passage à un régiment qui s'y logea. Le dey capitula aussitôt, et le lendemain nos troupes victorieuses entrèrent dans Alger.

État prospère de la France. — Pendant les quinze années de la Restauration, le régime parlementaire avait assuré, malgré des luttes violentes, la prospérité matérielle de notre pays. L'agriculture, l'industrie, le commerce avaient pris de vastes développements; les finances s'étaient relevées de nos désastres de 1815; l'armée était refaite, l'administration était probe et bien conduite.

Les lettres, les arts et les sciences. — Ces quinze années furent aussi une des belles périodes de notre histoire littéraire. La jeunesse avait le goût des choses de l'esprit, l'enthousiasme des paroles éloquentes et des belles œuvres. La querelle des classiques et des romantiques passionna les contemporains; elle rendit la vie à notre littérature, particulièrement à la poésie, lorsqu'une sage critique eut fait justice des exagérations de l'une et de l'autre école.

Les écrivains les plus illustres de cette époque furent : Lamartine, Victor Hugo, Casimir Delavigne, Alfred de Vigny, Béranger, Chateaubriand, P.-L. Courrier, Ch. Nodier, Lamennais, Villemain, Cousin, de Frayssinous, Jouffroy, Royer-Collard, Augustin Thierry, de Barante, Guizot, Thiers, Mignet, Michelet, etc. Quelques-uns de ces écrivains étaient en même temps poètes et prosateurs. D'autres furent des orateurs éloquents, qui eurent pour émules : Benjamin Constant, le général Foy, Casimir Périer, de Serres, Lainé, de Corbière, de Villèle, de Martignac.

Champollion découvrit le sens des hiéroglyphes.

De même que la littérature avait ses classiques et ses romantiques, la peinture eut ses idéalistes et ses réalistes. Citons parmi les peintres : Ingres, H. Vernet, Eugène Delacroix, Paul Delaroche, Ary Scheffer.

Les musiciens furent Rossini, Boïeldieu, Hérold, Auber, etc.

La science fit de merveilleuses découvertes, qui servirent au progrès de l'industrie et au bien-être de l'homme : la navigation à vapeur, les chemins de fer, le télégraphe électrique, l'éclairage au gaz, etc. Citons parmi les savants : Arago, Ampère, Fresnel, Chevreul, Thénard, Cuvier, Geoffroy-Saint-Hilaire, Élie de Beaumont, l'Allemand Alexandre de Humboldt, qui écrivit une partie de ses œuvres en français.

La Restauration fut trop courte pour embrasser la vie et les travaux de ces hommes illustres. Quelques-uns avaient appartenu à la période qui précéda, beaucoup appartiennent aussi à la période qui suivit.

BRANCHE CADETTE DES BOURBONS. LOUIS-PHILIPPE (1830-1848).

Louis-Philippe. — Louis-Philippe d'Orléans appartenait à la maison de Bourbon; il descendait du frère cadet de Louis XIV et était fils de Philippe-Égalité, qui avait été membre de la Convention. Il avait épousé, pendant l'émigration, Marie-Amélie de Sicile, et il en eut de nombreux enfants : le duc d'Orléans, le duc de Nemours, le prince de Joinville, le duc d'Aumale, le duc de Montpensier, les princesses Louise, Marie, Clémentine.

Le duc d'Orléans, nommé d'abord lieutenant général du royaume (31 juillet), fut ensuite proclamé roi des Français, sous le nom de Louis-Philippe Ier, après avoir prêté serment à la charte revisée (9 août). Malgré certaines suppressions et modifications, cette charte, dans son caractère essentiel, restait ce qu'elle était en 1814. Plus tard, on abolit l'hérédité de la pairie, on abaissa le cens d'éligibilité à 500 francs, le cens électoral à 200 fr., deux mesures qui donnèrent l'influence à la moyenne fortune. Le règne de la bourgeoisie commençait.

Situation intérieure. Les légitimistes. — Le gouvernement de Louis-Philippe eut pour adversaires les partisans de la royauté légitime qu'il avait renversée, et les partisans de la république dont il avait empêché l'avènement. Les légitimistes lui firent surtout une opposition morale. Ils tentèrent cependant, en 1832, une prise d'armes dans la Vendée avec la duchesse de Berry; mais de légères escarmouches suffirent pour en avoir raison.

Les républicains. — Les républicains étaient des ennemis plus dangereux. Ils avaient leur appui, non dans des provinces écartées, mais dans les grandes villes, à Paris surtout. La population ouvrière était pour eux. Pendant plusieurs années, le gouvernement eut sans cesse à réprimer le désordre de la rue. Le procès des ministres de Charles X, dont la foule demandait la tête et que la cour des pairs condamna à la détention perpétuelle; un service funèbre célébré dans l'église Saint-Germain-l'Auxerrois, le 14 février 1831, en mémoire du duc de Berry; les funérailles du général républicain Lamarque (juin 1832), donnèrent lieu à des scènes de désordre, de violence, et à une prise d'armes. Des combats acharnés eurent lieu au cloître Saint-Merry (juin 1832), et deux ans plus tard une nouvelle émeute ensanglanta ce même quartier, particulièrement la rue Transnonain.

Lyon fut aussi, à deux reprises, le théâtre d'insurrections formidables. La lutte y eut un caractère plutôt social que politique. Les ouvriers se soulevèrent pour obtenir du gouvernement l'établissement d'un tarif qui défendît leurs salaires contre la baisse. Leur devise était : « Vivre en travaillant ou mourir en combattant. » Vainqueurs d'abord et devenus maîtres de la ville, les insurgés se soumirent à l'approche d'un corps d'armée (1831). Trois ans après, la ville de Lyon fut encore ensanglantée par une lutte de quatre jours.

Quand ces émeutes et d'autres, qui éclatèrent sur différents points du territoire, eurent été réprimées, le gouvernement eut à se défendre contre les tentatives du prince Louis-Napoléon Bonaparte, qui revendiquait l'héritage de son oncle Napoléon Ier, et la personne du roi resta en butte aux attaques les plus violentes de la presse, pendant que sa vie était menacée par de fréquentes et odieuses tentatives d'assassinat.

La marche du gouvernement avait été d'abord incertaine, parce qu'il avait fallu faire des concessions à l'esprit révolutionnaire. Louis-Philippe avait appelé dans ses conseils à la fois le parti *du mouvement*, qui voulait développer, dans l'intérêt de la démocratie, la révolution de juillet, et le parti *de la résistance*, qui voulait restreindre cette révolution à un simple changement de dynastie. Mais peu à peu, quand les premières difficultés furent vaincues et que l'émotion populaire se calma, les hommes du mouvement furent éloignés des affaires, et c'est aux hommes de la résistance que resta le pouvoir. Alors la répression des complots et des émeutes fut plus énergique, et l'ordre revint dans le pays.

Ministère du 13 mars 1831. — Casimir Périer, qui présida le ministère du 13 mars 1831, soutint avec vigueur la cause de l'ordre. Il triompha des indécisions du roi, domina ses collègues, imposa ses volontés à la Chambre, et, par l'attitude résolue de son administration, consolida le gouvernement. Ses forces étaient épuisées déjà par l'excès du travail, lorsqu'il fut enlevé, en 1832, par le choléra, qui faisait alors sa première apparition en Europe.

Ministère du 11 octobre 1832. — L'œuvre de Casimir Périer fut poursuivie par le ministère du 11 octobre 1832, où furent représentées les diverses nuances du parti conservateur avec MM. de Broglie, Guizot, Thiers. En 1835, l'émeute était vaincue et découragée, l'ordre était affermi; mais alors commença, pour durer jusqu'en 1840, la période des crises ministérielles. On vit les hommes éminents de la politique, oubliant les intérêts de la France pour leurs convoitises propres, se disputer le pouvoir avec acharnement, « faire la chasse aux portefeuilles, » et jeter ainsi, par le jeu misérable de leurs rivalités personnelles, le discrédit sur les institutions parlementaires.

Ministère du 29 octobre 1840. — En 1840, le gouvernement prit plus de stabilité. Le ministère du 29 octobre 1840, dont la direction appartint à M. Guizot, conserva le pouvoir jusqu'à la fin du règne de Louis-Philippe. Sa politique consista à s'appuyer sur la majorité de la Chambre, sans tenir compte de l'opinion extérieure, comme si la Chambre eût représenté non pas seulement une fraction de la nation, mais la nation tout entière, et il repoussa avec obstination les demandes de réforme parlementaire et de réforme électorale qui auraient donné satisfaction au pays.

Les événements qui, durant cette période, occupèrent particulièrement les esprits, furent, avec la mort du duc d'Orléans, qui succomba à un accident de voiture (1842), les questions du droit de visite, de l'affaire Pritchard et des mariages espagnols. Dès le début de son règne, Louis-Philippe avait cherché à obtenir l'alliance de l'Angleterre, et une visite de la reine Victoria au château d'Eu (septembre 1843) témoigna de *l'entente cordiale* qui unissait les deux puissances; mais l'opposition reprochait à Louis-Philippe de trop humilier la France devant le gouvernement britannique, et tout servait de prétexte à des récriminations, parfois justes, toujours violentes.

Droit de visite. Affaire Pritchard. Mariages espagnols. — Le droit de visite, établi par des traités signés en 1831 et en 1833 pour empêcher la traite des nègres, autorisait les vaisseaux de guerre de chacune des deux puissances à visiter les bâtiments marchands de l'autre sur certaines côtes d'Afrique et d'Amérique. Nos marins eurent souvent à se plaindre de l'orgueil des marins anglais : aussi l'opinion publique s'émut, lorsqu'en 1841 un troisième traité étendit les parages sur lesquels les vaisseaux pouvaient être visités. Le gouvernement dut abroger cette convention.

L'affaire Pritchard excita vivement les passions en Angleterre et en France. Le contre-amiral Dupetit-Thouars avait éveillé la jalousie toujours inquiète de l'Angleterre en occupant l'île de Taïti, et il avait blessé son orgueil en arrêtant un de ses représentants dans cette île, Pritchard, qui était à la fois consul, missionnaire protestant et pharmacien. Le gouvernement anglais exigea une réparation, et le gouvernement de Louis-Philippe, qui craignait une rupture, fit voter une indemnité à Pritchard.

La France montra plus d'énergie dans l'affaire des mariages espagnols. Elle fit conclure le double mariage de la reine d'Espagne, Isabelle, avec un Bourbon espagnol, et de sa sœur Louisa-Fernanda avec le duc de Montpensier (1846), malgré l'Angleterre, qui aurait voulu donner pour mari à la reine un prince de Saxe-Cobourg.

Révolution de février 1848. — La France était ainsi arrivée en 1848. La prospérité matérielle du pays, déjà grande sous la Restauration, s'était encore accrue : l'industrie était florissante, le commerce trouvait des facilités nouvelles dans le développement des voies de communication (création des chemins de fer, amélioration des chemins vicinaux, etc.); l'instruction primaire se développait, grâce à la loi de 1833, due à M. Guizot, et l'adoucissement des mœurs publiques se manifestait par la suppression de certaines rigueurs du Code pénal (la marque, le carcan), l'abolition de la peine de mort pour les délits contre la propriété et l'admission des circonstances atténuantes dans les affaires criminelles. Ces progrès n'avaient pas désarmé les adversaires du gouvernement. On ne lui savait aucun gré du bien-être de la France, et on lui attribuait la responsabilité des crises agricoles et financières, des scandales publics et des scandales privés. L'opposition dynastique demandait une réforme parlementaire ou l'exclusion des fonctionnaires de la Chambre des députés, une réforme électorale ou l'abaissement du cens; et derrière l'opposition dynastique cheminait sourdement l'opposition républicaine. Comme le ministère se refusait à toute concession, on organisa la campagne des banquets pour agiter le pays. Le gouvernement, inquiet de tout ce mouvement, voulut interdire un banquet qui devait avoir lieu dans le XIIe arrondissement, le 22 février. Cette interdiction servit de prétexte à un soulèvement. Le peuple de Paris courut aux armes, et, comme en 1830, il alla au delà de ses prévisions. Il avait commencé par le cri de « Vive la Réforme! » il finit par celui de « Vive la République! » Après une lutte sans importance, Louis-Philippe dut s'exiler, et la République fut proclamée (24 février 1848).

Politique extérieure de Louis-Philippe. — La politique extérieure de Louis-Philippe fut essentiellement pacifique. Personnellement il n'aimait pas la guerre, et il la craignait pour le pays; aussi prit-il soin de ménager les susceptibilités des grandes puissances, et refusa-t-il sagement de faire de la France le champion de l'idée révolutionnaire en Europe.

En 1830, comme contre-coup de la révolution de

uillet, la Belgique s'était séparée de la Hollande, à laquelle elle était attachée par les traités de 1815, et elle vait offert son trône au duc de Nemours. Louis-Philippe epoussa cette offre, pour éviter une guerre que la jaousie de l'Angleterre aurait pu rendre européenne; et, s'il nvoya une armée en Belgique pour en chasser les Holandais, ce fut de concert avec les autres puissances. Une rmée de 70,000 hommes, commandée par le maréchal Gérard, alla mettre le siège devant la citadelle d'Anvers ccupée par les Hollandais. Un premier succès dans un ngagement sur la digue de Doël précéda la prise de la itadelle, qui se rendit après vingt-cinq jours de tranchée uverte.

La Pologne, soulevée contre la domination russe (1830), mplorait le secours de la France, et la question polonaise était devenue le mot d'ordre des agitateurs à Paris. Néanmoins le gouvernement s'abstint : il ne voulut pas 'engager dans une lutte contre les trois puissances coparageantes.

En Italie cependant, il fit occuper Ancône (1832), parce que la France avait intérêt à protester contre l'intervention des Autrichiens dans la Péninsule, et à y tenir n échec leur puissance. Il donna aussi quelques secours ux deux reines constitutionnelles de Portugal et d'Espagne, dona Maria et Isabelle, contre les prétendants abolutistes dom Miguel et don Carlos.

Question d'Orient. — La question d'Orient faillit causer les embarras plus graves. Cette question, malgré les ormes diverses qu'elle a revêtues, n'est rien autre chose que la question de la succession éventuelle de la Turquie. Depuis le commencement de ce siècle, l'empire ottoman menace ruine, et la diplomatie se demande ce que deviendra, quand il ne sera plus, le territoire européen qu'il occupe : elle craint surtout de voir la Russie maîtresse des bouches du Danube et de Constantinople.

La France et l'Angleterre se sont d'ordinaire entendues pour défendre la Turquie contre les vices de son administration intérieure et l'ambition de la Russie. En 1833, elles intervinrent en commun pour terminer une lutte entre le sultan et son vassal, le vice-roi d'Égypte, Méhémet-Ali; mais, en 1839, une lutte nouvelle ayant éclaté entre les Turcs et les Égyptiens, la France et l'Angleterre cessèrent d'avoir les mêmes vues. La France voulait concilier le maintien de la puissance turque avec le développement de la puissance égyptienne et donner la Syrie à titre héréditaire à Méhémet-Ali. L'Angleterre songeait à abaisser Méhémet-Ali en lui enlevant la Syrie, parce qu'il était l'allié de la France et qu'il tenait les grandes routes de la Méditerranée dans l'Inde. Elle signa alors avec la Russie, l'Autriche et la Prusse le traité de Londres (15 juillet 1840), qui réglait la question d'Orient sans la participation de la France et dépouillait Méhémet-Ali de la Syrie. La France ressentit vivement cette injure, l'opinion publique s'émut, on fit des préparatifs comme pour une grande lutte (commencement des fortifications de Paris); mais Louis-Philippe ne voulut pas engager, à propos de l'Égypte, une guerre européenne qui aurait mis en jeu les destinées de la France elle-même : il signa le

aité des détroits, qui fit rentrer la France dans le con-
ert européen, mais qui rendit la Syrie à l'empire turc
841). La question d'Orient fut assoupie; l'empire turc
avait plus rien à redouter de l'Égypte, mais il restait
faibli, impuissant, toujours menacé par l'ambition mos-
ovite, qui attendait avec impatience l'agonie de *l'homme*
alade.

Conquête de l'Algérie (1830-1848). — Quand Louis-
hilippe monta sur le trône, Alger était à la France. Le
ouvernement de Juillet fut long à décider ce qu'il ferait
e ce legs de la Restauration, et ce ne fut qu'après bien
es tâtonnements qu'il prit la résolution de soumettre
Algérie tout entière. Ces hésitations ajoutèrent aux diffi-
ultés déjà grandes en elles-mêmes de la conquête. Les
allées tourmentées du Tell, les gorges et les sommets de
Atlas, les plateaux stériles de la région des *chotts* et le
ésert brûlant du Sahara devaient longtemps arrêter nos
oupes. La population, mêlée de races diverses, Turcs,
uifs, Maures, et surtout Kabyles et Arabes, était belli-
ueuse, jalouse de son indépendance, animée d'une haine
natique contre les chrétiens.

Au début, faute de plan arrêté, on ne marcha que pas
pas, en avançant et en reculant tour à tour. On occupa
uelques villes de la côte : Oran, Bône et Bougie, etc.;
n construisit des blockhaus dans la plaine de la Mitidja,
u sud d'Alger; on organisa des corps spéciaux pour l'Al-
érie : tirailleurs indigènes, zouaves, spahis, légion étran-
ère, chasseurs d'Afrique; on établit les bureaux arabes
omposés d'officiers qui savaient la langue du pays et de-

vaient servir d'intermédiaires entre l'administration française et les chefs indigènes. Les généraux qui exercèrent le commandement après Bourmont furent Clausel, Berthezène, Savary, Voirol et Drouet d'Erlon. Celui-ci reçut le premier le titre de gouverneur général, et fut investi des pouvoirs civils et militaires (1834).

Cependant la guerre, qui n'avait été signalée, depuis la prise d'Alger, que par de légères escarmouches, allait devenir plus sérieuse. La France trouvait devant elle deux ennemis redoutables : Ahmed, bey de Constantine, et Abd-el-Kader.

Ahmed conservait à Constantine les débris de la domination turque. Le maréchal Clausel, à qui avait été confié de nouveau le gouvernement de l'Algérie, résolut d'enlever Constantine. Il se mit en route au mois de novembre 1836 avec une petite armée de 9,000 hommes. Nos troupes, déjà insuffisantes en nombre, furent affaiblies encore par une marche pénible de sept jours sous une pluie battante, sur un sol de boue, et, quand elles arrivèrent, elles virent se dresser devant elles, derrière le ravin de l'Oued-Rummel, un roc taillé à vif sur lequel s'élevait Constantine. La ville n'était abordable que d'un seul côté; le maréchal Clausel essaya de l'enlever par un coup de main. Toutes ses attaques échouèrent, et, comme il n'avait ni vivres, ni artillerie, ni munitions pour un siège régulier, il fallut battre en retraite. Le commandant Changarnier fut placé à l'arrière-garde. Assailli par une nuée d'Arabes, il forma son bataillon en carré : « Soldats! dit-il, voyez ces gens en face, ils sont 6,000, vous êtes 300, la partie est égale. » L'ennemi fut repoussé. Après cette malheureuse expédition, Clausel fut rappelé et remplacé par le général Damrémont.

L'opinion publique, l'armée surtout, demandaient une revanche. L'expédition de Constantine fut reprise l'année suivante (1837). Nos troupes eurent encore à lutter contre es intempéries de la saison, les difficultés des lieux et la énacité de l'ennemi; elles triomphèrent cependant. Le général Damrémont fut tué par un boulet, quand déjà ıne brèche était ouverte dans la place; le lieutenant général Valée prit le commandement et fit les dernières lispositions pour l'assaut. Trois colonnes d'attaque, comnandées par Lamoricière, Combes et Corbin, s'élancent ur la brèche et y plantent le drapeau français; mais tout coup elles disparaissent dans une formidable explosion, u milieu d'un nuage de poussière et de fumée. Elles se naintiennent d'abord, malgré des pertes cruelles, puis, eprenant l'avantage, elles poussent devant elles de maison en maison les ennemis vaincus qui se précipitent en ascade humaine dans le ravin de l'Oued-Rummel. Le énéral Valée, nommé maréchal de France et gouverneur de l'Algérie, acheva la conquête de la province de Constantine par une expédition à travers le Djurjura, ans le défilé du Biban ou des Portes-de-Fer (1839).

Pendant que la domination turque succombait à l'Est, es Arabes se soulevaient à l'Ouest avec Abd-el-Kader pour éfendre leur pays et leur religion contre un peuple tranger et chrétien. Abd-el-Kader se présenta à eux omme le libérateur de la terre d'Afrique et le vengeur e l'islamisme, comme leur roi et leur prophète. Brave oldat, audacieux capitaine, rusé politique, éloquent orateur, il frappa l'imagination de ses compatriotes par ses actes et ses paroles; il leur prêcha la guerre sainte et les conduisit au combat. Vainqueur, il poursuivait nos troupes avec acharnement; vaincu, il disparaissait dans les gorges de l'Atlas ou dans le désert pour reparaître bientôt avec de nouvelles forces. Dans cette guerre d'escarmouches, de marches rapides et de surprises, nos soldats firent des pertes cruelles, et souvent ils trouvèrent mutilés, sur les chemins, des cadavres de leurs camarades, dont les têtes avaient servi de trophée aux Arabes; mais ils donnèrent mille fois des preuves de leur indomptable courage.

Dès 1832, Abd-el-Kader s'était mis à la tête des Arabes de Mascara. Il avait soumis peu à peu à son influence la plupart des tribus voisines, et, en 1834, il traitait d'égal à égal avec la France. L'échec qu'il fit essuyer à une de nos colonnes dans les marais et les collines boisées de la Macta accrut encore son prestige (1835), et, malgré la prise de Mascara, malgré la défaite qu'il essuya à la Sikkak, il obtint de Bugeaud le traité de la Tafna, qui lui abandonnait la possession d'une grande partie de l'Algérie (1837). Il reprit les armes à la fin de 1839, et il lança des nuées d'Arabes et de Kabyles sur nos positions, sur nos détachements isolés, sur nos colons. Il fallut tenir tête partout à la fois. Le capitaine Lelièvre, avec 123 chasseurs d'Afrique, se maintint héroïquement dans le petit village de Mazagran, et une armée de 10,000 hommes, pénétrant dans les rochers et les défilés de l'Atlas, débusqua, au col de Mouzaïa, les troupes de l'émir et occupa les villes de Médéah et de Milianah

(1840). La France se résolut enfin à un effort plus énergique; l'armée d'Algérie fut portée à 80,000 hommes, et le général Bugeaud en reçut le commandement. Ce qui retardait surtout les progrès de la conquête, c'était l'aspérité du sol et la difficulté de porter une armée régulière avec son matériel dans les retraites où les Arabes enfermaient leurs femmes et leurs enfants, cachaient leurs provisions et leurs troupeaux. Bugeaud sut conformer son système de guerre à la nature du sol et au caractère des habitants : il allégea l'équipement du soldat, diminua sa charge de vivres en lui apprenant à découvrir les silos, à faire des razzias, et lança ses colonnes mobiles dans les lieux les plus abrupts et les plus secrets. La smalah d'Abd-el-Kader, « une grande ville ambulante qu'on pouvait considérer comme la capitale de l'empire arabe, » fut enlevée par le duc d'Aumale (1843), et l'émir pourchassé partout s'enfuit au Maroc, qui l'accueillit en allié.

L'empereur du Maroc, Abd-er-Rhaman, cédant aux sollicitations d'Abd-el-Kader et au fanatisme de ses propres sujets, déclara la guerre à la France. Une grande bataille se livra sur les bords de l'Isly. Le maréchal Bugeaud n'avait que 12,000 hommes à opposer aux 30,000 cavaliers et aux 10,000 fantassins du Maroc; mais ses troupes, habilement disposées en carrés et en losanges, reçurent à la pointe des baïonnettes la cavalerie ennemie, puis la décimèrent de leurs feux et la mirent en pleine déroute. Dans le même temps, l'escadre du prince de Joinville bombardait Tanger et Mogador. L'empereur du Maroc demanda la paix; la France, « assez riche pour payer sa gloire, » n'exigea de lui que l'expulsion d'Abd-el-Kader.

Chassé du Maroc, Abd-el-Kader continua néanmoins la lutte pendant trois ans encore, presque toujours vaincu, mais toujours insaisissable. Enfin il fut cerné par le général Lamoricière à Sidi-Brahim et contraint de se rendre (décembre 1847). La prise d'Abd-el-Kader mit fin à la grande guerre en Algérie; cependant il fallut encore de nombreuses expéditions pour achever la soumission du pays. Les Kabyles, qui occupent les monts du Djurjura, furent vaincus en 1851 par le général Saint-Arnaud, et leur pays fut définitivement conquis en 1857 par le maréchal Randon. Une insurrection, qui éclata en 1871 à la suite de nos revers, fut réprimée. Cependant l'œuvre de la colonisation se poursuit, malgré le manque de grands cours d'eau, la difficulté des communications, l'esprit souvent hostile encore des vaincus, et l'Algérie, fécondée par le sang de nos soldats et la sueur de nos colons, se rattache chaque jour par des liens plus étroits à la mère patrie : c'est une autre France sur la terre d'Afrique.

NEUVIÈME SÉANCE.

ÉPUBLIQUE DE 1848. — INTERVENTION ROMAINE. — EMPIRE. — AVÈNEMENT DE NAPOLÉON III. — GUERRE DE CRIMÉE. — PRISE DE SÉBASTOPOL. — TRAITÉ DE PARIS. — GUERRE D'ITALIE EN 1859. — MAGENTA et SOLFÉRINO. — PAIX DE VILLAFRANCA. — GUERRE DE CHINE. — COMBAT DE PALIKAO. — CAMPAGNE DU MEXIQUE. — SIÈGE DE PUÉBLA. — MAXIMILIEN.

République de 1848. Intervention romaine. — Après la évolution de février qui renversa la branche cadette des ourbons, un gouvernement provisoire composé de Duont (de l'Eure), Arago, Lamartine, Crémieux, Ledruollin, Marie, Garnier-Pagès, Louis Blanc, Flocon, rmand Marrast et l'ouvrier Albert, s'installa à l'Hôtel e ville et proclama la République. En attendant la réuion d'une Assemblée constituante, qui serait souveraine, s'efforça de faire accepter de la France le nouvel ordre e choses, et de prévenir une guerre civile que rendait nminente l'explosion des idées socialistes. Les élections e firent par le suffrage universel, le 23 avril, et l'Assemlée constituante, réunie le 4 mai, remit le pouvoir exéutif d'abord à une commission de cinq membres, Arago, arnier-Pagès, Marie, Lamartine, Ledru-Rollin, et plus rd au seul général Cavaignac. L'Assemblée constituante ut à défendre son existence contre l'émeute du 15 mai l'existence de la société elle-même contre le terrible soulèvement des journées de juin. Quand elle eut triomphé, elle rédigea la Constitution de 1848 qui confiait le pouvoir législatif à une assemblée unique, le pouvoir exécutif à un président élu, comme l'assemblée, par le suffrage universel. Louis-Napoléon Bonaparte, fils de l'ancien roi de Hollande Louis et de Hortense de Beauharnais, fut élu à la présidence le 10 décembre 1848, et l'Assemblée constituante se sépara le 27 mai suivant. Elle avait, au mois de février 1849, consenti à une expédition en Italie pour rétablir le pape Pie IX chassé de ses États par une révolution.

Le corps expéditionnaire fut placé sous le commandement du général Oudinot. Il fallut faire le siège de Rome défendue par Mazzini et Garibaldi (30 mai). Les opérations furent conduites avec lenteur, parce qu'on voulait ménager les monuments de Rome, et l'artillerie ne s'attaqua qu'au mur d'enceinte. Quand les brèches furent ouvertes, nos troupes montèrent à l'assaut et la ville capitula (3 juillet). Pie IX rentra dans sa capitale pacifiée le 12 avril 1850, et nos troupes y restèrent pour le protéger jusqu'à la guerre de 1870.

Empire (1852-1870). — L'Assemblée législative se réunit le 28 mai 1849. Elle fut dissoute par le coup d'État du 2 décembre 1851. Le président, après cet acte de violence, se fit conférer la présidence décennale par le plébiscite du 20 décembre, l'empire par le plébiscite du 20 novembre, et il prit le titre d'empereur le 2 décembre 1852 sous le nom de Napoléon III. La Constitution de 1852 rappelait dans ses éléments principaux la Constitution du premier empire : Conseil d'État, Corps législatif et Sénat[1].

Napoléon III a régné dix-huit ans. Cette période a vu s'accomplir de grandes guerres, qui ont profondément modifié l'état politique de l'Europe : guerre de Crimée, guerre d'Italie, guerre de la Prusse contre l'Autriche, guerre de la Prusse contre la France, et, dans le même temps, nos armées ont paru dans d'autres régions du monde, notamment en Syrie, en Chine, en Cochinchine et dans le Mexique.

Guerre de Crimée (1854-1856). — La question d'Orient n'avait pas été résolue en 1841 ; elle n'avait été qu'assoupie. Elle se posa de nouveau en 1853. Le czar de Russie Nicolas, poursuivant la politique ambitieuse de ses prédécesseurs, voulait conquérir la Turquie d'Europe et prendre avec Constantinople ce qu'il appelait les clefs de sa maison. Il espérait neutraliser les efforts de la France, en gagnant la connivence de l'Angleterre, et triompher facilement de la faiblesse des Turcs; mais la conquête de la Turquie eût donné à la Russie une prépondérance dangereuse en Europe; elle eût menacé les communications de l'Angleterre avec l'Inde et détourné, au profit des Russes, une partie du commerce anglais en Orient; la France et l'Angleterre s'allièrent pour déjouer l'ambition moscovite. Le czar avait trouvé un prétexte de lutte. Chef religieux de ses sujets, il prétendit aussi au titre de chef religieux des

(1) Napoléon III épousa, en 1853, Eugénie de Montijo, comtesse de Teba, dont il eut un fils en 1856, Napoléon-Eugène-Louis. Ce prince a été tué par les Zoulous le 1er juin 1879.

chrétiens grecs ou orthodoxes sujets de la Porte; et, à propos de dissentiments survenus entre les catholiques et les grecs pour la possession des sanctuaires de la Terre sainte, il envoya, en 1853, à Constantinople, le prince Menschikoff pour revendiquer le protectorat de la religion orthodoxe en Turquie. Ses prétentions ayant été repoussées, Menschikoff quitta Constantinople (mai 1853), et le czar déclara que ses troupes occuperaient la Moldavie et la Valachie jusqu'à ce que la Porte eût cédé à ses exigences. Toutefois il protestait encore de ses intentions pacifiques et déclarait qu'il ne ferait qu'une guerre défensive; mais une flotte russe sortie de Sébastopol surprit et détruisit à Sinope une escadre turque (30 novembre). Cette attaque imprévue dissipait tout espoir de conserver la paix. Déjà l'armée turque, commandée par Omer-Pacha, s'était avancée pour défendre les principautés; les flottes de la France et de l'Angleterre mouillées dans la baie de Bésika franchirent alors les détroits et pénétrèrent dans la mer Noire sous les ordres des amiraux Hamelin et Dundas. La France et l'Angleterre, qui avaient déjà promis leur concours à la Turquie, le lui garantirent par un traité, puis elles signèrent entre elles une alliance offensive et défensive. La guerre allait commencer.

Bataille de l'Alma (1854). — La Russie est défendue contre toute invasion continentale par l'immense étendue de son territoire, et elle avait de plus, en 1854, sa frontière occidentale protégée par la neutralité de la Prusse et de l'Autriche. Mais elle présente deux points vulnérables par la Baltique et par la mer Noire, surtout lorsqu'il

GUERRE DE CRIMÉE (1854-1855). Page 200.

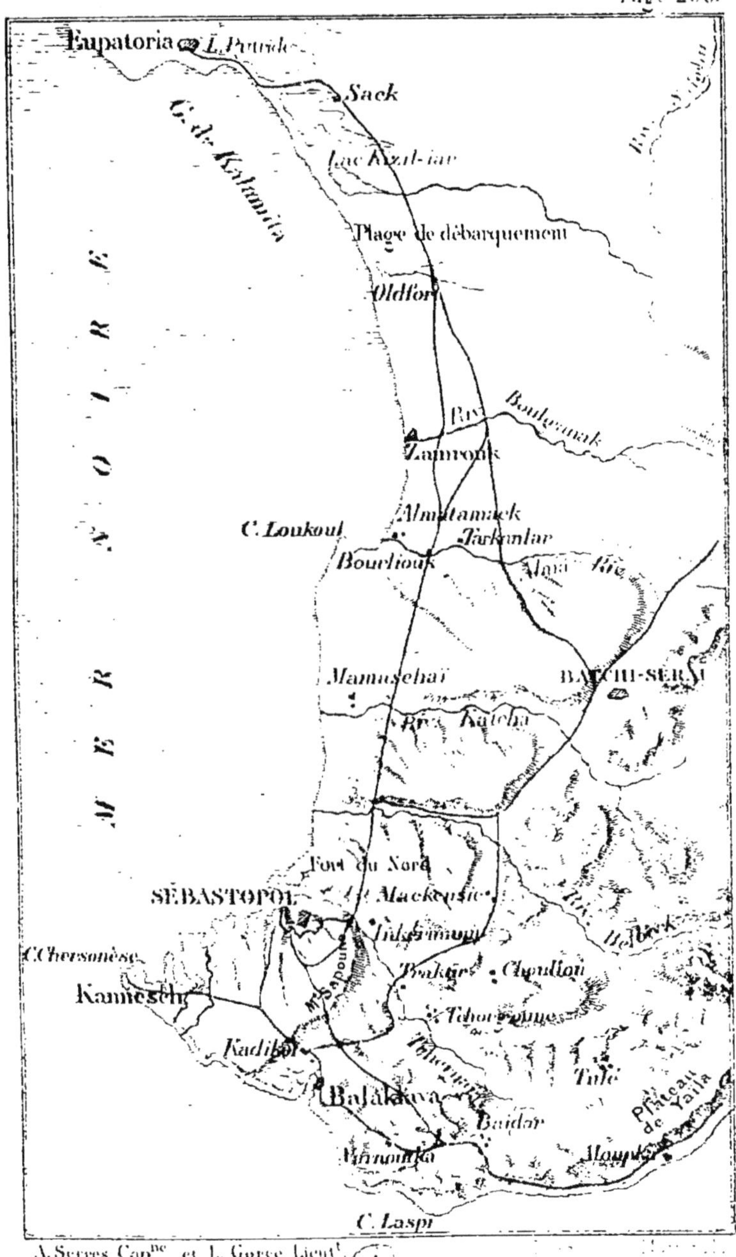

A. Serres, Cap[ne]. et L. Gorce, Lieut[t].

se forme contre elle une coalition d'une puissance continentale et d'une puissance maritime qui peuvent réunir leurs armées et leurs flottes. C'était le cas en 1854, et les alliés résolurent d'attaquer à la fois par la Baltique et par la mer Noire; mais, à cause de la base d'opérations qu'offrait la Turquie, c'est du côté de la mer Noire que les plus rudes coups furent portés. La France avait alors une puissante armée, bien munie de tout et aguerrie par les campagnes d'Algérie. Généraux et soldats se connaissaient et avaient confiance les uns dans les autres. Le commandement en chef fut confié au maréchal Saint-Arnaud, qui avait sous ses ordres les généraux Canrobert, Bosquet, d'Allonville, Forey, de Martimprey, Levaillant, etc. L'armée anglaise fut commandée par lord Raglan. Pendant que les flottes alliées bombardaient Odessa, chassaient les Russes des forteresses de la côte orientale de la mer Noire et bloquaient le port de Sébastopol, les troupes de terre débarquaient à Gallipoli d'abord, puis à Varna, au pied des Balkans. L'approche de cette armée décida les Russes à abandonner le siège de Silistrie, qui se défendait bravement depuis quatre mois, et à évacuer les principautés. La garde de ces provinces fut alors confiée à l'Autriche, qui avait intérêt à neutraliser les bouches du Danube. Mais, dans les marais de la Dobruscha, nos troupes eurent cruellement à souffrir du typhus et du choléra; il fallait les sortir au plus tôt de cette région insalubre et commencer la guerre offensive. Les généraux résolurent de les transporter en Crimée pour s'emparer de Sébastopol, l'établissement militaire le plus important des Russes sur la mer Noire. Le débarquement eut lieu près d'Eupatoria le 14 septembre, et quelques jours après on rencontra l'armée russe de Menschikoff retranchée dans une position formidable derrière l'Alma, sur des hauteurs abruptes. La bataille se livra le 20 septembre. La rivière de l'Alma franchie, le corps principal de nos troupes aborda le front des Russes, pendant que les zouaves tournaient leur gauche et que l'armée anglaise menaçait leur droite. La vigueur de l'attaque, et surtout l'élan des zouaves qui escaladèrent des positions jugées inexpugnables par Menschikoff, triomphèrent de tous les obstacles. Les Russes vaincus après trois heures de lutte se retirèrent vers Sébastopol. Les vainqueurs les suivirent, mais lentement; le 26, ils occupèrent le port de Balaklava, et, dans les premiers jours d'octobre, ils s'établirent devant Sébastopol.

Le maréchal Saint-Arnaud ne survécut guère à sa victoire. Déjà malade du choléra le jour de la bataille, il mourut le 29 septembre en rentrant en France. Avant de partir, il remit le commandement au général Canrobert.

Siège de Sébastopol. Batailles de Balaklava et d'Inkermann (1854-1855). — Le siège de Sébastopol était une œuvre difficile. Ce fut moins, d'ailleurs, le siège régulier d'une place de guerre que le siège d'une armée qui, déjà supérieure en nombre, était, en outre, défendue par de formidables retranchements, et qui, faute d'un investissement complet, pouvait se ravitailler incessamment en hommes, en vivres et en munitions. En effet, Sébastopol est bâtie au sud d'un golfe profond que les armées alliées étaient insuffisantes à bloquer; un ingénieur habile, le colonel

Todleben, avait multiplié autour de la place et au nord du golfe les moyens de défense; le port était fermé par des vaisseaux coulés à fond, dont les canons avaient été portés sur les remparts; enfin Menschikoff restait en communication par le golfe avec l'armée de Liprandi, qui tenait la campagne, et il pouvait combiner avec elle de fréquentes sorties. Tant d'obstacles devaient prolonger la lutte pendant près d'un an; mais, en raison même des efforts qui furent faits, la prise de Sébastopol amena la fin de la guerre. Les armées alliées campèrent au sud de Sébastopol : les Français à gauche et au centre, les Anglais à droite. Malgré la résistance d'un sol rocheux entrecoupé de ravins, elles poussèrent les travaux d'approche avec vigueur; mais elles étaient si loin de leur base d'opérations et de tout secours immédiat, que les Russes ne désespérèrent pas de les jeter à la mer. Le 25 octobre, l'armée de Liprandi chassa un corps turc des hauteurs qui séparaient le camp des Anglais du port de Balaklava, leur centre d'approvisionnements; elle fut repoussée par plusieurs charges de la cavalerie anglaise que secondèrent nos chasseurs d'Afrique. Le 15 novembre, les Russes renouvelèrent leurs attaques. Pendant que la garnison de Sébastopol faisait une sortie à notre extrême gauche, au ravin de la Quarantaine, l'armée de secours, à la faveur d'une nuit pluvieuse et d'un épais brouillard, traversait la vallée d'Inkermann, sans être signalée, et tombait à l'improviste sur l'extrême droite des Anglais. Cette fois elle comptait 60,000 hommes. Les Anglais n'étaient que 6,000. Malgré l'infériorité du nombre et la surprise d'une attaque imprévue, ils tinrent bon pendant deux heures, mais leurs bataillons épuisés par une lutte corps à corps ou éclaircis par la mitraille commençaient à faiblir lorsque derrière eux ils entendirent le cri : Courage, les Anglais! La division Bosquet arrivait à leur secours. Alors les Russes furent attaqués avec un nouvel élan, rejetés à la baïonnette dans la vallée d'Inkermann et vaincus avec une perte de 1,500 morts. La sortie de la garnison avait été de même repoussée après une lutte meurtrière. La victoire d'Inkermann éloigna pour quelque temps l'armée de secours de nos campements, mais les sorties de la garnison continuèrent à menacer incessamment nos travaux d'approche.

Hiver de 1854-1855. — Cependant l'hiver sévissait avec rigueur. Nos troupes, condamnées à des travaux pénibles dans la boue et la neige, mal abritées sous la tente ou obligées de coucher à la belle étoile dans la tranchée, eurent beaucoup à souffrir du froid. La France ne les oubliait pas. Non seulement le gouvernement s'efforçait de pourvoir à leurs besoins par des envois de vivres et de vêtements, mais les populations elles-mêmes, émues de leurs souffrances, ouvraient des souscriptions publiques pour leur procurer des couvertures plus chaudes, une nourriture plus abondante, du vin et du tabac. Ces témoignages de sympathie, ces souvenirs de la patrie absente maintenaient la bonne humeur et réconfortaient les courages. Après la mauvaise saison, les opérations furent reprises avec vigueur et dirigées surtout contre la tour Malakoff, que l'on reconnut être la clef des positions ennemies. Les Russes avaient élevé de nouveaux retranchements; mais l'armée française avait reçu des renforts considérables, et le roi de Piémont, Victor-Emmanuel, qui venait de signer un traité d'alliance avec la France, l'Angleterre et la Turquie, envoyait en Crimée un corps de 18,000 hommes sous les ordres du général de la Marmora. De plus la Turquie, pour qui l'on combattait, était invitée à faire de nouveaux sacrifices; une division de son armée débarqua à Eupatoria sous les ordres d'Omer-Pacha, et y repoussa victorieusement une attaque des Russes (17 février 1855). Deux semaines après ce nouvel échec de ses troupes, le czar Nicolas mourut laissant le trône à son fils Alexandre II (2 mars) : mais l'avènement de ce prince ne changea rien au cours de la guerre.

Le général Pélissier. Bataille de Traktir. Prise de Sébastopol. — Cependant, malgré un nouveau succès de nos troupes, qui avaient repoussé une sortie des Russes devant le mamelon Vert (22 mars), l'opinion publique en France et en Angleterre s'impatientait des lenteurs d'un siège dont on ne concevait pas toutes les difficultés. On demandait des efforts plus énergiques et une direction plus audacieuse dans le commandement. Le général Canrobert, dont on admirait cependant la sollicitude pour nos soldats, ne paraissait pas l'homme de la situation. D'ailleurs la lourde responsabilité dont il était chargé lui pesait, et des dissentiments s'étant produits entre lui et lord Raglan, il se démit de ses fonctions de général en chef et reprit avec une noble abnégation le commandement de sa division d'infanterie. Il fut remplacé par le général Pélissier.

Le nouveau commandant avait à cœur de répondre à l'attente publique; il donna une impulsion plus vigoureuse à la guerre et dirigea surtout ses efforts contre le faubourg de Karabelnaïa, dont les principales défenses étaient le grand Redan et la tour Malakoff. Pendant que les flottes alliées pénétraient dans la mer d'Azof en enlevant Kertch et Iénikalé, brûlaient Arabat, bombardaient Taganrog et essayaient d'entraver les ravitaillements des Russes, les troupes du siège repoussaient deux sorties de la garnison au ravin de la Quarantaine (22, 23 mai), et enlevaient les deux positions importantes du mamelon Vert et de la redoute du Carénage (7 juin). Les Anglais, de leur côté, avaient occupé l'ouvrage dit *des Carrières*. Le terrain gagné fit croire au général qu'il pouvait céder à l'impatience des troupes et brusquer l'assaut. Une double attaque fut dirigée par les Français contre la tour Malakoff, par les Anglais contre le grand Redan (18 juin). Elle échoua et coûta aux alliés des pertes importantes. Quelques jours après, lord Raglan mourait du choléra comme Saint-Arnaud, et était remplacé par le général Simpson.

L'échec d'un premier assaut, loin de décourager nos troupes, leur inspira le désir d'une prompte revanche. Elles poursuivirent les travaux d'approche de manière à resserrer de plus en plus la place, et supportèrent avec un égal entrain les fatigues et les dangers de la lutte. Les Russes, de leur côté, multipliaient leurs sorties et leurs attaques.

Le 16 août, l'armée de secours attaqua les Piémontais dans la vallée de la Tchernaïa, au pont de Traktir.

Les Français accoururent au secours de leurs alliés, et les Russes furent encore une fois vaincus. Cependant le moment décisif approchait; une formidable artillerie de huit cents pièces était disposée en batteries autour de la place. Le bombardement commença le 5 septembre et dura trois jours avec une intensité terrible. Les assiégés ne purent réparer les brèches faites dans leurs défenses, et l'assaut devint possible. Il eut lieu le 8 septembre. « A midi juste toutes nos batteries cessèrent de tonner pour reprendre un tir plus allongé sur les réserves de l'ennemi. A la voix de leurs chefs, les divisions de Mac-Mahon, Dulac et de la Motterouge, sortent des tranchées. Les tambours et les clairons battent et sonnent la charge, et, au cri de : Vive l'empereur! mille fois répété sur toute la ligne, nos intrépides soldats se précipitent sur les défenses de l'ennemi. Ce fut un moment solennel. La première brigade de la division Mac-Mahon, le 1er de zouaves en tête, suivi du 7e de ligne, ayant à sa gauche le 4e chasseurs à pied, s'élance contre la face gauche et le saillant de l'ouvrage Malakoff. La largeur et la profondeur du fossé, la hauteur de l'escarpement des talus rendent l'ascension extrêmement difficile pour nos hommes; mais enfin ils parviennent sur le parapet garni de Russes, qui se font tuer sur place, et qui, à défaut de fusils, se font armes de pioches, de pierres, d'écouvillons, de tout ce qu'ils trouvent sous la main. Il y eut là une lutte corps à corps, un de ces combats émouvants dans lequel l'intrépidité de nos soldats et de leurs chefs pouvait seule donner le dessus. Ils sautent aussitôt dans l'ouvrage, refoulent les Russes, qui continuent de résister, et peu d'instants après le drapeau de la France était planté sur Malakoff pour ne plus en être arraché [1]. » Malgré des retours offensifs vigoureusement conduits, les Russes ne purent reprendre Malakoff, et, après un siège mémorable, qui est peut-être sans exemple dans les annales militaires et où ils avaient rivalisé de courage avec leurs vainqueurs, ils évacuèrent Sébastopol en laissant derrière eux quatre mille canons. La ville n'était plus qu'un monceau de décombres.

Opérations navales. — Pendant la longue durée du siège de Sébastopol, les alliés avaient fait d'autres attaques sur différents points de l'empire russe. Le port de Petropaulosk, à l'extrémité de la Sibérie, dans l'océan Pacifique, avait été bombardé; la mer Blanche avait été soumise à un blocus rigoureux tout le temps où elle n'est pas obstruée par les glaces; enfin des opérations beaucoup plus importantes avaient été dirigées dans la mer Baltique. Dès le commencement de la guerre, une escadre anglo-française, sous les amiraux Napier et Parseval-Deschênes, bloqua la flotte russe devant Cronstadt et paralysa une partie des forces de l'ennemi qui durent rester dans le Nord pour protéger leur capitale menacée. Il était impossible de tenter une attaque sérieuse sur Cronstadt, dont les fortifications étaient plus redoutables que celles de Sébastopol; mais un corps expéditionnaire français, commandé par le général Baraguay d'Hilliers, descendit dans l'île d'Aland et s'empara de Bomarsund.

Traité de Paris (1856). — Après la prise de Sébas-

[1] Rapport du général Pélissier.

topol, les armées victorieuses s'avancèrent au centre de la Crimée pour débusquer les Russes de leurs positions et les obliger à évacuer définitivement la péninsule; en même temps une nouvelle expédition maritime était dirigée dans la mer d'Azof, et un corps expéditionnaire enlevait Kinburn dans le liman du Dniéper. Mais la Russie était épuisée; elle n'avait nul secours à attendre du dehors, et elle voyait la Suède accéder à la politique des puissances occidentales, aussi adhéra-t-elle aux propositions de paix que présenta l'Autriche. Ces propositions, discutées dans un congrès, aboutirent au traité de Paris. La Russie perdit la frontière de la Bessarabie et renonça au protectorat des provinces danubiennes; la liberté du Danube fut assurée; la mer Noire fut neutralisée, et il y eut défense d'élever sur ses rives aucun arsenal militaire et maritime; enfin les immunités des sujets chrétiens de la Porte furent consacrées, sans porter atteinte à la dignité du sultan. Une clause particulière du traité posait les bases du droit maritime pour protéger le commerce des neutres en cas de guerre. La guerre de Crimée, qui avait porté haut notre renommée militaire, retarda pour un temps la décadence et la chute de l'empire ottoman. Mais cet empire était tellement ébranlé que quatre ans après il eut encore besoin des secours de la France, et cette fois pour rétablir la paix dans une de ses provinces. Une expédition française fut envoyée pour préserver la population chrétienne du Liban, les Maronites, contre les violences des Druses musulmans.

L'isthme de Suez. — Les préoccupations de l'Europe,

tournées du côté de l'Orient par toutes ces guerres, y furent aussi maintenues par une grande œuvre de paix. Un Français, M. de Lesseps, entreprit, malgré la jalouse intervention de l'Angleterre, le percement de l'isthme de Suez, qui, terminé depuis 1869, ouvre la plus utile des voies de communication, par la Méditerranée et la mer Rouge, entre l'Europe et l'Asie.

Guerre d'Italie en 1859. — Les traités de 1815 avaient délivré l'Italie de la domination française; mais ils ne lui avaient donné ni l'indépendance ni l'unité. La péninsule restait divisée en plusieurs États distincts, et l'influence de l'Autriche y était prépondérante. Cette puissance y possédait le royaume lombardo-vénitien; ses troupes occupaient depuis 1849 les places de Toscane et de Modène, où régnaient des archiducs autrichiens, celles du duché de Parme et des légations romaines; elle avait un allié dévoué dans le roi de Naples; le Piémont seul échappait à son action. Ce petit pays, avec la constitution libérale qu'il tenait de Charles-Albert et de Victor-Emmanuel II, apparaissait comme le futur libérateur de la patrie commune à tous les patriotes italiens. C'est sur lui qu'ils comptaient pour chasser les Autrichiens et faire l'Italie. Un ministre habile, M. de Cavour, sut exploiter ces espérances et ces sympathies dans l'intérêt du Piémont, et, en prévision de l'avenir, il avait envoyé l'armée piémontaise combattre en Crimée à côté des Anglais et des Français. Au congrès de Paris, où le Piémont avait conquis l'honneur d'être représenté, il posa devant l'Europe la *Question italienne* et insista particulièrement sur la néces-

CAMPAGNE D' ITA

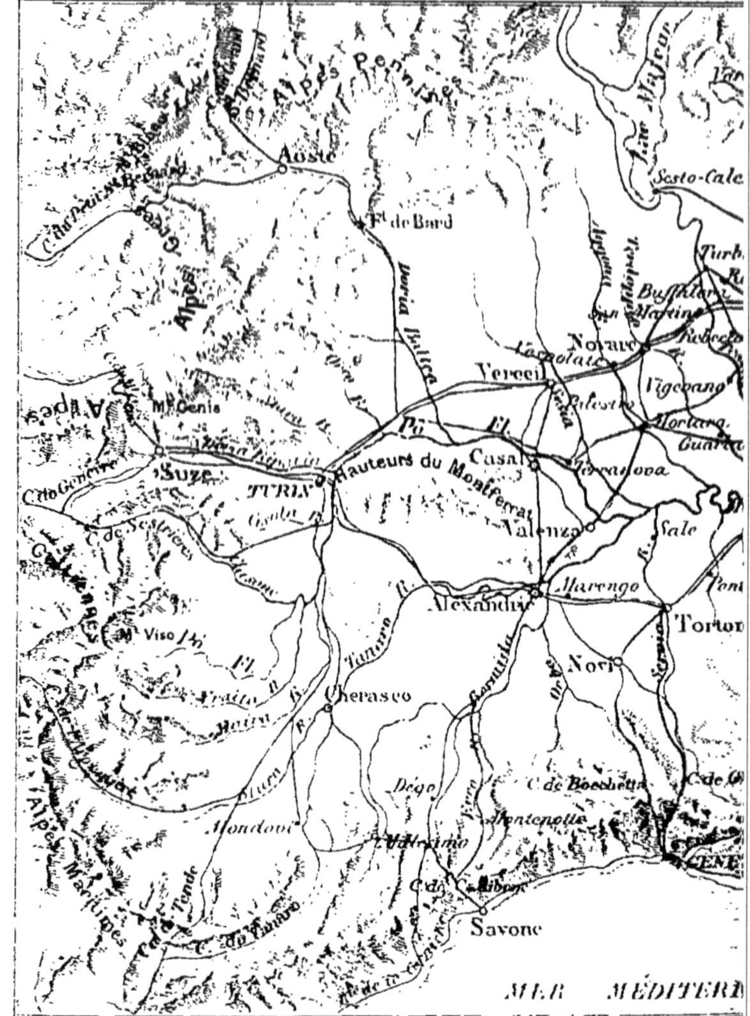

A. Serres, Capⁿᵉ, et L. Goree, Lieutᵗ.

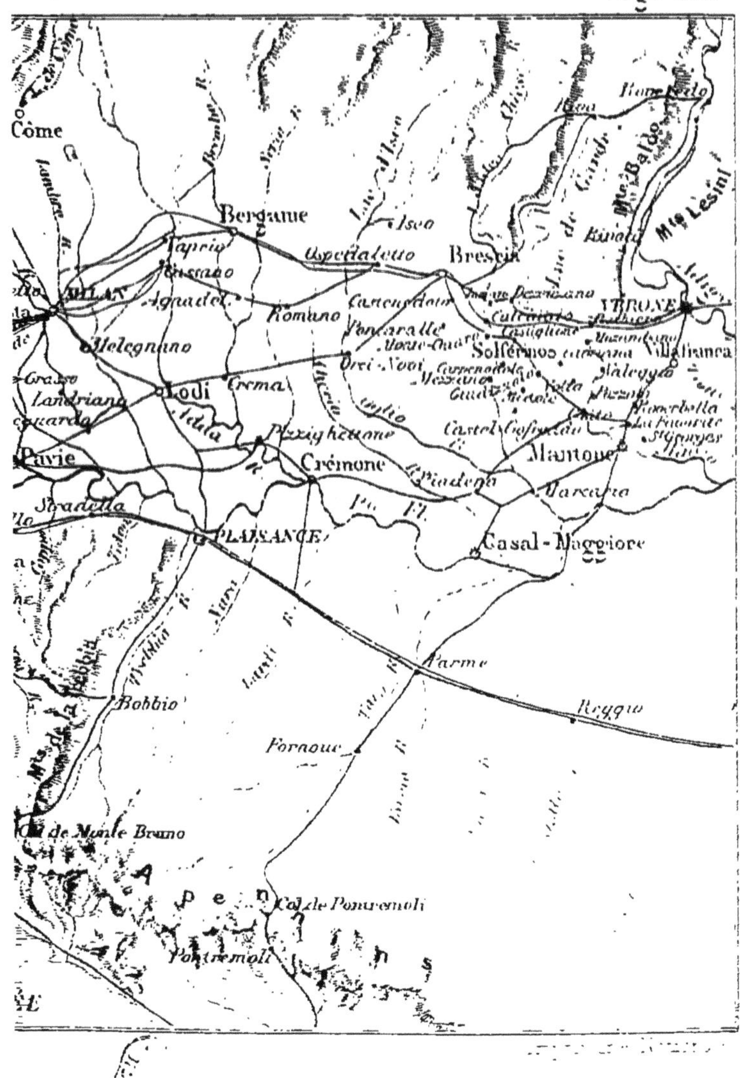

Côme
Bergame
Iseo
Brescia
Ospedaletto
MILAN
Cassano
Agnadel
Romano
Melegnano
Lodi
Crema
Pavie
Pizzighettone
Crémone
Solferino
VERONE
Villafranca
Mantoue
Castel Goffredo
Casal-Maggiore
PLAISANCE
Parme
Reggio
Bobbio
Fornoue
Stradella
Landriano
Orzi-Novi
Pontevico
Piadena
Col de Monte Bruno
Col de Pontremoli
Pontremoli
Mt Baldo
Mts Lessini

sité de retirer les troupes autrichiennes de la péninsule. Assuré désormais de la neutralité bienveillante de l'Angleterre et du concours de la France, il prit envers l'Autriche une attitude plus résolue, et, dès 1857, les relations diplomatiques étant rompues entre les deux puissances, la guerre parut inévitable. Les efforts de la diplomatie européenne ne purent l'empêcher, et elle éclata en 1859, lorsque le mariage du prince Napoléon avec la princesse Clotilde, fille de Victor-Emmanuel, eut resserré encore l'alliance de la France et du Piémont. L'Autriche, inquiète des armements du Piémont, l'avait sommé, par un *ultimatum* du 22 avril, de désarmer sous trois jours, en déclarant qu'en cas de refus ses troupes franchiraient le Tessin. C'était une déclaration de guerre. Suivant des conventions antérieures, la France défendit le Piémont. En entreprenant cette guerre, Napoléon III voulait ruiner l'influence autrichienne sur notre frontière des Alpes, et, en vertu du principe des nationalités, dont chacun parlait alors, rendre l'Italie à elle-même.

Notre puissante organisation militaire permit de transporter en quelques jours par Suse et par Gênes, auprès d'Alexandrie, une armée de 140,000 hommes de pied et de 20,000 cavaliers, avec ses approvisionnements et son matériel. Cette armée fut placée sous les ordres de l'empereur, qui eut pour chef d'état-major général le maréchal Vaillant; elle fut divisée en quatre corps commandés par Baraguey d'Hilliers, Mac-Mahon, Canrobert et Niel. L'artillerie, avec 120 canons rayés d'une grande portée, fut commandée par le général Lebœuf; le génie, par Frossard. Un cinquième corps, sous le prince Napoléon, devait opérer en Toscane pour en chasser les garnisons autrichiennes et seconder le mouvement national de la péninsule. L'armée piémontaise, de 50,000 hommes, avait à sa tête le roi Victor-Emmanuel; et un corps de volontaires, sous les ordres de Garibaldi, devait inquiéter l'extrême droite des Autrichiens.

L'armée autrichienne, forte de 200,000 hommes sous le commandement de Giulay, avait franchi le Tessin dès le 29 avril et menacé Turin; mais elle s'avança avec une incroyable lenteur, et, lorsque Giulay apprit que les *pantalons rouges* étaient à Casal, il recula pour s'enfermer dans le carré stratégique, si difficile à rompre, formé par le Pô, la Sesia et le Tessin. Il voulait y attendre l'armée française qui se concentrait à Alexandrie; mais, comme il crut sa gauche menacée, il lança une forte reconnaissance sur la rive droite du Pô. Elle rencontra près de Montebello la division du général Forey, qui, malgré l'écrasante supériorité du nombre, remporta un brillant succès: 7,000 hommes d'infanterie française, soutenus par 10 escadrons piémontais, avaient fait reculer 25,000 Autrichiens.

Bataille de Magenta. — Ce premier engagement confirma le général autrichien dans la pensée que les Français voulaient s'avancer sur la rive droite du Pô pour tourner la gauche de ses positions. Tout autre était le plan de Napoléon. Il se proposait, au contraire, de tourner la droite de l'ennemi; et, en effet, après avoir menacé Voghera, il porta ses troupes par un rapide mouvement de conversion sur Valenza, Casal, Verceil et Novare pour déborder les Autrichiens au nord et les devancer au passage du Tessin. La brillante affaire de Palestro, où le 3e régiment de zouaves et les bersagliers sardes se jetèrent bravement dans une rivière pour aborder l'ennemi à la baïonnette, assura la manœuvre générale de l'armée et le passage de la Sesia. Quelques jours après, les Français passaient le Tessin sur deux points : la gauche à Turbigo, sous Mac-Mahon ; la droite à Buffalora, sous Napoléon III, avec l'intention de se réunir à Magenta pour marcher sur Milan. Mais Giulay, forcé d'abandonner ses premières positions, avait eu de son côté le temps de passer le Tessin plus au sud, d'en remonter rapidement la rive gauche, et il se trouva en mesure d'occuper Magenta et d'isoler les deux corps de l'armée française. La situation devenait périlleuse. Magenta était la clef de la bataille ; il fallait l'enlever ou être battu. Napoléon, qui se trouvait en présence du gros de l'armée autrichienne, n'avait sous la main que les 6,000 hommes de la garde ; mais, comme il comptait sur la prompte arrivée de Mac-Mahon, il les lança contre les positions de Ponte-Nuovo-di-Magenta. La lutte fut terrible. La garde, obligée de tenir tête à des forces six fois supérieures, qui s'étaient retranchées derrière le Naviglio-Grande et la chaussée d'un chemin de fer, déploya un héroïque courage ; mais, après quatre heures de combat, elle était exténuée de fatigue, décimée par le feu de l'ennemi, et, malgré l'arrivée de quelques régiments de ligne du 3e corps accourus à son secours, elle faiblissait, lorsque Mac-Mahon parut enfin. Mac-Mahon, arrêté par des obstacles imprévus, sur un terrain difficile, en présence du corps de Clam-Gallas, qui un moment avait failli le couper, n'avait pu avancer qu'avec lenteur. Son arrivée décida le gain de la journée. Les Autrichiens, pressés de toutes parts, abandonnèrent le champ de bataille avec une perte de 10,000 hommes (4 juin 1859). Mac-Mahon reçut le titre de duc de Magenta et le bâton de maréchal de France.

Bataille de Solferino. — La victoire de Magenta ouvrit les portes de Milan, où nos troupes furent accueillies avec enthousiasme (8 juin). Ce même jour, Baraguey d'Hilliers battit à Melegnano, ou Marignan, un corps de l'armée autrichienne. Après tous ces revers, les Autrichiens reculèrent derrière l'Adda, puis derrière le Mincio ; en même temps, l'approche du 5ᵉ corps et les mouvements révolutionnaires de la péninsule chassèrent leurs garnisons des villes du centre. Leurs troupes étaient concentrées sur la rive gauche du Mincio, lorsque l'empereur François-Joseph vint en prendre le commandement, ayant sous ses ordres les feld-maréchaux de Hess et Schlik. Il reprit l'offensive, et, ramenant son armée en avant, il occupa les hauteurs qui commandent la rive droite du Mincio. C'était un champ de bataille bien connu des Autrichiens qui en avaient fait longtemps un terrain de manœuvre. Napoléon III ignorait le retour offensif des Autrichiens; aussi ce ne fut pas sans étonnement que, le 24 juin au matin, il apprit que ses têtes de colonne se heurtaient contre les avant-postes de l'ennemi; mais les mesures furent vite prises pour une grande bataille, et les différents corps d'armée, d'abord trop disséminés, furent reliés les uns aux autres pour faire front à l'ennemi. La lutte s'engagea sur une ligne de cinq lieues d'étendue : Victor-Emmanuel à l'extrême gauche, à San-Martino ; Baraguey d'Hilliers et Mac-Mahon, au centre, à Solferino et à Cavriana ; Niel, à droite, dans la plaine de Medole. Canrobert, à l'extrême droite, surveillait la garnison de Mantoue. Le nœud des positions ennemies était sur les hauteurs de Solferino et de Cavriana, couronnées par une nombreuse infanterie et défendues par une artillerie puissante ; elles furent enlevées après une longue lutte, où nos troupes furent, comme pendant toute la campagne, prodigues de leur vie. Quand le centre ennemi fut enfoncé, l'empereur d'Autriche, qui ne pouvait, dit-on, retenir ses larmes, fit sonner la retraite. Elle s'opéra à la faveur d'un violent orage qui arrêta la poursuite du vainqueur. La bataille avait duré de quatre heures du matin à huit heures du soir. Les alliés avaient perdu 17,000 hommes ; les Autrichiens, 22,000.

Traité de Zurich. — L'enthousiasme causé en France par la nouvelle de cette grande victoire durait encore, lorsqu'on apprit la conclusion de la paix. Napoléon avait promis de rendre l'Italie libre jusqu'à l'Adriatique ; mais il s'arrêta devant la nécessité d'entreprendre le siège des places fortes du quadrilatère, le danger de surexciter la révolution en Italie et la crainte de provoquer une intervention de la Prusse en faveur de l'Autriche. Les préliminaires de Villafranca, confirmés par le traité de Zurich (novembre 1859), donnaient la Lombardie au Piémont, permettaient l'établissement d'une confédération des divers États de l'Italie, sous la présidence honoraire du pape, et autorisaient le rétablissement des ducs de Modène et de Toscane dépossédés. Mais, sauf la cession de la Lombardie au Piémont, les clauses de cette paix restèrent lettre morte. Le Piémont, soutenu par les aspirations que la guerre avait développées dans les divers États de l'Italie, poursuivit son plan d'absorber la péninsule entière; il y réussit et fonda le royaume d'Italie avec Florence pour capitale. Rome seule restait au pape, sous la protection d'une garnison française. En retour de ces acquisitions, le Piémont nous céda la Savoie et le comté de Nice, deux provinces qui, après le vote des populations, furent annexées à la France (1860).

Guerre de Chine (1857-1860). — La Chine, fière de sa civilisation bien ancienne, il est vrai, mais stationnaire depuis des siècles, traite de barbares les peuples de l'Occident. Elle est restée longtemps fermée à leur commerce comme à leurs idées. Cependant les jésuites y avaient pénétré au XVIIe siècle, et en 1842 les Anglais, après une courte guerre, avaient imposé au céleste empereur le traité de Nankin, qui ouvrait cinq ports de ses États aux marchandises britanniques. Deux ans après, au traité de Wampoa (1844), la France obtenait, pour ses nationaux, les mêmes avantages, et, de plus, le libre exercice du christianisme en Chine. Mais la Chine, dans son mépris pour les étrangers, ne se croyait pas engagée par les traités signés avec eux; elle viola les conventions faites, et, en 1857, la France et l'Angleterre s'unirent pour obtenir des garanties nouvelles. Les escadres des deux puissances s'emparèrent de la ville de Canton, puis elles s'avancèrent dans le golfe de Petchili, pour remonter le Peïho et menacer Pékin, la capitale de l'empire du Milieu. Les forts qui commandaient l'entrée du Peïho furent enlevés et la ville de Tien-Tsin fut occupée. Les Chinois se hâtèrent alors de signer les traités de Tien-Tsin, qui accordaient toute satisfaction aux alliés. Mais ces traités n'étaient qu'un leurre : les Chinois les avaient signés sans envie de les observer, uniquement pour arrêter l'ennemi ; et lorsque, l'année suivante, les plénipotentiaires voulurent se rendre à Pékin, pour échanger les ratifications, ils furent arrêtés à l'embouchure du Peïho, qui était barrée par des estacades, et accueillis à coups de canon. Une tentative de débarquement faite sur un terrain fangeux, avec des forces insuffisantes, coûta une perte inutile de 500 hommes aux assaillants. Il fallait venger cet échec et punir la perfidie des Chinois. Une nouvelle expédition en Chine fut résolue : 23,000 Anglais et 12,000 Français, commandés par les généraux sir Hope Grant et Cousin-Montauban, furent transportés dans les régions lointaines de l'Orient. Cette petite armée paraissait bien insuffisante, si l'on songe qu'il s'agissait d'attaquer un empire plus vaste et plus peuplé que l'Europe ; mais les Chinois sont moins que belliqueux : leurs troupes sont mal équipées, mal armées ; et, pour les soldats européens, la supériorité du courage, de la discipline et de l'organisation militaire devait suppléer au nombre. Le débarquement se fit à l'embouchure du Peïho. Une armée de 70,000 Chinois fut chassée des forts de Takou et dispersée, et les vainqueurs marchèrent sur Pékin. Les Chinois essayèrent de les arrêter par de feintes négociations ; mais leur perfidie fut déjouée. Ils furent encore battus à Tong-Tcheou et dans une bataille plus sérieuse à Palikao; enfin ils abandonnèrent, sans combat, les immenses constructions du palais d'Eté de l'empereur, où ils s'étaient d'abord retranchés, aux portes de Pékin. La résidence impériale fut pillée, et les vainqueurs, pour venger d'odieux traitements faits à des prisonniers anglais et français, la livrèrent aux flammes. Le céleste empereur effrayé se décida à une paix sérieuse. Nos troupes entrèrent dans Pékin, au son de la musique militaire, pour escorter les deux plénipotentiaires, lord Elgin et le baron Gros. Les traités de Tien-Tsin furent ratifiés. La Chine admit des ambassadeurs anglais et français à Pékin; elle paya une indemnité de 120 millions, autorisa le libre exercice du christianisme et ouvrit de nouveaux ports au commerce étranger. Au retour, le commandant de l'expédition française, Cousin-Montauban, fut fait comte de Palikao.

Guerre de Cochinchine (1858-1862). — La France a fait dans les régions de l'Orient une autre expédition plus fructueuse pour elle que l'expédition de Chine : elle a conquis, dans la presqu'île de l'Indo-Chine, l'importante colonie de la Cochinchine. La France et l'Espagne avaient à se plaindre de l'empereur d'Annam, Tu-duc, qui persécutait les missionnaires catholiques. En 1858, un corps expéditionnaire franco-espagnol fut envoyé dans le golfe du Tonkin sous les ordres du vice-amiral Rigault de Genouilly. Il s'empara de Tourane, puis de Saïgon, mais, trop faible pour pénétrer dans l'intérieur du pays, sur un sol fangeux, sous un climat malsain et en présence de troupes considérables et relativement bien armées, il dut attendre des renforts pour continuer la lutte. Quand la guerre de Chine fut finie, les opérations furent reprises avec vigueur. Le vice-amiral Charner pénétra dans la province marécageuse de Saïgon, pendant que les chaloupes canonnières du contre-amiral Page forçaient les passes du Cambodge. La ville de Mytho fut enlevée après une vive résistance (1861). L'année suivante, le contre-amiral Bonard, successeur du vice-amiral Charner, remporta la victoire de Bavia, puis il s'empara de la citadelle de Vin-long et du camp de Miconi. Tu-duc, menacé alors dans sa capitale, signa un traité par lequel il s'engageait à payer une indemnité de 20 millions, cédait à la France les provinces de Saïgon, de Bien-hoa, de Mytho, l'île de Poulo-Condor, ouvrait au commerce français trois ports du Tonkin et permettait l'exercice du christianisme dans ses États (1862). Cinq ans après, les trois provinces de Vin-long, de Chau-doc et Ha-tien, à l'embouchure du Cambodge, furent ajoutées à nos possessions de la Cochinchine. (Voir le *Cours de géographie.*)

Guerre du Mexique (1861-1867). — Le Mexique est une ancienne colonie espagnole qui a conquis son indépendance après une longue guerre, au commencement de ce siècle (1810-1822). Depuis cette époque, il a été le théâtre de troubles continuels, de guerres civiles incessantes, et, au milieu de ce désordre, les Européens y ont été souvent l'objet de violences et de spoliations, au mépris du droit des gens et des traités conclus. En 1856, Miramon et Juarez se disputaient, les armes à la main, la présidence de la république mexicaine. Juarez finit par triompher. Durant la lutte, des Européens établis dans le pays avaient eu beaucoup à souffrir; leurs réclamations ayant été repoussées par Juarez, l'Espagne, l'Angleterre et la France se concertèrent pour une action commune contre lui par la convention de Londres (30 octobre 1861). Mais les trois puissances ne furent pas longtemps d'accord : l'Espagne et l'Angleterre se désintéressèrent de la lutte par la convention de Soledad signée avec Juarez, et la France resta seule pour continuer l'expédition. Napoléon III songeait moins alors a obtenir de Juarez les satisfactions demandées d'abord qu'à fonder au Mexique un empire qui devrait son existence à la France, entrerait dans le mouvement de la civilisation européenne et relèverait dans le Nouveau-Monde l'influence de la race latine. Il espérait obtenir le concours d'une partie de la population : c'était peu connaître le génie à demi sauvage des Mexicains, qu'ils soient de race indienne ou d'origine européenne.

Sièges de Puebla. — Le général de Lorencez, qui commandait le corps expéditionnaire, fort seulement de 6,000 hommes, reçut l'ordre de marcher sur Mexico. Cette témérité nous valut un échec. Les troupes françaises enlevèrent avec élan les défilés de Cumbrès, mais elles échouèrent devant Puebla, où les Mexicains avaient réuni 70,000 hommes et d'importants moyens de défense. Elles durent reculer jusqu'à Orizaba pour attendre des renforts; elles y résistèrent aux attaques de l'ennemi et aux atteintes plus redoutables de la faim et de la fièvre jaune. Les renforts ırrivèrent à la fin de septembre 1862 avec le général Fo-'ey, qui prit le commandement. Il avait, lui aussi, ordre le s'emparer de Mexico. Le corps d'expédition avait été ›orté à 35,000 hommes. Forey quitta Orizaba en février ı863 pour investir de nouveau Puebla. Les Mexicains ıvaient fait de chaque quartier de la ville une forteresse ›ù les défenses de toute sorte étaient accumulées; il fal-.ut des efforts d'audace, d'énergie et de patience pour s'em-ɔarer de ces forteresses. Le siège dura deux mois. La 'ictoire que le général Bazaine remporta sur l'armée de ıecours du général Comonfort à San-Lorenzo jeta le découragement parmi les assiégés, qui se rendirent à discrétion le 17 mai. Le général Forey fut nommé maréchal de France.

L'empereur Maximilien. — La chute de Puebla entraîna celle de Mexico. A peine établi dans cette ville, Forey réunit une assemblée de notables, qui, invitée à se prononcer sur la forme du gouvernement, se prononça pour la forme monarchique et offrit l'empire à l'archiduc Maximilien d'Autriche, désigné à ses suffrages par le gouvernement français. Maximilien accepta et partit pour le Mexique avec l'impératrice Charlotte. Il venait avec la généreuse pensée de créer au Mexique un ordre régulier et d'y organiser des institutions libérales et conservatrices; mais les Mexicains ne voulurent ni de son programme ni de son gouvernement, et, malgré toutes les adhésions déjà données ou promises, il se trouva isolé au milieu de ses nouveaux sujets, sans autre appui qu'une armée étrangère. Juarez et son ministre Doblado avaient organisé la résistance dans les provinces. L'armée française, command dès lors par le général Bazaine, qui reçut bientôt le bât de maréchal, poursuivit ses succès contre les juarist Mais que valait une victoire dans ces solitudes immens et sauvages? Les vaincus se reformaient à quelques lieu du champ de bataille pour user dans d'incessantes guéril nos soldats fatigués par la longueur des marches, les p vations et l'inclémence du climat. Les Français étaie maîtres du pays à la portée de leurs fusils ou de leurs nons, mais le reste leur échappait. La situation de Ma milien, déjà si difficile s'aggrava encore par la résolution q prit Napoléon III de rappeler nos troupes. L'opinion av toujours été peu favorable à cette guerre lointaine; e s'irritait de plus en plus des sacrifices qu'elle exigeait. D' autre côté, les États-Unis, qui sortaient de la guerre de cession, demandaient, non sans hauteur, la fin de l'int vention française au Mexique. Nos troupes quittèrent pays en 1867. Maximilien ne voulut pas abandonner u cause qu'il avait acceptée avec tous ses dangers. Il rest mais le soulèvement contre lui devint alors général. Il f fait prisonnier à Queretaro. Condamné à mort par un co seil de guerre, il fut fusillé le 19 juin 1867.

DIXIÈME SÉANCE.

GUERRE DE LA PRUSSE ET DE L'AUTRICHE CONTRE LE DANEMARK. — BATAILLE DE DUPPEL. — CONVENTION DE GASTEIN. — GUERRE DE 1866 ENTRE LA PRUSSE ET L'AUTRICHE. — BATAILLE DE SADOWA; SES CONSÉQUENCES. — TRAITÉ DE PRAGUE. — GUERRE DE 1870-1871. — WISSEMBOURG, WŒRTH, SARREBRUCK. — SIÈGE DE METZ. — BORNY, REZONVILLE, SAINT-PRIVAT. — BATAILLE DE SEDAN. — SIÈGE DE PARIS. — CAPITULATION DE METZ. — CONTINUATION DE LA GUERRE SUR LA LOIRE, DANS LE NORD ET DANS L'EST. — COULMIERS. — CAPITULATION DE PARIS. — TRAITÉ DE FRANCFORT.

État de l'Allemagne. — Jusqu'à la fin du XVIIIe siècle, 'Allemagne est restée toute féodale. Elle avait bien un empereur et une diète, mais sans autorité effective, et les rois à quatre cents États dont elle se composait, étaient en réalité indépendants les uns des autres. L'Autriche avait essayé, dans la guerre de Trente ans, d'établir son autorité souveraine sur toute l'Allemagne; elle avait échoué devant la résistance d'une partie des États de l'empire soutenus par les armes de la France, et l'Allemagne n'avait pas été unifiée. Mais cette unité allemande que la politique de Richelieu et de Mazarin avait empêchée, la Révolution française servit à la préparer. Ses idées sur les droits des peuples développèrent en Allemagne les aspirations libérales et y ébranlèrent les vieilles dynasties; les triomphes de nos armées, par le contre-coup de l'humiliation subie, y excitèrent un patriotisme non plus local mais national, et firent naître l'idée d'une grande patrie allemande qui, par la réunion en une seule nation des États jusqu'alors isolés, deviendrait libre et forte; enfin des changements de territoires et des annexions de toute sorte y déblayèrent le terrain. Cependant l'établissement de la Confédération germanique, aux traités de Vienne en 1815, maintint encore la division, et l'Allemagne resta partagée en trente-huit États soumis à des princes absolus. Malgré cette déception, l'idée de l'unité allemande, confondue avec l'idée libérale, se développa dans les années qui suivirent. En 1848, une révolution presque générale éclata en Allemagne, et le parlement de Francfort, qui voulait l'union sous une seule domination, de tous les *frères allemands*, offrit la couronne impériale au roi de Prusse, Frédéric-Guillaume IV. Le roi de Prusse ne voulut pas tenir cette couronne d'une révolution démocratique, et il joignit ses troupes à celles de l'Autriche pour rétablir les choses en leur ancien état. Ces événements diminuèrent pour quelques années l'influence et la popularité de la Prusse en Allemagne, mais ils accrurent son ambition depuis longtemps éveillée. Survint alors la guerre d'Italie, qui humilia l'Autriche et donna à l'Allemagne le grand exemple de l'unité italienne. Les unitaires allemands mirent de nouveau toutes leurs espérances dans la Prusse. Un habile ministre du roi Guillaume Ier, M. de Bismarck, sut tirer parti, pour la grandeur de son pays, des aspirations germaniques. Avec une habileté sans scrupule, que le respect de la justice et du droit n'a jamais embarrassée et qui a su s'appuyer tour à tour, selon les circonstances, sur le droit des peuples ou sur le droit de conquête, *par le fer ou par le feu*, il poursuivit le projet de mettre l'Autriche à la porte de l'Allemagne et de faire l'unité allemande au profit de la Prusse. C'est de ce projet qu'est sortie la guerre de 1866. Elle eut son prélude dans la guerre de Danemark.

Guerre de Danemark (1864). — Le Danemark comprenait plusieurs parties distinctes : le royaume de Danemark proprement dit, composé de l'archipel danois et du Jutland, le duché de Sleswig, terre danoise avec une population mêlée d'Allemands; enfin les duchés de Holstein et de Lauenbourg, pays allemands qui faisaient partie de la Confédération germanique. Ces divers États, réunis par les hasards de l'hérédité sous la domination d'une seule famille, présentaient dans leur organisation d'étranges anomalies; ils n'avaient pas la même constitution et ne reconnaissaient pas la même loi de succession. Or Frédéric VII, qui devint roi de Danemark, duc de Sleswig-Holstein et de Lauenbourg en 1848, n'avait pas d'héritier direct, et la monarchie danoise fut menacée d'un démembrement après sa mort. Afin de prévenir cette éventualité, il voulut imposer une même constitution et une loi de succession commune à toutes les provinces de ses États. Cette mesure provoqua un soulèvement dans les duchés, dont la population allemande désirait s'unir à l'Allemagne, et la révolte fut soutenue par la Prusse au nom de la patrie allemande (1848). La guerre des duchés se termina par le traité de Londres, qui, tout en sauvegardant les droits des duchés à une constitution distincte, maintint l'unité du Danemark et en assura l'hérédité tout entière au prince Christian de Gluksbourg (1852).

Le traité de Londres avait été signé sous la garantie des grandes puissances européennes; mais, comme il était contraire aux aspirations des unitaires d'outre-Rhin qui voulaient réunir à la patrie allemande tout ce qui parlait allemand, et qu'il contrecarrait l'ambition de la Prusse, il ne fut pas respecté. A la mort de Frédéric VII (1863), Christian de Gluksbourg monta sur le trône de Danemark sous le nom de Christian IX; aussitôt un autre prétendant, un prince allemand, le duc d'Augustenbourg, réclama les duchés, et ses prétentions furent soutenues par la Diète germanique, qui envoya des troupes hanovriennes et saxonnes pour occuper le Holstein. Ces décisions ne satisfirent point la Prusse. Elle ne voulait point des duchés pour le duc d'Augustenbourg, elle n'en voulait point même pour la confédération germanique, elle les convoitait pour elle-même. Mais elle dissimula son ambition, et ce fut sous le prétexte de défendre les droits des populations allemandes qu'elle déclara la guerre au Danemark. Elle entraîna l'Autriche dans son alliance. Le Danemark invoqua vainement et le traité de Londres et l'intervention des autres puissances européennes; il fut abandonné à lui-même. L'issue de la lutte ne pouvait être douteuse; seul contre toute l'Allemagne, un nain contre un géant, le petit peuple danois illustra du moins sa défaite par son courage. L'armée des coalisés, forte de 75,000 hommes bien armés et soutenus par une formidable artillerie, franchit l'Eyder, limite du Holstein et du Slesvig le 1er février 1864. L'armée danoise, obligée de laisser des garnisons dans les places fortes, n'avait en ligne que 30,000 hommes. Elle ne put défendre les retranchements du Danewirke, et elle se replia derrière les fortifications de Duppel et de Frédéricia. Elle y fit une héroïque résistance de deux mois; mais, écrasée par le nombre, elle finit par succomber. A la suite de ces succès, les Autrichiens occupèrent tout le Jutland, et les Prussiens, l'île d'Alsen. Le Danemark était vaincu. Les puissances victorieuses reconnurent alors ses droits sur les duchés, droits qu'elles avaient déniés jusqu'alors au nom du duc d'Augustenbourg et de la patrie allemande, mais à la condition qu'il leur en ferait l'abandon. Le traité de Vienne (1864) confirma cette iniquité. En vertu du droit de conquête, le Sleswig, le Holstein et le Lauenbourg furent cédés à la Prusse et à l'Autriche, malgré les protestations du duc d'Augustenbourg et de la Diète germanique et malgré le désespoir des populations danoises du Sleswig, qui voulaient rester unies au Danemark. La convention de Gastein, signée l'année suivante (1865) par la Prusse et l'Autriche, partagea entre elles l'administration des provinces conquises. Mais la convention de Gastein ne fut pas plus respectée par la Prusse que le traité de Londres. Ses prétentions à la possession exclusive et entière des duchés, ses empiètements de chaque jour, éveillèrent enfin l'inquiétude de l'Autriche. Cette puissance comprit qu'elle avait été jouée; elle invoqua alors pour le règlement de la question des duchés les droits de la Confédération germanique qu'elle avait elle-même méconnus antérieurement. La diète de Francfort se prononça contre la Prusse. M. de Bismarck répondit aux injonctions de la Diète en déclarant que la Confédération était dissoute et que l'Allemagne devait être reconstituée sans l'Autriche et sur des bases nouvelles. C'était une déclaration de guerre à l'Autriche et à une partie de l'Allemagne.

Organisation militaire de la Prusse. — La Prusse était prête à la guerre. Depuis Iéna, elle perfectionnait avec une incroyable persévérance son armement et son organisation militaire. Pendant que d'autres peuples s'endormaient dans la pensée d'une pacification universelle, elle devenait une nation enrégimentée, un camp. Elle pouvait, grâce à son organisation de l'armée active, de la réserve, de la landwehr, mettre sur pied tous les hommes valides de 20 à 32 ans, en laissant la landsturm pour la garde du pays; elle avait une artillerie nombreuse, bien servie, d'une portée supérieure à nos canons rayés, et une arme redoutable dans le fusil à aiguille. Mais ce qui faisait surtout la force de l'armée prussienne, c'était la supériorité de son état-major. Tous les officiers avaient été passés au crible de M. de Moltke, et, par de longues études de tactique et de stratégie, ils avaient fait de la guerre une science de calcul et de méthode. Enfin les télégraphes, les chemins de fer avaient été étudiés, utilisés par eux en vue d'usages militaires, soumis à la discipline comme des régiments sous le commandement d'officiers capables, qui savaient en tirer tout le parti possible comme moyen d'informations et de concentration.

Guerre de 1866 entre la Prusse et l'Autriche. — La Prusse avait à combattre l'Autriche et une partie des États allemands, mais elle avait l'alliance de l'Italie, qui fit une diversion utile et retint la meilleure partie de l'armée autrichienne au delà des Alpes. Elle mit sur pied un effectif de trois cent vingt mille hommes. Une partie, sous les ordres de Vogel de Falkenstein, soumit le Hanovre par la victoire de Langensalza. Le reste, deux cent soixante-dix-huit mille hommes, fut partagé en trois armées : la première sous le prince Frédéric-Charles, la deuxième sous le prince royal, la troisième sous le général Herwarth; le tout sous la direction suprême du chef de l'état-major, M. de Moltke, un général d'une habileté consommée, dont le plan avait été longtemps mûri. Les forces de l'Autriche étaient à peu près égales à celles de la Prusse : Cent cinquante mille hommes, sous l'archiduc Albert, devaien défendre la Vénétie contre les Italiens; deux cent soixante et onze mille sous les ordres de Benedek, devaient opérer contre les Prussiens; mais ces troupes, rassemblées à la hâte, formées d'éléments hétérogènes, Allemands, Hongrois, Slaves, Italiens, n'avaient ni l'unité, ni l'instruction, ni la supériorité de commandement des troupes prussiennes; aussi la lutte fut-elle courte.

Bataille de Sadowa. — L'objectif des Prussiens était la Bohême, dont les montagnes forment, au nord, comme le rempart de l'Autriche. Leur premier soin fut d'envahir la Saxe pour paralyser l'armée saxonne, alliée de l'Autriche, et assurer la base de leurs opérations; puis ils franchirent les montagnes de la Bohême : la première et la troisième armée, bientôt réunies sous les ordres du prince Frédéric-Charles, par le nord-ouest, la seconde par le nord-est. Elles devaient opérer leur jonction à Gistchin, au centre de la Bohême. Les premières opérations furent exécutées avec une rapidité qui déjoua la lenteur habituelle des Autrichiens. Un grand général aurait pu détruire l'une après l'autre les deux armées prussiennes séparées par des distances considérables. Benedek se borna à la défensive, et, quand les Prussiens eurent franchi sans combat les défilés des montagnes si faciles à garder, quand ils eurent refoulé ses premiers corps dans différents engagements, à Podol, à Munchengrætz, à Nachod, et qu'ils purent se réunir à la suite du combat de Gistchin, il se concentra en avant de l'Elbe et de la forteresse de Kœniggrætz sur une série de collines boisées pour livrer la grande bataille de Sadowa. La lutte commença le 3 juillet à sept heures du matin. La première et la troisième armée prussienne attaquèrent le centre et l'aile gauche des Autrichiens, en attendant la deuxième armée qui menaçait leur droite. L'avantage fut d'abord aux Autrichiens; leur artillerie, étagée sur des positions dominantes causa des pertes sensibles à l'ennemi, et la première armée prussienne faiblissait lorsque l'armée du prince royal entra en ligne sur leur droite et menaça les derrières de leur position. Pour faire face à ce nouvel adversaire dont il n'avait pas su prévoir l'arrivée, Benedek dégarnit son centre; les Prussiens s'y élancèrent avec audace et s'y maintinrent malgré les retours offensifs des Autrichiens. Alors ceux-ci, délogés de leurs positions, débordés de toutes parts, s'enfuirent en désordre sur les pentes qui conduisent à l'Elbe. La victoire des Prussiens était complète; ils avaient perdu neuf mille hommes tués ou blessés, les Autrichiens en avaient perdu dix-huit mille; de plus ils laissaient entre les mains du vainqueur un matériel immense.

La guerre fut plus favorable aux Autrichiens en Italie. Ils battirent les Italiens à Custozza (24 juin) et détruisirent leur flotte à Lissa (20 juillet). Mais ces succès ne pouvaient atténuer le désastre de Sadowa. L'empereur d'Autriche, en voyant l'ennemi aux portes de sa capitale, demanda la médiation de Napoléon III pour obtenir la paix. Les préliminaires en furent signés à Nikolsbourg le 24 juillet, et un traité définitif fut conclu à Prague le 23 août. L'Autriche sortit de la Confédération germanique, qui fut dissoute; elle abandonna les duchés à la Prusse, sous la vaine réserve que les populations danoises du Sleswig ne seraient pas annexées sans leur consentement; elle laissa la Prusse libre de régler à son gré les affaires de l'Allemagne du Nord jusqu'au Mein; enfin elle céda, par l'intermédiaire de Napoléon III, la Vénétie à l'Italie.

La guerre de 1866 valut à la Prusse l'acquisition directe des duchés danois, du Hanovre, de la Hesse électorale, du duché de Nassau et de la ville libre de Francfort, dont elle s'empara en vertu du droit de conquête. Elle lui donna la domination de toute l'Allemagne du Nord jusqu'au Mein, dont elle fit une confédération toute à ses ordres. L'Allemagne du Sud échappait à sa domination; mais des traités d'alliance publics ou secrets mirent à ses ordres les forces militaires de ces divers États. Bismarck avait réussi : l'unité allemande était presque entièrement faite au profit de la Prusse. Ainsi s'élevait au centre de l'Europe une puissance redoutable, dont la France avait favorisé le développement par sa neutralité ou par une complaisance désastreuse, sans prévoir le danger qu'elle se créait à elle-même. La guerre de 1866, par les ambitions qu'elle excita en Prusse, par les craintes qu'elle provoqua en France, préparait presque fatalement la guerre de 1870.

GUERRE DE 1870.

La Prusse, depuis Sadowa, se dressait en rivale menaçante de la France, et les relations avec cette puissance étaient difficiles. Déjà diverses causes de conflit, comme la question du Luxembourg, où la Prusse voulait tenir garnison au nom de la Confédération germanique, bien que cette confédération fût dissoute, et que la France voulait acheter au roi de Hollande, avaient été écartées par la diplomatie européenne, lorsque surgit la candidature d'un prince de la maison de Hohenzollern au trône d'Espagne. Ce fut là le prétexte futile d'une guerre terrible. Le gouvernement de Napoléon III commit la faute de mettre les torts apparents de son côté et celle plus grande encore de déclarer la guerre quand il n'était pas préparé à la soutenir.

Sadowa n'avait été pour la Prusse qu'une première étape; elle savait qu'après l'Autriche elle aurait à combattre la France, et elle s'y était préparée avec un soin persévérant. Elle avait, depuis la campagne de 1866, corrigé ce qui était défectueux dans son organisation militaire, perfectionné tout ce qui était susceptible d'amélioration. Elle avait accru son armée de tous les contingents de l'Allemagne du Nord, qu'elle avait assouplis au régime prussien; elle avait lié à sa fortune, par des traités, les États de l'Allemagne du Sud, et se trouvait ainsi à même de mettre sur pied plus d'un million d'hommes; enfin son état-major avait étudié nos ressources de toutes sortes, et M. de Moltke, venu secrètement en France pour mieux juger du terrain, avait préparé, par un travail minutieux, ses plans de campagne et la distribution de ses forces. Devant cette prévoyante activité, la France était restée inerte. Vainement les hommes clairvoyants avaient jeté des cris d'alarme : on n'avait rien fait de sérieux pour se tenir prêt à toute éventualité. La loi du 1er février 1868, qui supprimait l'exonération militaire, afin de rajeunir les cadres encombrés d'éléments vieillis, et qui portait le service militaire à neuf ans, dont cinq dans l'armée permanente et quatre dans la réserve, avait besoin de temps pour produire ses fruits, et l'organisation de la garde mobile par le maréchal Niel était restée à l'état d'ébauche; elle n'existait en réalité que sur le papier. Le fusil Chassepot était excellent, mais le reste du matériel était insuffisant. Sur nos neuf mille bouches à feu de campagne, il n'y en avait que quatre mille de rayées, les seules que l'on pût mettre utilement en ligne, et le personnel dont on disposait ne pouvait en servir que neuf cent trente. Les mitrailleuses, sur lesquelles on comptait beaucoup, devaient être en partie annulées par la longue portée de l'artillerie prussienne; nos places fortes n'étaient pas en état de défense, et les approvisionnements de toutes sortes faisaient tellement défaut, que, dès les premiers jours, on se trouva dans la pénurie de toutes choses. Enfin notre armée, déduction faite des non-valeurs et des troupes de dépôt, ne s'élevait qu'au chiffre de quatre cent trente mille hommes, dont soixante-dix mille étaient en Algérie et à Rome et plus de cent mille en congé temporaire. Ajoutons, afin que les revers du passé servent d'enseignement pour l'avenir, qu'il y avait dans la nation tout entière un affaiblissement visible des mœurs militaires, et que nos troupes, nourries de la légende napoléonienne, enorgueillies de leurs derniers succès, sûres aussi de leur valeur personnelle, se croyaient invincibles. C'est avec ces faibles ressources que la France allait affronter toutes les forces de l'Allemagne, organisées avec un art qui avait tout fait pour préparer la victoire. Nos désastres ont étonné le monde, et cependant, pour qui juge les conditions inégales de la lutte, il y eut quelque chose de plus étonnant que ces désastres : ce fut la longue résistance du vaincu.

Aussitôt la guerre déclarée, on appela sous les drapeaux la garde mobile, qui ne pouvait servir de sitôt, car elle n'était ni habillée, ni équipée, ni exercée, et l'on porta environ deux cent trente mille hommes de l'armée régulière sur la frontière de l'Est. Ces forces furent partagées en six corps : le 1er, sous le maréchal Mac-Mahon, à Strasbourg; le 2e, sous le général Frossard, à Saint-Avold; le 3e, sous le maréchal Bazaine, à Metz; le 4e, sous le général de Ladmirault, à Thionville; le 5e, sous le général de Failly, à Bitche, entre les corps de Frossard et de Mac-Mahon; le 6e, sous le maréchal Canrobert, devait former la réserve et marcher de Châlons sur Nancy. Un 7e corps, en voie de formation, sous les ordres du général Félix Douai, avait mission de garder la trouée de Belfort. Napoléon III prit le commandement suprême de l'armée du Rhin, avec le maréchal Lebœuf comme major-général. Après la faute politique d'avoir déclaré la guerre sans être prêt, il commettait une première faute militaire en éparpillant nos troupes sur une ligne de quatre-vingts lieues, où il était difficile aux différents corps de se soutenir mutuellement. C'était là une situation pleine de périls. La Prusse, dont les troupes furent promptement mobilisées, forma trois armées pour l'attaque de la frontière française : la 1re à droite, sous Steinmetz; la 2e au centre, sous le prince Frédéric-Charles; la 3e à gauche sous le prince royal de Prusse. C'était un effectif de près de quatre cent mille hommes, soutenus en arrière par de grands corps mobiles et par les levées de la landwehr. Le général de Moltke devait combiner avec son état-major les mouvements de ces trois armées pour donner de l'unité à leurs opérations. Son objectif était Paris; il fit prendre l'offensive sur la rive gauche du Rhin par l'armée du prince royal.

Batailles de Wissembourg, Wœrth et Sarrebruck. — La première affaire fut celle de Wissembourg. La division du général Abel Douai, du corps de Mac-Mahon, isolée sur les bords de la Lauter, fut surprise par une attaque inopinée des Allemands. Après une résistance opiniâtre de trois heures contre des forces huit fois plus nombreuses, elle fut complètement défaite; son général s'était fait tuer héroïquement. A la nouvelle de ce désastre, Mac-Mahon se porta en avant avec 46,000 hommes. Il choisit une forte position sur une suite d'éminences, près des villages de Reichshoffen, de Frœschwiller et de Wœrth. Il fut attaqué le 6 août. Nos soldats, déployant toutes les qualités d'une armée brave et disciplinée, défendirent avec acharnement pendant huit heures leurs positions contre les forces toujours croissantes de l'ennemi, mais enfin assaillis, débordés de toutes parts, écrasés par le nombre (les Allemands étaient 140,000), ils durent quitter en désordre le champ de bataille, pendant qu'une brigade de cuirassiers opposait une dernière barrière à l'ennemi, et se faisait tuer dans une charge fameuse pour assurer la retraite. L'armée de Mac-Mahon avait tenu ferme jusqu'au dernier moment, mais, en raison même des efforts qu'elle avait faits, elle était pour longtemps hors de service. Elle se retira derrière les Vosges, puis à Châlons, où elle fut rejointe par le 5ᵉ corps, qui n'avait pas combattu.

Le jour même de Wœrth, le corps du général Frossard fut battu à Sarrebruck ou Forbach. Ces deux défaites placèrent l'armée française tout entière dans la plus critique position. Sa longue ligne de front, trop faible et trop étendue, était brisée par deux coups terribles; son aile droite était rejetée derrière les Vosges, isolée, impuissante; le centre, affaibli par la défaite du corps de Frossard et par la retraite du corps de Failly, et l'aile gauche, espacés à de longs intervalles, restaient seuls exposés aux attaques des armées allemandes, qui pouvaient maintenant se réunir sans obstacle à l'ouest des Vosges et les écraser de leurs masses.

Batailles de Borny, Rezonville et Saint-Privat. — Après la désastreuse journée du 6 août, les corps encore intacts de l'armée française se concentrèrent sous les murs de Metz, et l'empereur, reconnaissant enfin, mais trop tard,

S^T PRIVAT (18 Août 1870).

Page 237.

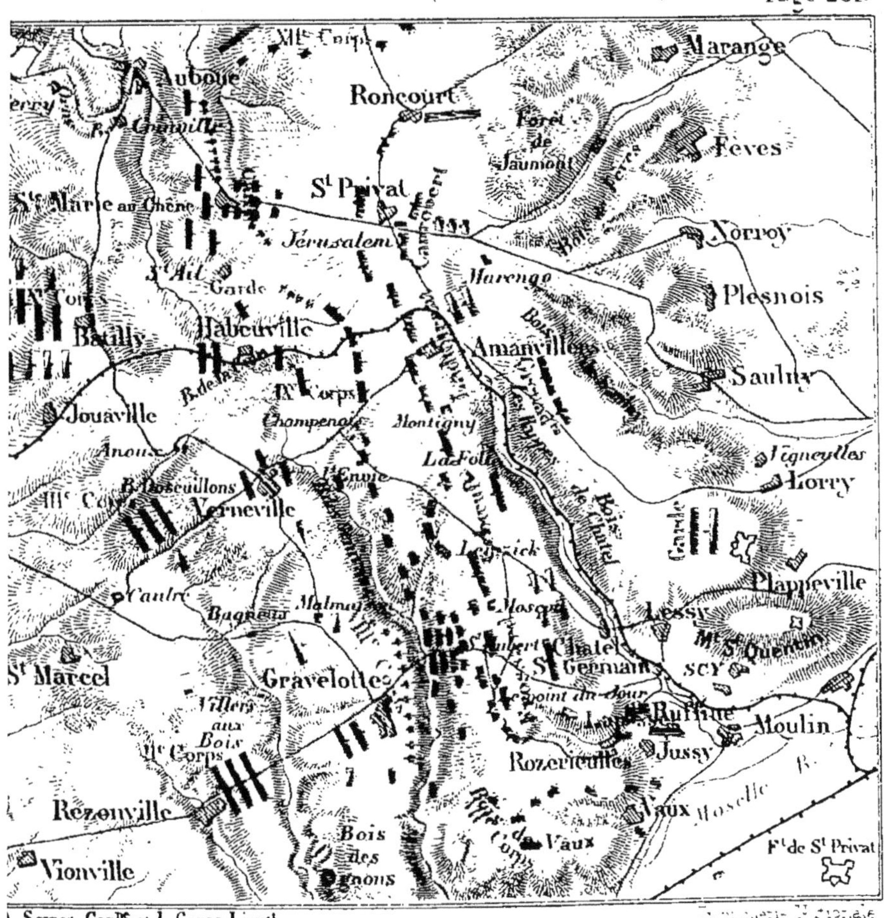

A. Serres, Cap^ne, et L. Gorce, Lieut^t.

Positions vers 5^h.

Français —— Prussiens ——

on impuissance, remit le commandement en chef au naréchal Bazaine, qui lui fut en quelque sorte imposé ɔar le suffrage populaire. L'armée de Metz, réduite à environ 150,000 hommes avec 400 à 500 canons, n'avait qu'une chance de salut : c'était de se rabattre par Verdun sur Châlons. Mais, dans le désarroi qui suivit nos premiers revers et le changement de commandement, on perdit trois jours précieux, pendant lesquels les armées de Steinmetz et de Frédéric-Charles s'avancèrent au nord et à l'est pour converger autour de Metz. Tout cependant n'était pas encore désespéré; la retraite était possible avec nos vaillantes troupes, s'il y avait eu de l'audace et de la décision dans le commandement; mais Bazaine, dominé par des préoccupations auxquelles la politique n'était pas étrangère, ne sut pas ou ne voulut pas se frayer un chemin. L'armée française se mit en mouvement le 14 dans l'après-midi; elle fut attaquée par les Allemands de Steinmetz à Borny, et soutint un sanglant combat qui eut pour conséquence de la retenir dans ses positions. Le 15, de bon matin, elle reprit sa marche, mais avec une lenteur qui favorisa le mouvement convergent des Allemands. Ceux-ci, en effet, savaient le prix du temps à la guerre, et leurs deux armées s'avançaient à marches forcées pour se rejoindre derrière Metz et fermer les avenues de Châlons. Le 16, une lutte sanglante s'engagea à Gravelotte, Rezonville, Mars-la-Tour, Vionville. Nos troupes, après une bataille acharnée, campèrent sur leurs positions; elles se croyaient victorieuses, lorsque, le lendemain, au lieu de marcher en avant, elles reçurent l'ordre inexplicable de se replier sur le plateau d'Amanvillers. C'était s'avouer vaincu et accroître les chances des Allemands. Ils tentèrent, le 18, une nouvelle bataille pour nous rejeter sous Metz. Ce fut la bataille de Saint-Privat ou de Gravelotte, l'une des plus meurtrières de la guerre. Les Français se battirent un contre deux pendant huit heures et firent essuyer des pertes terribles à l'ennemi; mais, en l'absence du général en chef, qui ne parut point sur le terrain, une partie de la réserve resta inactive, les points faibles ne furent pas soutenus, et, malgré de sublimes efforts, l'armée française dut se retirer sous les canons de Metz. La manœuvre stratégique des Allemands avait pleinement réussi : le lendemain, la majeure partie de l'armée du Rhin était cernée sous les murs de Metz et complètement séparée des autres corps en retraite sur Châlons.

Bataille de Sedan. — Pendant que se livraient autour de Metz ces luttes gigantesques où, en dépit d'une fatale issue, notre armée n'avait en rien terni sa vieille réputation de bravoure, une nouvelle armée se formait à Reims sous le commandement de Mac-Mahon, en présence de Napoléon III, revenu de Metz. Elle se composa des débris du 1er et du 5e corps, que la défaite et les fatigues d'une retraite précipitée avaient mis dans un état lamentable, du 7e corps encore intact, d'un ramassis de soldats de tous les régiments et de mobiles inexpérimentés. Avec ses éléments hétérogènes, son artillerie mal attelée, mal montée, mal servie, cette armée ne constituait pas une force militaire sérieuse, capable de prendre l'offensive. Au lieu de l'amener sous Paris pour lui donner la cohéion nécessaire, on eut l'imprudence de la diriger sur Metz au secours de l'armée de Bazaine. C'était tenter une aventure désespérée, courir à une perte certaine. L'état-major allemand apprit, non sans un joyeux étonnement, la marche de Mac-Mahon, et prit aussitôt des mesures pour l'envelopper et l'écraser. Une armée, sous les ordres du prince royal de Saxe, qu'on put détacher de Metz, grâce aux renforts venus d'Allemagne, s'avança au-devant des Français; en même temps l'armée du prince royal de Prusse, qui, après Reichshoffen, avait franchi les Vosges et marchait sur Paris par Nancy, Toul et Verdun, reçut l'ordre de se replier vers le nord pour assaillir les derrières et le flanc droit des Français, tout en donnant la main à l'armée du prince royal de Saxe. Les mouvements des deux armées furent combinés avec une précision savante, que rendait plus sûre l'immense supériorité du nombre, et exécutés avec célérité. La rapidité dans les marches fut pour les Allemands un puissant élément de succès. L'armée de Mac-Mahon, lente à se mouvoir, fut détruite avant d'avoir pu arriver sous Metz. Le désastre commença à Beaumont, au sud de Sedan, par la défaite du 5e corps, qui se laissa surprendre (30 août). Le 1er septembre se livra une bataille générale. Mac-Mahon, blessé grièvement dès le début de l'action, céda le commandement au général Ducrot, qui dut ensuite le céder lui-même à son ancien, le général de Wimpffen. C'était une fatalité dans la fatalité. Notre infanterie de marine défendit longtemps, avec acharnement, le village de Bazeilles; les troupes de ligne tinrent bon d'abord sous l'effroyable artillerie de l'ennemi, et notre cavalerie fit des charges qui arrachèrent, dit-on, un cri d'admiration au roi de Prusse lui-même; mais, à la fin, nos troupes, qui avaient dû lutter, comme toujours, en nombre bien inférieur, étaient exténuées de fatigue et de faim, et manquaient de munitions; elles durent reculer. L'armée ennemie couronna aussitôt de ses masses formidables les hauteurs qui entourent Sedan. Elle refoula notre armée dans la vallée comme dans un immense entonnoir et la foudroya de son artillerie. Il était impossible de se faire jour en combattant, il fallut se rendre. La capitulation de Sedan fut signée le 2 septembre. Napoléon III remit son épée au roi Guillaume, et nos malheureux soldats, désarmés, dénués de tout, furent, comme un troupeau sous le bâton de ses gardiens, dirigés sur l'Allemagne, où ils devaient subir, avec l'humiliation de la défaite, les rigueurs d'une dure captivité.

Sedan fut l'effondrement de l'empire. Paris proclama la République le 4 septembre, et il se forma un Gouvernement provisoire, qui prit le nom de Gouvernement de la Défense nationale. Le général Trochu en eut la présidence avec le commandement militaire de Paris.

Après Sedan, toutes nos forces militaires étaient ou anéanties, ou annulées dans Metz. Mais, si la France n'avait plus de cadres, elle avait encore des hommes, elle pouvait forger des armes, et c'eût été une honte pour elle que de renoncer à la lutte pour subir les exigences impérieuses du vainqueur. Elle aima mieux, au prix des plus grands sacrifices, tenter encore les chances de la guerre, et, si elle ne put se sauver elle-même, du moins parvint-elle, malgré des défaillances inévitables, à sauver son honneur.

L'invasion. — Cependant l'armée allemande, précédée d'une nuée de uhlans qui semaient partout l'effroi, couvrit le pays de son invasion. En organisant la destruction, elle inventa ou perfectionna ce qu'on a appelé la guerre de terreur. Tout était calculé dans ses actes, même ses fureurs. Elle paralysa les résistances locales par un système de rigueurs aussi méthodiques qu'impitoyables contre tout ce qui luttait sans appartenir à l'armée régulière; traitant comme des brigands les gardes nationaux pris les armes à la main, enlevant des otages, punissant par la fusillade ou le pétrole tout attentat contre les soldats allemands, tout secours donné aux francs-tireurs, imposant partout enfin des réquisitions écrasantes dont, par une hypocrisie cruelle, elle feignait de discuter les chiffres avec les autorités locales. En même temps nos places fortes, enveloppées par des troupes nombreuses, écrasées sous les bombes et les obus, succombèrent les unes après les autres. Ce fut d'abord Toul, puis Strasbourg qui subit un effroyable bombardement, puis Thionville, Montmédy, Phalsbourg et une foule d'autres. Bitche et Béfort résistèrent jusqu'à la fin de la guerre. Deux villes ouvertes, Saint-Quentin et Châteaudun, affrontèrent la fureur de l'ennemi.

Siège de Paris. — L'armée victorieuse à Sedan arriva sous Paris et l'investit entièrement, après avoir repoussé quelques troupes du plateau de Châtillon encore imparfaitement fortifié (19 septembre). On pensait que la ville des plaisirs ferait à peine mine de résister, mais, admirable de courage, de résignation et de dévouement, elle arrêta plus de quatre mois l'armée allemande et ne céda qu'à la famine. Tous les habitants prirent les armes, et, pendant que la garde nationale gardait les remparts, Trochu s'efforçait de créer une armée avec les débris des troupes régulières et les mobiles venus des départements. Son plan n'était pas de briser par ses seules sorties la ligne d'investissement, mais de donner à la province le temps de venir à son aide. La province, en effet, se préparait à poursuivre la lutte, et Gambetta, sorti en ballon de Paris, le 6 octobre, donna aux préparatifs une impulsion vigoureuse. On mobilisa tous les hommes valides de vingt à quarante ans, on forma des armées sur la Loire et au Nord, on créa des camps d'instruction et de défense, on organisa des corps irréguliers de francs-tireurs et d'éclaireurs, on admit même Garibaldi et ses Italiens dans les rangs de nos défenseurs. En même temps on achetait des armes, des munitions, on fabriquait des vêtements, mais il fallait faire le tout avec tant de hâte qu'on donna à nos soldats de vieux fusils de tout modèle, et que nos malheureux mobiles restèrent, sous un froid rigoureux, à peine chaussés et vêtus; ils souffrirent avec résignation, car, « si tous n'étaient pas de vrais soldats, tous ou presque tous avaient un cœur d'homme et un cœur de Français. » (Thiers.) Au milieu de ces préparatifs, on comptait toujours sur l'armée de Metz, dont on attendait quelque chose de grand et de décisif. Aussi la douleur fut à son comble lorsqu'on apprit que, les vivres étant épuisés, Bazaine avait capitulé, livrant à l'ennemi ce qui restait de notre glorieuse armée avec un immense matériel. Les forces allemandes, qui avaient été retenues autour de Metz, purent, à leur tour, déborder sur la France et apporter dans la lutte un appoint écrasant.

Bataille de Coulmiers. Aurelles de Paladines. Chanzy. Armée de l'Est. — Il est impossible d'embrasser dans un court récit les nombreuses opérations qui eurent lieu sur différents points du territoire, en Bourgogne, sur la Loire, en Normandie et en Picardie; nous en rappellerons seulement les principales. Des diverses armées qu'organisait la province, l'armée de la Loire fut prête la première. Dans l'intention de dégager Paris, elle s'avança sur Orléans, sous le commandement d'Aurelles de Paladines, reprit cette ville aux Bavarois et remporta un avantage sérieux à Coulmiers (9 novembre). Mais ce ne fut qu'un succès passager; elle ne put tenir contre les renforts venus de Metz, et, après une série d'engagements à Beaune-la-Rolande, Artenay, Patay, elle fut rejetée en arrière et coupée en deux tronçons, dont l'un forma l'armée de l'Ouest sous Chanzy, et l'autre l'armée de l'Est sous Bourbaki. De ce côté Paris n'avait plus nul secours à attendre. Chanzy, qui devait opérer entre la Loire et la Seine, ne put se maintenir malgré des prodiges d'habileté et de vigueur; après une lutte acharnée, qui ne fut pas sans gloire, il fut repoussé sur le Mans, puis sur Laval. Quant à Bourbaki, il reçut la mission d'aller débloquer Béfort et d'opérer ensuite sur les communications des Allemands entre Strasbourg et Paris. Malheureusement il fut impossible d'exécuter ce plan, dont la réussite aurait sérieusement entravé les opérations de l'ennemi. Bourbaki, avec des troupes déjà trop éprouvées pour une tentative qui exigeait une grande énergie et une grande célérité, alla se heurter, dans les montagnes encombrées par des neiges épaisses, contre des retranchements qu'il ne put enlever, malgré des combats meurtriers; arrêté dans sa marche en avant, pris en queue par une seconde armée allemande lorsque déjà la capitulation de Paris était signée, il tenta de se soustraire, par le suicide, à un désastre qu'il ne pouvait empêcher. Son armée se jeta dans le Jura pour échapper à l'ennemi, et, après des souffrances inouïes, mourant de faim et de froid, elle trouva en Suisse une généreuse hospitalité.

Armée du Nord. Faidherbe. — Faidherbe dans le Nord, comme Chanzy dans l'Ouest, jeta quelque éclat sur nos revers. Ce vaillant soldat, doublé d'un savant, sut, en se couvrant des vieilles forteresses de Vauban, donner à son armée plus de solidité et d'audace. Il livra à Manteuffel une bataille indécise à Noyelles, fut victorieux à Bapaume; mais, appelé loin de ses points d'appui par les nécessités de la défense de Paris, il fut battu à Saint-Quentin le 19 janvier.

Capitulation de Paris. — Ainsi Trochu comptait sur la province et la province était impuissante à le secourir. Paris, abandonné à ses seules forces devait succomber, comme succombe fatalement toute ville assiégée. Ce n'était qu'une affaire de temps. La grande ville, capable d'une défense passive, ne pouvait ni briser la ligne d'investissement, ni fournir une armée qui fût en état de tenir la campagne contre les forces aguerries de la Prusse. On fit cependant beaucoup. Trochu, secondé par la patriotique patience et le dévouement des habitants, assura la tranquillité intérieure de la ville contre les tentatives d'insurrection; il en fit une forteresse inexpugnable, qui resta intacte jusqu'au dernier jour, il forma, à côté des bataillons de la garde nationale, des troupes disciplinées et solides; enfin il tenta de nombreuses sorties pour tendre la main aux armées de la province, toujours vainement attendues. Il est peu de villages des environs de Paris qui n'aient été arrosés du sang de nos soldats. Des batailles livrées alors, les plus importantes furent celles de Villiers-Champigny, un succès glorieux, mais inutile, celle du Bourget, celle de Buzenval, la dernière de toutes, qui fut engagée pour donner satisfaction aux exigences de l'opinion publique. Les Allemands n'osèrent tenter d'enlever Paris de vive force; ils espérèrent en triompher par les horreurs d'un bombardement. Ce fut une barbarie inutile. Paris ne se rendit qu'à la famine après d'horribles souffrances noblement supportées. La capitulation de Paris (28 janvier 1871) assurait le succès complet des Allemands.

La guerre de 1870 acheva l'unité allemande commencée par la guerre de 1866. Le roi de Prusse devint empereur d'Allemagne, et il se donna la vaniteuse satisfaction de faire acclamer sa dignité nouvelle au palais même de Versailles.

Traité de Francfort. — Le traité de Francfort termina la guerre. Il imposait à la France une rançon de cinq milliards, et, sacrifice plus douloureux, il lui arrachait l'Alsace, moins Belfort, et une partie de la Lorraine.

La France sortait de cette guerre vaincue, écrasée dans sa puissance et profondément humiliée dans sa gloire. Mais elle pouvait se rendre ce témoignage que ses revers étaient dus plutôt à des fautes de politique et d'organisation qu'à la défaillance de son courage. Il lui restait du moins le légitime orgueil de n'avoir épargné aucun sacrifice pour ressaisir la victoire; il lui restait aussi l'espérance qu'avec sa forte unité nationale, son patriotisme le génie industrieux de ses habitants et la fécondité de ses ressources, il n'est point pour elle de désastre irréparable.

BIBLIOTHEQUE NATIONALE DE FRANCE
3 7531 04148891 8

www.ingramcontent.com/pod-product-compliance
Ingram Content Group UK Ltd.
Pitfield, Milton Keynes, MK11 3LW, UK
UKHW021853190726
13855UKWH00001B/288